한국어로 내려온
New Bible

새로운 성 경

제154권 10부 | 총10부

하얀마음

하나님 말씀 중에서

1. 사랑의 하나님

- 세상을 창조하신 하나님은 모두를 사랑하신다. 인간만 특별히 더 사랑하지 않고, 우주 만물을 다 똑같이 사랑하신다. 그러니 하나님이 창조하신 천지 만물과 화친하고, 미물까지도 소중히 대하라.

- 하나님은 특정 종파나 민족만을 더 사랑하지 않으신다. 자기 자신만 구원받겠다는 욕심을 버리고, 자기 종파만 구원받는다는 편협한 교리에서 벗어나야 한다. 종파를 초월해서, 모두를 사랑하라.

- 원수까지 사랑하라 했으니, 이 세상에 사랑하지 못할 자가 누가 있겠는가? 종파가 다르다고 해서 부모 형제와 원수처럼 지내는 자는 인간의 근본을 모르는 자다. 가장 가까운 가족부터 사랑할 때 남도 진심으로 사랑할 수 있다.

- 한 사람을 원수같이 생각하던 마음에서 사랑하는 마음으로 돌리면, 자기 자신의 마음이 가장 기쁘고 행복하다. 하나님께서는 인간의 마음속에 무거움이 없이 기쁘고 행복한 삶을 살기를 바라신다.

- 이웃을 "내 몸처럼" 사랑하라 했으니, 마지막 한 장 남은 천국의 티켓도 이웃에게 양보하라. 자기 중심적인 신앙에서 벗어나서 남을 위해 살아야 한다.

- 독초도, 약초도, 이단도 사탄도 천사도 다 필요하기에 존재한다. 독초일지라도 극소량을 사용해서 생명을 살릴 수 있고, 약초라 하더라도 남용하면 생명을 잃을 수 있다.

- 세상 모든 것을 명약으로 활용하는 것은 인간의 지혜에 달렸다. 어떤 것이든 어떤 사람이든 적재적소에 꼭 필요한 명약으로 승화시키라.

- 사탄도 이단도 천사도 모두 하나님의 주관하에 존재한다. 진정한 하나님의 백성은 사탄과 마귀까지도 감화시켜서 천사로 거듭나게 한다.

2. 기도

- 하나님은 인간의 생각까지 모두를 다 알고 계신다. 우리의 소원도 이미 알고 계시기에, 소원의 기도를 할 필요가 없다. 우리가 받을 자격이 되면 내려 주신다.

- 죄를 짓고 아무리 회개를 해도 용서받지 못한다. 도둑질한 자는 용서해 달라고 기도하고, 도둑맞은 자는 도둑을 잡게 해 달라고 기도하면, 공의의 하나님은 누구의 편에 서시겠는가?

- 자기가 잘못한 것은 그 사람에게 직접 갚고 용서를 구하라. 그가 용서하면 하나님도 용서하신다. 땅에서 매면 하늘에서도 매이고, 땅에서 풀리면 하늘에서도 풀리는 이치다.

- "회당에서 기도하지 말고 골방에서 기도하라" 했다. 눈에 보이는 골방이 아니라, 골방과 같이 고요한 마음이다. 잡념을 버리고 하나님을 향해 마음을 집중하며, 사랑하고 용서하는 아름다운 생각만 나오도록 하라.

- "두드리면 열릴 것이다." 하는 것은 육의 소원을 위해 두드리라는 것이 아니라, 진리의 깨달음을 얻기 위해 두드리라는 것이다.

- 기도하는 방법: 생활 속에서 수시로 기도하는 삶을 살아야 한다.

- "저의 죄를 용서하여 주옵소서." 하는 회개의 기도를 하라.
- 범사에 "하나님! 감사합니다." 하라. 현재 가진 것에 감사하며, 과욕하지 말라. 자기 노력 이상의 것을 더 갖고자 기도하는 것은 도둑놈심보다. 공의의 하나님은 각자 노력한 만큼 주신다.
- "하나님 뜻대로 살아가겠나이다." 하며 마음의 각오를 다지라.

- 기도는 하나님의 말씀을 받아서 "행하는 것"이다. 하나님이 계심을 굳건히 믿고, 하늘을 향하여 한 점 부끄럼 없이 사는 삶 자체가 가장 위대한 기도이며, 삶이 곧 예배다.

3. 지도자

- 똑같이 사랑한다는 말을 해도, 순수하게 하는 말은 천사의 말이지만, 사기 쳐서 재산을 가로채려고 하는 말은 사탄의 말이다.

- 종교 지도자가 아무리 훌륭한 설교를 해도, 신도의 재물을 거둬서 더 큰 교회를 짓고 자기의 부귀영화를 바라며 설교하면 사탄의 가르침이 된다.

- "저희 교회는 만원사례요, 믿음은 다 같으니 이웃의 개척 교회에 가서 예배를 드리시오." 하며, 이웃 교회의 부흥을 먼저 생각하여 제 신도를 보내는 종교 지도자가 있다면 그를 따르라. 그가 하나님의 사랑을 실천하는 자다.

- "부자가 천국에 들어가는 것은 낙타가 바늘구멍을 통과하는 것보다 더 힘들다" 하였거늘, 지금의 교회에서는 부자가 되기만을 기도하고 소원하니, 이는 곧 천국을 포기하고 지옥 행 열차의 티켓을 사는 것과 같다.

- 예수는 빈손이었다. 종교 지도자가 예수보다 더 호화롭고 편안하게 살아간다면 잘못된 것이다. 부귀영화와 명예를 바라는 자는 절대로 갈 수 없는 좁고 협착한 길이 종교 지도자의 길이다.

- 종교 지도자는 유리로 비춰 봐 한 점의 부끄러움이 없이 살아야 한다. 의식주도 직접 일해서 해결하고, 예수의 가르침과 행함을 그대로 따라야 한다.

- 종말은 없다. 지금의 잘못 가는 종교 집단에게만 종말이 있다. 보이지 않는 하나님은 보이는 육의 종말은 관여하지 않으신다. 환경 파괴로 인간이 스스로 멸망을 자초하는 것이다. 종파끼리 싸우기 전에, 무너진 인성을 바로잡고 지구의 몸살을 해결하는 데 뜻을 모으는 게 급선무다.

4. 성전이란

- 이 세상 자체가 하나님께서 만드신 성전이다. 자연보다 더 아름다운 성전이 있는가? 보이는 건물이 성전이 아니라, 성스러운 마음가짐이 성전이다.

- 반석 위에 교회를 지으라 했다. 지상의 단단한 돌은 인간이 쪼갤 수 있으나, 마음속의 굳은 결의는 세상 무엇으로도 쪼갤 수 없다. 바르고 굳건한 믿음으로 성경의 가르침을 실천하는 것이 마음의 반석 위에 교회를 짓는 것이다.

- 손으로 지은 건물의 교회에 모여서 복음을 전하는 것이 아니라, 교회를 개인과 가정에 심어 주어야 한다. 무너지고 부서지는 건물을 짓지 말고, 마음속에 영원히 불변하는 참진리의 교회를 지으라.

5. 십계명

- 십계명은 인간이 죽어서 반드시 통과해야만 하는 열 개의 관문이다.
  - 부모를 공경하지 아니한 자는 "네 부모를 공경하라." 하는 제5계명의 관문이 열리지 않으니 구원받을 수 없다.
  - 살인, 간음, 거짓, 우상 등의 나머지 계명도 마찬가지다.

- 십계명은 하나님의 친필이다. 모기소리만 한 하나님의 음성이라도 들어 보겠다고 여기저기 찾아 헤매지 말고, 십계명부터 암송하고 지키라.

- 십계명은 영혼을 구원하는 양식이며, 십계명을 지키는 것이 구원을 받는 길이다. 인간이기에 지키고자 노력하고 또 노력한다면 지킬 수 있다.

- 십계명을 지키고 천사처럼 아름답게 살아가는 그 마음 하나면 세상에 이루어지지 않는 것이 없다.

6. 보물

- 하나님은 재물이 아니라 우리의 마음을 받으신다. 사랑을 실천하며 천사처럼 변하는 마음이 하나님께 바치는 보물이다.

- 보이지 않는 하나님께 재물을 바치려 하지 말고, 너희를 길러 준 부모에게 용돈 드리고, 찾아뵙고, 효성을 다하라. 그것이 하나님께 효도하는 것이다.

- 하늘에는 선과 악의 창고가 있다. 자기 창고에 선이 많으면 천국으로 구원을 받고, 악이 많으면 심판받아 지옥으로 간다. 그것이 바로 "선한 일을 행한 자는 생명의 부활로, 악한 일을 행한 자는 심판의 부활로" 나오는 것이다.

- "선악과를 따먹지 말라"는 것은 양심을 지키라는 것이다. 선과 악을 구분할 수 있는 양심을 최초에 인간에게 주셨다. 선한 열매는 취하고, 악한 열매는 버리며, 양심에 비추어 부끄럼 없는 삶을 살아가라.

- 가장 작은 거짓말을 하지 않고, 가장 작은 죄를 짓지 않으며, 가장 작은 선행을 하고, 가장 작은 악행을 멀리하는 것이 율법의 일점 일획도 빠뜨리지 말고 다 지키는 삶을 사는 것이다.

7. 우상

- 박물관에 있는 불상은 하나의 예술품이다. 그 조각품에 대고 제 소원을 빌 때 우상숭배가 된다. 십자가라 하여도 그 앞에서 소원을 빈다면 우상숭배하는 것이며, 하나님께 소원을 빈다면 하나님을 우상으로 전락시키는 것이다.

- 지금 기복신앙에 젖어 있는 모든 사람이 우상 앞에 절을 하고 있다. 조각품을 우상이라며 파괴하지 말고, 네 마음속에 있는 욕심의 우상을 무너트리라.

- 생수를 약초가 먹으면 약을 만들고 독사가 먹으면 독을 만든다. 같은 성경을 봐도 선한 지도자는 신도를 천사로 만드는 데 활용한다. 그러나 욕심이 가득한 지도자는 재물을 거두어들여 제가 부귀영화를 누리는 데 악용한다. 그가 바로 성경을 우상숭배의 도구로 전락시키는 거짓 선지자다.

- 성경을 한 획도 빼거나 더하지 말라는 것은, 그 가르침을 빠트리지 말고 온전히 지키라는 것이다. 성경 속에서 자기에게 유리한 구절만 보는 것은, 자기에게 불리한 구절들을 빼 버리는 것이다. 믿음이 제일이요, 행함은 구원과는 관계없다는 것은 자신에게 유리한 쪽으로 성경을 악용하는 것이다.

- 진정한 종교 지도자는 종파에 관계없이 어떤 종파든 어떤 책이든 접하고 보고 깨우쳐 견문을 넓히도록 인도한다. 참진리를 모르고 자신이 없는 자가 남을 이난이라며 배척하고, 신도들의 눈과 귀를 가린다.

8. 예수

- 예수의 재림은 없다. 예수가 다시 온다 해도, 과연 누가 그를 예수라고 믿겠는가? 예수와 같은 삶의 행함이 곧 예수의 재림이다. 각자 모두가 "재림 예수"가 되는, 차원 높은 믿음으로 가야 한다.

- 예수는 "주여 주여 하지 말고, 아버지의 뜻대로 행하라"고 했다. 예수가 전한 하나님의 뜻이 곧 "길이요, 진리요, 생명"이며, 그 가르침이 예수의 보혈처럼 소중한 것이다. 예수를 믿는 것은, 예수의 가르침을 믿고 따르는 것이다.

- 예수는 낮은 자로서 만백성을 섬기고자 했다. 만나는 모든 사람을 다 하나님이라 생각하라. 돈을 벌수록 겸손하고, 높은 지위를 얻을수록 낮아지라.

▪ 예수는 종파를 만들지 않았다. 인간이 만든 종교와 인간의 교리를 따르지 말고, 예수를 통해 전한 하나님의 참진리를 연구하고 따르라.

▪ 예수가 2천 년 전에 만백성을 위해 죽었으니, 지금 이 땅에는 예수의 가르침대로 사는 천사만 존재해야 한다. 예수가 죽어 가면서 바란 것은 만백성이 천사가 되어 예수의 자리를 채워 주는 것이지, 지금과 같이 재물을 바치면서 중언부언 제 소원만을 비는 백성들을 바란 것이 아니다.

9. 구원

▪ 천사가 사는 천국에는 천사만 갈 수 있으니, 천사 같은 마음을 길러야 한다.

- "천국 열쇠를 네게 주리니 땅에서 무엇이든지 매면 하늘에서도 매일 것이라" 했다. 땅에서 천사같이 사는 자가 하늘에서도 천사가 되어 천국에 들어간다. 모든 사람에게 천사같다는 말을 듣는 삶을 살아야 한다.

▪ 천사의 곱고 아름다운 마음은 부모를 공경하고 어른을 어른으로 대접하는 데에서 출발한다. 효도하는 자는 형제와 화목하게 지내기에 가정이 화목해지고, 이웃과 화목해지고, 국가가 화목해지고, 온 인류가 화목해진다.

- 그러므로 지상의 아름다운 소왕국은 가정에서부터 이루어야 한다.

▪ 선택된 14만 명만 구원받는 것이 아니라, 천사처럼 변하고자 하는 14만 명을 기초로 온 인류가 천사처럼 거듭나는 영적인 개혁이 시작되는 것이다.

▪ 천 년에 걸쳐서 하늘에서 이루어진 것같이 이 세상을 낙원으로 만들어, 만백성이 지상의 천국에서 살다가 죽어서 그대로 하늘의 천국으로 들어가는, 영원한 지상 낙원을 건설하는 것이 하나님의 계획이다.

- **이것이 구약과 신약에 이어 "새로운 성경"으로 역사하시는 하나님의 창조의 완성이다.**

▪ 지금의 믿음으로 구원받을 수 있다면 그 길을 가라. 그러나 자신이 없다면 하나님께서 직접 내리신 160권의 "새로운 성경"을 읽고 구원의 길을 보라!

하나님 머리말씀

이 새로운 성경을 읽는 너희 모두는
이 율법에 따라 행하면 영원히 구원받을 것이니라.

너희 인간이 수년, 수십 년, 평생
성서를 공부하고 기도하는 것은
하늘나라 나의 곁으로 오고 싶은 소망일진대,

몇천 년 전의 너희 인성과 생각이
지금의 너희와는 판이하게 다르니,

꺾여 가고 병들어 가는 너희를 고칠 수 있는 길은,
오늘 내가 선지자에게 내리는 새로운 성경과 같이
너희가 변화되는 것뿐이니라.

니의 예수가 태어난 것처럼
내가 아들 선지자를 선택하여
나의 새로운 성경을 온 세계에 전하고자 하니,

묵은 것은 버리고 새로운 것은 취하여,
너희 모두는
'여호와 하나님! 저의 죄를 용서하여 주옵소서.'
하는 기도문으로 기도하고, 죄를 뉘우치라.

이 새로운 성경은
수천 년간 내려온 성서를 요약한 것이니,
너희는 이 책을 정독하여 쉽게 깨달음을 얻고,
이대로 실천하여 하늘에 오르라.

대역자 머리말

■ 하나님의 율법을 지키는 선지자로 선택을 받도다.

저는 남들처럼 그저 열심히 살아온 평범한 사람이었습니다. 그러나 50대 중반에 사업에 실패하여 많은 부채에 시달렸으며, 건강도 악화되어 눈이 잘 안 보이고, 걷기도 어렵고, 두통이 심해서 잠을 이룰 수 없는 고통의 나날을 보냈습니다. 그때 제가 선택할 수 있는 것은 육의 삶을 끝내는 길뿐이었습니다.

죽기 직전에 그동안에 죄를 지은 이들에게 용서를 빌고 인생을 끝내기로 작정하였습니다. 어려서부터 지은 죄를 빌고 빌다 보니 끝이 없었고, 죽음으로도 그 많은 죄를 용서받을 길이 없다는 생각에 하염없이 눈물이 흘렀습니다. 그 순간 '재래식 화장실의 구더기는 죄를 짓지 않는데, 나는 인간으로서 구더기만도 못한 삶을 살았구나.' 하는 생각이 들면서 괴로움에 몸부림칠 때, 갑자기 하나님의 음성이 들렸습니다.

"나는 여호와 하나님이니라. 너는 십계명을 암송하고 내가 내려 주는 메시지를 받아 책으로 만들어 만백성을 구하라." 하시며, 제 눈을 손으로 문지르게 하시고, 아픈 머리와 다리를 손으로 두드리게 하셨습니다. 그러고 나니 눈도 잘 보이고 걸을 수 있었으며 머리의 통증도 말끔히 낫게 되었습니다. 그때부터 십계명을 암송하고 나면 들려주시는 말씀을 기록하였고, 1999년 8월부터 2004년 7월까지 권당 288쪽, 총 160권을 받아서 "새로운 성경"이라는 책으로 펴내게 되었습니다.

그러한 저에게 죽기보다도 힘든 길이 시작되었습니다. 모든 교인들이 저에게 사탄이요, 이단이요, 악마요, 마지막 시대에 온 거짓 선지자라 하면서 공격하였고, 저를 짐승을 보듯이 대하는가 하면, 편협한 종교 지도자들의 선동으로 신도들이 이 책을 직접 읽어보고 평가할 기회마저 막아 버렸습니다. 그래서 하나님의 말씀을 세상에 내는 데 많은 어려움을 겪으며, 피를 토하는 심정으로 책을 전하고 있습니다.

그러나 아무리 인간의 힘으로 막으려 해도, 하나님의 뜻이 세상에 전해지는 위대한 역사는 계속될 것입니다. 책으로 전해지는 "하나님의 말씀"은 세상 끝날까지 항상 우리와 함께하실 것입니다. 사람은 죽어도, 책에 기록된 말씀은 영원히 남으니까요.

■ 따뜻한 실천

하나님께서는 어려운 사람들에게 삶의 터전을 마련해 주고, 미래를 열어 주는 것을 기뻐하십니다. 어려운 이웃이 스스로 자립할 수 있도록 이끌어 주는 것이 진정으로 이웃을 돕는 것이라고 말씀하셨습니다. 그래서 일자리가 없는 제자들에게 작은 사업장을 만들어 주는 "달란트 사업"을 하고 있습니다. 식당, 반찬 가게 등을 차려 주고, 기존의 어려운 사업장이 자립할 수 있도록 돕고 있습니다(커피숍, 미용실, 의상실 등).

하나님께서는 교회에 나와서 모든 시간과 재물을 쏟기를 원하지 않으시고, 그 시간과 재물을 교육에 투자하여 스스로 미래를 열어 가기를 원하십니다. 그래서 제때 공부하지 못한 제자들에게 학업을 이어 가도록 하였습니다. 중화요리 주방장을 하며 초등학교 검정고시부터 공부하여 2012년에 방통대를 졸업한 36세 남성, 만학도들의 2년제 중학교에 입학해서 2007년에 명지대학을 졸업한 38세 여성, 중학교 검정고시를 시작으로 숭의여자대학을 졸업한 47세 여성 등이 있습니다. 그밖에도 많은 제자들에게 나이를 초월하여 배우고 깨우쳐서 사회 속의 당당한 일원이 되도록 인도하고 있습니다.

학자금 대출로 힘겨워하는 젊은이들을 위해 "따뜻한 바람 장학회"를 발족하여(2016년 12월) 대출받은 학자금 전액을 매월 갚아 주고 있습니다. 또한, 다문화 가정을 위해 "다문화 가족 랜드"를 조성하여, 각종 시설을 무료로 활용하도록 하고 있습니다.

이러한 따뜻한 실천이 아직은 미약합니다. 그러나 책의 수입이 늘고, 저와 뜻을 같이하는 분들이 늘어나면 계속 확대할 것입니다. 지도자로서 신도의 재물을 헌금으로 거둬들여 착복하는 것이 아니라, 하나님께서 기뻐하시는 일에 사용하도록 중매 역할만 하며 살아가고자 합니다. 이런 제가 과연 사탄이고 이단인가요? 하나님께서 기뻐하시는 일이라면, 저에게 사탄이라 하든 거짓 선지자라 하든 굽히지 않고 실천해 나갈 것입니다.

끝으로, 일상의 삶 속에서 "지금 내가 하는 행동이 과연 하나님께서 기뻐하실까, 슬퍼하실까?" 생각하고, 매사에 하나님께서 기뻐하시는 길을 택하기 바랍니다. 교회에 모여서 집단적으로 예배 드리는 것이 아니라, 개인이나 가정 단위로 새로운 성경을 읽어 스스로 깨우치고 그대로 행하면 충분합니다. 그것이 마음속에 성전을 짓고, 신령과 진정으로 예배 드리는 길입니다. 그러면 천국의 문에 들어서게 됩니다.

2017. 2. 1.

하나님 말씀 대역자 김용철

차 례

십 계 명

이 책은 십계명을 암송하고 나면 내려 주시는 "하나님의 음성"을 듣고 그대로 받아쓴 기록입니다. 하나님께서 십계명을 모세에게 내려 주셨지만, 그것은 만백성에게 내려 주신 것입니다. 마찬가지로 이 책의 모든 말씀도 저에게 내려 주셨지만, 만백성 각자에게 들려주시는 말씀입니다. 여러분도 이 책을 접할 때마다 십계명을 암송하고 나서 정독해 주시기 바랍니다.

제일은, 너는 나 외에는 다른 신들을 네게 있게 말지니라.
제이는, 너를 위하여 새긴 우상을 만들지 말고, 또 위로 하늘에 있는 것이나, 아래로 땅에 있는 것이나, 땅 아래 물 속에 있는 것의 아무 형상이든지 만들지 말며, 그것들에게 절하지 말며, 그것들을 섬기지 말라.
제삼은, 너는 너의 하나님 여호와의 이름을 망령되이 일컫지 말라.
제사는, 안식일을 기억하여 거룩히 지키라.
제오는, 네 부모를 공경하라.
제육은, 살인하지 말지니라.
제칠은, 간음하지 말지니라.
제팔은, 도적질하지 말지니라.
제구는, 네 이웃에 대하여 거짓 증거하지 말지니라.
제십은, 네 이웃의 집을 탐내지 말지니라.

나 여호와가 존재함을 믿는 그 자체가 구원의 길에 들어서는 기본이요, 근본이며, 나의 새로운 성경을 가슴에 안고 정독하는 자, 반석 위에 서서 하늘에 오르는 찬란한 빛을 보게 되는 영광을 얻게 됨이니라. 진정 나를 따르고 믿는 자는 감히 사탄이나 마귀도 근접하지 못하느니라.

〈하나님 말씀〉

2004년 6월

11,688 번째 하나님 말씀

2004년 6월 21일 12시 15분

1 사랑하는 나의 아들아!
2 "네, 아버님! 말씀하옵소서."
3 성경에 기록하여 전하기를, '너희들이
알지 못하고 매 맞을 일을 하는 자, 그
행동을 하는 자는 적게 맞을 것이라'
그리 말하였느니라.
4 그리고 '무릇 많이 받은 자에게는 많
이 찾을 것이요, 많이 맡은 자에게는
많이 달라 할 것이라' 성경에 기록한
그 의미를 아는가?
5 너희들은 여기서 물질만 가지고 시시
비비하는 그와 같은 가르침으로 가르
치지 말라.
6 너희들이 나 여호와의 뜻을 얼마나 많
이 거역했으며 너희들이 성령을 얼마
나 거역했느냐에 따라서 그 대가를 치
르며 거기에 대한 응분의 체벌을 받는
다는 것을 내가 암시한 뜻이니라.
7 또한 너희들이 여기서 깨닫고 갈 것
은, 너희들이 살아가는 세상의 삶이
요, 그 육의 세상의 삶에서 얼마나 사
랑을 하며 베풀었느냐 하는 것, 그것
또한 역시 중요함을 너희들은 알아야
될 것이니라.
8 너희들이 심판대에 섰을 때, 과연 얼
마나 나누어 주고 얼마나 베풀고 사랑
을 했느냐, 너희들은 그 모두를 가지
고 심판을 받는다 하지 않았더냐?
9 너희들이 베풀지 아니하고 모두를 다
두고 왔을 때, 그것은 너희들이 베푼
것이 아니기 때문에 너희들은 그와 같
은 것을 나로부터 받은 것만큼 가져와
야 됨이니,
10 그때는 너희들이 가져오려 해도 가져
올 수 없으며 내가 갖고 오라 해도 갖
고 올 수 없는 것이 너희들의 운명이
니라.
11 이 두 가지 의미를 너희들은 여기서
깊이 깨우쳐야 될 것이니라.
12 내가 나의 아들을 통하여 말하기를,
'무릇 많이 받은 자에게 많이 찾을 것
이며, 많이 맡은 자에게 많이 달라 할
것이라' 하지 않더냐?
13 그러니 너희들이 성령을 위배하며 나
여호와의 뜻을 거역하고 산 것만큼 너
희들은 그만큼 그 죄를 지으며 그 대
가를 치른다는 것이 나의 가르침이며,
14 또한 인간 세상에 살면서 많이 가지고
관리하고 다스린 백성, 너희들은 모두
를 베풀고 나눠 주는 삶을 살지 아니
하면 아니 된다 함이니라.
15 그러니 그 모두를 너희들이 두고 와서
심판을 받을 때, 네가 두고 온 것만큼
무서운 대가를 받으며 그에 대한 죄의
대가를 치른다는 것, 이 무서운 의미
가 여기에 같이 있는 것이 성서의 가
르침이니라.
16 성서의 가르치는 것이 육의 세상에 존
재하는 것을 가르치는 것이 아니라,
사후의 세계에 이루어지는 것이요, 다
음의 세상에서 역사하는 그 모두가 바

로 하늘의 뜻이기에 성경에 기록된 내
용이라는 것을 알라.
17 너희들은 얼마만큼 쌓아 놓고 왔느냐,
그 쌓아 놓은 만큼 너희들이 심판을
받을 때 그 모두를 내놔야 하니, 그때
는 내놓을 수가 없음이니라.
18 이미 육과 하늘의 세상은 구분되어 있
으니, 너희들이 돌아가 그를 가져오려
해도 가져올 수 없으며,
19 너희 자식이요, 네가 맡겨 놓은 자에
게 가져올 수 있도록 해 달라고 해도
할 수도 없는 것이니라.
20 그러니 너희들이 많은 것을 받은 것을
많이 가져올 수 없거든 너희들이 사랑
하는 이웃이요, 가난한 이웃에게 모두
를 나눠 주고 베풀면 네가 가진 것이
없으니,
21 네가 가지고 와 나의 심판대에 내놓을
것이 또한 없음이니, 이게 하늘의 법
도요, 하늘의 이치라는 것을 알라, 사
랑하는 나의 아들딸들아!

11,689 번째 하나님 말씀

2004년 6월 21일 12시 18분

1 사랑하는 나의 아들아!
2 "네, 아버님! 말씀하옵소서."
3 많이 받은 자, 너희들이 베풀지 아니
하고 그를 놓고 온다면, 심판대 앞에
서 너희들이 가지고 있던 재물을 다
내놔야 하는 것이 하늘의 법도요, 이
치라 했느니라.
4 그러니 너의 제자들이요, 나의 새로운
성경을 읽고 깨우친 만백성, 너희들은
죽음을 향하여 올 때, 단 한 벌의 옷이
면 족하며, 한 족의 신발이면 그것도
과만함을 알라 그리 전하라.
5 모두를 놓고 오는 자, 모두를 전하고
오는 자, 너희들이 누더기 옷이요, 그
저 남루한 옷 한 벌, 남들이 입지 않는
것, 남들이 감히 쳐다보기도 싫어하는
것, 그리고 준다 해도 받지 아니하는
그와 같은 단 한 벌의 옷을 걸치고 너
희들이 나에게 온다면 그것이 가장 큰
영광이니, 너희들이 가진 것을 내놓을
것이 없음이니라.
6 나로부터 받아 쌓아 놓고 인간의 창고
에 쌓아 놓은 것만큼 너희들은 내놔야
된다 하지 않았더냐?
7 이것이 너희들의 운명이요, 너희들이
가야 할 길이라는 하늘의 이치를 가르
쳐 주니, 나의 아들을 따르는 제자 너
희들은 이를 듣고 이를 행하도록 그리
하라.
8 사랑하는 나의 아들딸들아! 그렇지
아니하면 아니 되느니라.
9 너희들이 그와 같이 행하고 그리 역사
했다면, 나의 아들 예수가 세상에 내
려가 그와 같은 고통의 죽임을 당하지
는 아니했을 것이니라.
10 '내가 불을 땅에 던지러 왔노니 이 불
이 이미 붙었으면 내가 무엇을 원하리
요.' 나의 아들 예수가 성경에 그리 전
한 뜻을 알겠느냐?
11 너희들이 가진 것을 베풀고 나누는 그
와 같은 삶을 살고 사랑을 실천하는
것을 나의 아들 예수가 그 모두를 이
땅에 심기 위해서 왔느니라.
12 그러나 너희들은 그를 따르지 아니하
며 그를 행하지 아니하여 나의 아들

예수는 바로 아무것도 이루지 못하고
왔음이니라.
13 '내가 불을 땅에 던지러 왔느니, 이 불
이 이미 붙었더라면 내가 무엇을 더
원하리요.' 한 그 애절한 뜻을 알겠느
냐?
14 예수가 전하고자 하는 것, 베풀고 살
라는 것, 그것이 그대로 행하고 전했
다면 예수의 고통이요, 슬픔은 아무것
도 아니라 그리 말하였느니라.
15 그러나 아무것도 이루어진 것이 없기
때문에 그가 그 고통이요, 그 아픈 마
음을 전한 것이라는 것을 너희들은
알라.
16 그를 거역했으며 그를 아프게 한 것이
오늘의 종교 집단 지도자 너희들이 지
금 하고 있는 행위라는 것을 알라.
17 그렇다면 그 아픔을 달래 줄 수 있으
며 너희들이 바로 설 수 있는 것은 지
금 하고 있는 너희들의 모든 행동을
다 접어 둬야 함이니라.
18 이는 예수가 나의 뜻대로 이루어지지
아니할 것이며, 내가 원하는 것을 역
사하지 아니하며, 그 백성들이 그와
같은 뜻을 절대 따르지 아니할 것을
알고 있었기에, 미리 예언하고 너희들
에게 전하고 알려 준 것임을 알라.
19 오늘의 너희들이 거짓된 믿음이요, 참
진리의 불을 꺼 버린 것이 되었느니라.
20 그러니 참진리를 찾아볼 수 없도록 거
짓된 비진리로 그 사악한 자들이 이
세상을 다스리며,
21 그리하여 내가 나의 아들을 통하여 지
피려 했던 그 불꽃은 타지 못했으며
그 불꽃은 꺼져 버렸음이니라.
22 그리하여 지금 내가 너희들이 끄려 해
도 끌 수 없으며 물을 부어도 꺼지지
않는 것이요, 너희들이 밟아도 꺼지지
않는 새로운 성경의 이 불꽃을 세상에
내려보내 너희들을 구원하고자 하는
것이 나 여호와의 뜻이요,
23 잘못된 자를 뽑아 유황불에 던지는 그
심판의 결과가 지금 시작되고 진행되
고 있음을 너희들은 알라 그리 전하라.

11,690 번째 하나님 말씀

2004년 6월 21일 12시 20분

1 사랑하는 나의 아들아!
2 "네, 아버님! 말씀하옵소서."
3 '내가 세상에 화평을 주려고 온 줄 아
느냐? 내가 너희에게 이르노니, 아니
라 도리어 분쟁케 하려 함이니라.' 그
기록한 뜻을 너희들이 어찌 알겠느냐?
4 나의 아들 예수를 통하여 너희들에게
전한 것은, 이미 너희들의 한 가족 중
에서도 믿음이 다르며 종교가 달라 하
나가 되지 못하며 그 분쟁을 이루는
곳에,
5 그 모든 분쟁의 불을 끄기 위하여 나
의 아들 예수가 온 것임을 너희들은
알라.
6 너희들이 이 뜻을 그리 받아들이며,
어찌하여 예수가 세상에 화평을 주지
아니하며 분쟁을 주려 왔느냐 그리 생
각할 것이니라.
7 이미 너희들이 분쟁을 하고 있기 때문
에 그 분쟁을 수습하며 그 분쟁을 다
스려 화평을 찾게 하기 위한 뜻이라는
것을 너희들은 알아야 될 것이니라.

8 너희들이 화평한 가정이요, 분쟁하는
가정이 아니라면 어찌하여 나의 아들
이 그를 깨려 하며 그를 벗으려 한단
말이더냐?
9 이미 너희들은 아버지와 아들과 어머
니와 자식과 딸의 모든 사이가 아무것
도 아닌 믿음이라는 것이 다르며 신앙
이 다르다고 서로가 분쟁을 하고 또
분쟁을 하는 그와 같은 속에 삶이니,
10 그걸 바로 다스리고 화평한 가정을 만
들기 위해서는 분쟁으로 너희들이 이
끌지 아니하면 아니 됨이니라.
11 그러니 그 분쟁이 어느 쪽으로 결말을
짓느냐?
12 그러니 나 여호와의 뜻이요, 하늘의
뜻에 의해 역사하도록 그 분쟁의 모두
를 다 매듭을 지어야 된다는 뜻이며,
13 너희들이 매듭을 짓게 하기 위하여 내
가 역사하는 것이라 함을 너희들은 알
아야 될 것이니라.
14 나의 아들 예수가 너희들에게 참진리
를 전하는 것은 서로가 틀리다며 가족
끼리 치고받는 그 싸움 속에서, 그 분
쟁을 종식하며 평화로운 삶을 살 수
있고 나를 볼 수 있도록 하려,
15 이미 분쟁하는 속에 그 분쟁을 정리하
려는 분쟁임을 알아야 될 것이니라.
16 너희들이 불화요, 벌어지고 헤어지는
그와 같은 전쟁이요, 너희들이 화평하
고 아름답게 사는 것을 방해하는 것이
아니라,
17 그 모두를 정리하는 그와 같은 역사로
써 나의 아들 예수가 내려갔으며 나의
아들 예수가 너희들에게 한 말이 거기
있음이니라.
18 이미 분쟁과 분쟁을 하는 거기에 나의
새로운 진리를 부어 넣어 그 분쟁을
하여 모두를 다스리는 그와 같은 역사
를 이루고자 하는 의미의 뜻이 거기에
있음을 너희들은 알아야 될 것이니,
19 그 의미를 알지 못하는 자, 너희들은
의혹에서 벗어나지 못할 것이니라.

11,691 번째 하나님 말씀

2004년 6월 21일 12시 22분

1 사랑하는 나의 아들아!
2 "네, 아버님! 말씀하옵소서."
3 성경에 기록하여 전하기를, '이후부터
한 집에 다섯 사람이 있어 분쟁하되
셋이 둘과 분쟁을 하며, 둘이 셋과 분
쟁하리니' 이는 너희 한 가정에 여러
종파가 얽히고설켜 있는 그것을 말하
며,
4 그러니 거기에 참진리를 부어 넣어 너
희를 바로잡는 새로운 역사가 이루어
질 것이며,
5 오늘의 비참하고 보기 흉한 그와 같은
가정을 이제 내가 시시비비를 가려 너
희들이 하나의 역사로 이루도록 그와
같은 계기를 만들고자 하는 것이 나
여호와의 뜻이니라.
6 지금의 모든 가정이 그와 같이 되지
않았던가?
7 몇천 년 전만 해도 한 집안에 수가지
종파가 있을 수 없으며, 아래위의 질
서가 엄연히 있으며, 명령하는 자, 다
스리는 자에게 순종하는 그와 같은 세
대가 되었으나,
8 지금의 너희들은 가정마다 다섯 사람

이 있으면 종파가 다 다르니, 둘이 셋
이 같은 종파끼리 편을 갈라 서로 의
사 충돌이 있으며 화합이 되지 못하는
오늘의 불쌍하고 가련한 가정의 의미
를 전했으며,
9 그곳에 새로운 성령을 부어 넣어 시시
비비하면서 결국은 너희들이 하나로
써 역사하며 한 몸으로써 이루어지지
아니하면 결코 너희들은 구원을 받을
수 없다는 것을 이미 예언한 것이며,
10 여기에 깨우침을 주는 전함이라는 것
을 너희들은 알아야 될 것이니라.

11,692 번째 하나님 말씀

2004년 6월 21일 12시 28분

1 사랑하는 나의 아들아!
2 "네, 아버님! 말씀하옵소서."
3 나의 아들 예수가 전하기를, '아비와
아들과, 아들이 아비와, 어미와 딸과,
딸과 어미와, 시어머니와 며느리와,
며느리와 시어머니가 분쟁하는 그와
같은 형국이 생긴다.' 하지 않았느냐?
4 지금 바로 너희들이 그와 같은 형국이
역사함을 내가 예견하여 너희들에게
전해 준 것이니라.
5 한 가정에 딸이 시집을 가니, 시집의
종교요, 교리를 따라야 될 것이니, 시
집과 친정과의 불화의 전쟁이 생기며
본인과 의사 충돌의 전쟁이라는 것을
겪게 됨이니,
6 너희들이 분쟁이요, 불화가 계속 이루
어지는 그와 같은 형국을 예견한 것이
니라.
7 시집온 며느리가 갖고 있는 그 종파
요, 종파 때문에 며느리와 시어머니의
사이에 종파 싸움이 나며 시시비비가
생기며 이와 같은 형국이 생김이니라.
8 그러니 시어머니와 분쟁을 하고 있는
그 사이에 낀 아들과 아버지는 또한
어찌하던가?
9 아들은 부모의 뜻을 따르며 아내의 뜻
을 따르며 그리하여 이러지도 저러지
도 못하며 시시비비하고 또 고민하는
그와 같은 분쟁의 역사가 끊임없이 이
루어지는 것이 너희들 가정의 형국이
요,
10 그리하여 이와 같이 이루어질 것이라
는 것을 내가 너희들에게 미리 전하고
깨우쳐 줌을 너희들은 알아야 될 것이
니라.
11 바로 이와 같은 의미요, 이와 같은 현
실이 되어 있지 않은가?
12 아래위도 없으며 예의도 없으며, 너희
들은 시집이요, 친정이요, 그와 같은
것을 따지기 전에, 오로지 제 종파요,
그 종파에 따라서 시집간 자는 시집의
뜻에 따라야 되니 따르지 아니할 수
없어 불화가 생기는 것이며, 따르자니
또한 불화가 생기니라.
13 그 가운데 끼어 있는 아버지와 아들이
요, 남편에게 또 불화가 있게 되어 있
는 것이 아니더냐?
14 그러니 한 사람이 시집을 가도 불화
요, 한 사람이 시집을 와도 불화요, 한
사람이 장가를 가도 불화요, 장가를
옴으로 또한 너희들이 불화요,
15 모든 것이 다 불화와 분쟁으로써 열려
지게 되어있는 것이 오늘의 실정이요,
너희들이 그와 같이 흘러감이니라.

16 그러니 거기에 참진리요, 아름다움이
없으며, 사랑이 없으며, 세상은 삭막
해지며 너희들이 황폐해지는 그와 같
은 세상이 될 것이니라.
17 그러나 여기서 너희들은 알라.
18 그 식구 중 누군가가 참진리요, 나의
새로운 성경을 보고 깨우쳐 너희들의
모두를 종식시킬 것이며 너희들을 다
스릴 것이니라.
19 그러니 그 다스림을 따르는 자는 구원
을 받을 것이요, 그렇지 않고 분쟁을
일삼는 자들은 나에게 오를 수 없으며
영원히 구원의 길을 올 수 없는 것이
라는 그 의미를 내가 여기에 기록하여
전한 뜻이라는 것을 알도록 그리 깨우
쳐 주라.

11,693 번째 하나님 말씀

2004년 6월 21일 12시 31분

1 사랑하는 나의 아들아!
2 **"네, 아버님! 말씀하옵소서."**
3 160권의 대장정의 역사가 이 짧은 시
간에, 그리고 이게 세계 공통어로 역
사하기 위하여 모두가 이루어지는 그
와 같은 것을 안다면, 얼마나 너희들
이 선택된 백성인가를 너희들은 아는
가?
4 더욱이 너희들이 오늘에 그 역사할 것
을 세상의 백성들은 나름대로 예언해
서 전했으며, 그 뜻을 미리 알고 전한
자들이 수없이 있음이니,
5 그 모두가 하나하나 지금 행하여지며
모두가 다 역사해 가고 있는 이와 같
은 위치에 서 있는 너희들이 어찌하여
귀하고 소중한 것을 모른단 말이더냐?
6 지금 동양의 작은 나라에 도적처럼 나
의 성령이 내려옴이니, 이 성령으로써
세계 공통어를 만들며 만백성을 구하
는 대역사가 이루어지고 있지 않은가?
7 그것을 하나 본다 하더라도 너희들이
이게 얼마나 위대한 기적이요, 너희들
이 얼마나 영광된 축복이요, 누구도
누릴 수 없는 은혜를 입은 것이 오늘
의 세상에 더불어 살아가는 백성 너희
들이 아니더냐?
8 그와 같은 자들이 어찌하여 이를 보지
아니하며 이를 듣지 아니하는가?
9 너희들은 평생 같은 말로써 같은 방법
으로써 오로지 재물을 거둬들이며 금
화를 거둬들이는 그와 같은 거짓된 자
들 속에서 너희들이 어찌하여 헤어나
지 못한단 말이더냐?
10 내가 너희들에게 물어보느니라.
11 지금 믿음의 길을 가는 자, 너희들이
해서는 안 될 차려입은 옷의 형태요,
가꾼 너희들의 형태요, 살아가는 모습
이요, 그와 같은 것을 남들이 존경하
는 것이며 너희들을 받드는 것이 아니
라,
12 위장된 자요, 거짓된 자요, 위선자라
너희들에게 침 뱉고 손가락질하는 것
이 이 세상에 믿지 않는 백성들의 마
음이요, 심성이라면, 과연 너희들이
어찌하여 바른 자요, 바로 가는 자라
하는가?
13 너희들이 말하는 이방인이라 하는 그
순수한 백성들이 거짓된 자요, 위선자
라고 너희들에게 침 뱉고 손가락질하
는 것을 너희들만이 모르니,

14 그와 같은 백성이 세상에 수없이 있음
이니, 바로 너희들이 잘못된 것이며
너희들이 사탄의 노예로서, 사탄의 종
으로서 모두가 역사하는 어리석은 삶
을 살고 있는 것이라 한 뜻이 여기 있
음을 알라 그리 전하라.

11,694 번째 하나님 말씀

2004년 6월 21일 12시 35분

1 사랑하는 나의 아들아!
2 "네, 아버님! 말씀하옵소서."
3 정녕 너희들이 영적인 변화요, 거듭나
는 삶을 사는 것은 진정으로 이웃의
어려움을 도와주며 이웃을 사랑하는
그와 같은 마음을 가졌을 때,
4 너희들도 모르게 나로부터 은혜의 상
을 받으니, 하늘의 지혜를 얻게 되며
깨달음을 얻게 되는 것이니라.
5 그러니 너희들이 그와 같은 삶을 과연
사는가?
6 바로 종교 집단 지도자들이 그와 같은
마음을 가지고 살았다면 세상은 도와
줄 자들이 세상을 덮으며, 도움을 받
아야 할 자는 세상에 없느니라.
7 너희들이 잘못 살아왔기에 지금 도움
을 받아야 할 자는 수없이 늘어나며,
도움을 베풀 자들은 창고의 곳간의 문
을 잠그고 가난한 자를 돌아다보지 않
느니라.
8 너희들이 다른 사람의 고난을 덜어 줄
생각을 하지 않고, 그리고 그 고통스
러운 것을 들여다보지 아니하며 ,자신
만을 위하는 삶을 살며,
9 저희 성전이요, 저희 교회만을 치장하
고 가꾸는 데 모두를 다 바치는 그와
같은 자들이 세상에 존재하며, 그게
선생이요, 내 뜻을 따라 지도하는 백
성들이라 함이니,
10 이 세상이 부패할 대로 부패하고 썩어
져 있는 것이니라.
11 내가 너희들에게 말하니, 나의 아들을
따르는 제자 너희들은 들으라.
12 정녕 너희들이 나에게 오르며 너희들
이 영적인 성숙함이요, 너희들이 하늘
의 뜻을 이해하며 하늘의 뜻을 볼 수
있으며 지혜를 얻을 수 있는 것은 너
희들이 이웃을 사랑하며 이웃을 돕고
베풀며 사는 것이라는 것을 알라.
13 그러니 너희들이 이웃의 고난을 모르
며 이웃의 어려움을 모르며, 이웃의
고난과 슬픔과 어려움을 같이 나눠 주
며 덜어 주고자 하는 그와 같은 생각
을 하지 아니하고 산다면,
14 결코 너희들은 인간의 자세로 사는 자
가 아니요, 인간의 본연의 모습이 아
님이니라.
15 그러니 인간의 본연의 모습을 상실했
으며 인간의 형태를 상실한 너희들은
나에게 올 수 없다 함이니라.
16 이 세상의 가장 큰 문제요, 잘못된 것
이 무엇이더냐?
17 종교 집단 지도자들이 지금 잘못 가르
치고 있으며 잘못 이끌고 있으며, 가
난한 자의 고통스러움을 같이 지려 하
지 아니하며,
18 저만 살기 위하여 저만이 성숙된 삶이
요, 그리고 저만이 남부럽지 않은 삶
이요, 저만이 부귀영화를 누리고 살겠
다는 그와 같은 사악한 자들이 지도자

요, 믿음의 길을 가는 백성이라 하며
울고불고 세상을 요란하게 하기 때문
에 모두가 다 무너지며, 질서가 깨지
며,
19 도와주고자 하는 자가 많아야 하는 이
세상이, 거꾸로 받고자 하는 자가 많
으며 도울 자는 없는 기현상이 되었음
을 알라.
20 바른 세상이요, 나 여호와의 뜻이라면
서로가 가진 것을 나눠 주기 위하여
나눌 사람을 찾아다니는 그와 같은 세
상이 나 여호와의 세상이요, 정상적인
세상이니라.
21 반대되는 세상은 거꾸로 보는 세상이
요, 거꾸로 살아가야만 그를 볼 수 있
는 세상의 의미를 너희들은 이제 알게
되었을 것이니라.

11,695 번째 하나님 말씀

2004년 6월 21일 12시 39분

1 사랑하는 나의 아들아!
2 "네, 아버님! 말씀하옵소서."
3 지금의 수천 년 동안 흘러온 그 믿음
이 구원의 길이 아니요, 나의 뜻이 아
니라 내가 명확히 전하였으며,
4 그리고 그것이 진정한 나 여호와의 뜻
이 아니요, 나로부터 선택된 목자가
아니라는 것을, 160권의 나의 새로운
성경 속에 그 뜻을 다 제시해 주었으
며 그 답을 내렸음이니라.
5 그러니 이제 너희들이 살아가는 방식
을 어찌해야 되는가?
6 지금의 살아가는 방식으로써 접근하
여 지금 같은 삶을 계속 산다면 너희
들은 절대 구원을 받을 수 없는 것이
니라.
7 사랑하는 나의 아들을 따르는 제자들
아, 그리고 나의 새로운 성경을 읽고
깨우친 만백성 너희들은 알라.
8 새로운 방식으로써, 새로운 형태로써
모두를 엮어 가지 아니하면, 구원의
길이요, 하늘에 오를 수 있는 길이 없
다 함을 알지 않는가?
9 그 방대한 조직이요, 지금의 잘못된
믿음의 길을 가는 자들, 그리고 불신
을 받는 자들, 너희들은 거짓된 자며
위장된 자라는 그와 같은 소리를 듣는
종교 집단의 지도자 너희들이 새로 거
듭나기 위해서 모든 방법을 다 바꾸지
아니하면 결코 아니 됨이니라.
10 그리하여 그들은 바꾸려 하지 아니하
며 변화되려 하지 아니하기에 그들을
깨우치고 인도하는 그 대명을 받은 것
이 나의 아들을 따르는 너희들이요,
그들을 깨우칠 수 있는 것이 새로운
성경임을 알아야 될 것이니라.
11 그들은 시도하려 하지 아니하며, 변하
려고 하지 아니하며, 저희들의 문제점
이 무엇인가를 생각하지도 아니하며,
저희들이 잘못 가고 있는 것을 들여다
보지도 않으려 함이니라.
12 오로지 '아멘, 할렐루야!' 맹세하고 또
맹세하는 것, 광분하고 광신하는 그와
같은 믿음으로써 그 방식대로 저희들
이 끌고 가려 함이니,
13 사랑하는 나의 아들딸들아! 한두 가
지가 아님이니라.
14 수천수만 가지 이 세상에 존재하는 모
든 사건들을 모두 다른 방식으로써 지

금과 반대 방향의 방식으로써 접근하
고 해결하고 풀어나가지 아니하면,
15 결코 너희들이 나에게 오를 수 없으며
새로운 역사를 이룰 수 없다는 것, 너
희들은 모두 지옥의 나락으로 떨어지
는 결과밖에 없다는 것을 그들에게 전
하라.
16 내가 보기에 너희들이 너무나 초라하
며 너무나 고통스러우며, 어찌하여 너
희들만이 황폐한 마음을 모르며, 너희
들이 갈구하고 소원하는 그 길이 아닌
반대의 길을 가고 있는 것을 너희들만
이 모른단 말이더냐?
17 이제 위장된 자, 거짓된 자, 그들의 계
획이요, 그들의 이끄는 곳에 너희들이
더 이상 끌려가서도 아니 되며 더 이
상 거기에서 머물러서도 아니 됨이니
라.
18 시간이 없느니라, 사랑하는 나의 아들
딸들아!
19 거기에서 나의 새로운 성경을 읽고 깨
우쳤을 때, 너희들이 마음에 깨달음이
있으며 변화가 있으면 바로 즉각 행하
고 따르도록 그리하라.
20 그리해야만 너희들이 구원의 길을 올
수 있으며 나로부터 은혜의 영광을 받
을 수 있는 것이니라.
21 오로지 슬픔과 고통만이 있는 지옥의
길을 달려가는 그 발길을 멈추지 아니
하면 절대 아니 됨이니라.
22 지금 너희들이 가는 길은 바로 죽음
의 길로 가는 것이라는 것을 잊지 말
라.

11,696 번째 하나님 말씀

2004년 6월 22일 07시 43분

1 사랑하는 나의 아들아!
2 "네, 아버님! 말씀하옵소서."
3 내가 너희들에게 충성을 다하며 정성
을 다하라, 목숨을 바쳐 충성을 다하
라, 그와 같이 하는 그 의미를 아는가?
4 "네, 아버님! 아버님께서 말씀하시기
를, 정성을 다하며 충성을 다하며 목
숨을 바쳐 다하라 하시는 말씀을,
5 아버님의 계심을 믿으며 예수님의 존
재함을 믿으며, 그 모두가 아버님의
뜻에 의해 역사함을 믿으라 하는 것
이라 그 모든 종교 집단의 지도자들은
그리 알고 있사옵나이다.
6 아버님의 계심을 믿으며, 저희들이 성
전에 나오는 것을 그렇게 믿으며, 그
리고 그들에게 재물을 바쳐 무엇을
역사하는 것, 종교 지도자가 가르치는
것을 그와 같이 들으라는 것, 절대적
으로 모두를 다 바치라는 것이라 그리
깨닫고 그리 알고 있사옵나이다."
7 그러나 너는 과연 어찌 알며 어찌 생
각하느냐?
8 "네, 아버님! 저는 그것이 아니라 생
각하옵나이다.
9 아버님께서 내리신 말씀 중에도 저도
그리 알았고 그리 알았으나, 정녕 아
버님의 뜻은 그것이 아니라 생각되옵
나이다."
10 사랑하는 나의 아들아!
11 그러면 나의 새로운 성경이요, 구약과
신약이요, 그리고 예수가 역사했던 것
이요, 나 여호와를 위하여 너희들이

충성하고 목숨을 다 바치며 모두를 다
하라 하지 아니하면 무엇이란 말이더
냐?
12 "네, 아버님! 그렇사옵나이다.
13 아버님께서 바라시고 원하시는 마음
은 그것이 아니옵나이다.
14 모든 백성들이 하늘의 뜻을 모르며 아
버님의 뜻을 모르며 역사하고자 하시
는 그 뜻을 모름이니,
15 오늘 이와 같이 험악한 세상이 되어
아버님의 그 가슴 아픔을 성서의 비유
의 뜻을 모르며 아버님의 그 마음 아
픔을, 그를 참고 인내하시는 아버님의
그 고통이 어떠하시옵나이까?
16 아버님께서 충성을 다하라, 목숨을 바
쳐 다하라 하는 것은 아버님이 보시기
에 하늘을 향하여 부끄러운 일을 하지
말라 하시는 뜻이옵나이다.
17 저는 그리 생각하옵나이다.
18 아버님께서 하시고 싶은 말씀은 그것
이 아니옵나이까?"
19 사랑하는 내 아들아!
20 하늘을 향하여 네가 부끄러운 짓을 하
지 않도록, 그걸 하지 아니하기 위하
여 목숨을 바치며 충성을 바치며 정성
을 다하는 삶을 살라.
21 "그리고 저를 따르는 제자들이요, 만
백성에게 아버님의 뜻은 그것이 아니
옵나이까?
22 저는 아버님께서 그를 원하시며 그리
바라신다 생각하옵나이다.
23 성경을 믿으며 새로운 성경을 믿으며
구약과 신약을 믿으며, 예수님이 역사
한 것을 믿으며 그 죽음을 믿으며, 그
가 아버님의 아들이라는 걸 믿으며,
그리고 아버님의 뜻에 의해 모두를 역
사했다는 것을 믿으며, 아버님의 존재
하심을 믿으며, 아버님을 믿고 경배하
는 것에 모두의 목숨을 바치고 충성을
다하며 아버님을 부르며 기도하는 곳
에 모두를 다 바치는 것이 아니라,
24 하늘을 향하여 한 점의 부끄럼이 없는
삶을 사는 것에 목숨을 다 바치고 정
성을 다하고 충성을 다하라는 것, 그
것이 아버님의 진정한 뜻이 아니옵나
이까?"
25 사랑하는 나의 아들아! 그러하니라.
26 네가 나를 위하여 충성을 다하며 내가
존재함을 목숨을 바쳐 믿고 따르라 함
이 아니니라.
27 나의 새로운 성경에 기록되어 깨우친
그 뜻도 의미는 있으나, 정녕 나 여호
와가 바라는 것은 바로 그것이니라.
28 너희들이 하늘을 향하여 한 점의 부끄
럼이 없는 것, 그리고 부끄러운 행위
를 하는 데 네 목숨을 바치고 정성을
다하고 충성을 다하고 모두를 다 바쳐
너희들이 그를 행하지 말라는 나의 애
절한 뜻임을 네가 알았으면, 너의 제
자들부터 그리 깨우치며,
29 나의 아들을 통하여 내가 내리는 새로
운 성경에 기록된 내용을 읽은 백성
너희들은 목숨을 다하고 충성을 다하
고 정성을 다하여 한 점의 부끄럼이
없는 삶을 살아가는 데 모두를 다 바
치라.
30 그것이 너희들이 나를 위함이며 내 뜻
을 따름이니, 그리 전하라.

11,697 번째 하나님 말씀

2004년 6월 22일 07시 54분

1 사랑하는 나의 아들아!

2 "네, 아버님! 말씀하옵소서."

3 새로운 성경이 세상에 전해짐이니, 너희들은 이제 세상의 헛된 것들, 그리고 헛된 욕심에서 깨어나며 자신을 바라보는 그와 같은 삶을 살도록 그리하라.

4 내가 너희들을 사랑하기에 내리는 이 새로운 성경을 읽고 정독하여 너희 것으로 만들어,

5 헛된 욕심이요, 허황된 그 모두를, 다음의 세상, 영원히 사는 세상에 사는 삶을 준비하기 위하여 눈앞에 있는 것만 보는 헛된 욕심의 삶을 저버리고 너희들 자신이 깨어나도록 그리하라.

6 그리하여 모든 헛된 것을 뽑아내 버리고 너희 자신을 태워 버리고 거듭나지 아니하면 아니 됨이니라.

7 사랑하는 나의 아들을 따르는 제자 너희들에게 내가 묻느니라.

8 과연 너희들이 얼마나 비워졌으며 얼마나 너희들의 마음을 버렸으며, 그리고 너희들이 얼마나 천사와 같은 마음으로 살아가는가?

9 너희들이 아직도 변하지 못함을 스스로 알고 있을 것이니라.

10 그러니 그 모두를 다 버리라는 것이니라.

11 그리해야만 너희들이 되느니라.

12 그래서 내가 너희들에게 다 뽑아 버리고 태우라 함이니라.

13 너희들이 그와 같이 모든 헛된 욕심이요, 욕망을 다 뽑아 버리고 지운 그 속에서 새로운 성경을 읽음으로 새로운 성령이 너희들에게 자리를 잡아 나갈 것이니라.

14 그리했을 때 너희들은 하늘에서 이루어진 것처럼 지상에서 모두가 이루어지는 영광을 얻게 될 것이며, 나 여호와의 권세가 하늘과 땅에 똑같이 역사함을 알게 될 것이니라.

15 사랑하는 나의 아들을 따르는 제자 너희들은 들으라.

16 너희들은 모두가 다 '우리'요, 하나라는 개념을 가져야 될 것이니라.

17 너희들은 남남이라는 생각을 갖지 말고, 우리는 모두가 하나요, 한 분의 아들딸로서 세상에 태어났다는 것, 그와 같은 개념을 갖도록 그리하라.

18 그리고 모두가 다 하나라는 것을 너희들이 생각하면 그게 얼마나 소중하고 귀한 것인가를 알게 될 것이니라.

19 그 귀하고 소중함을 너희들이 터득해야 됨이니라.

20 나 여호와가 역사하지 아니하는 것이 이 세상에 하나노 없나 생각하녀, 내 손으로 이루어지지 않은 것이 하나도 없다 생각하면,

21 작은 미물에서부터 동식물까지, 더욱이 인간 대 인간으로서 형제로 태어난 너희들이야말로 얼마나 소중하고 귀한 것이더냐?

22 그와 같은 깨달음을 얻고 그와 같은 마음을 가지고 그와 같은 생각으로 세상을 살아가며 행하도록 그리하라.

23 그 마음을 너희들이 깨달았을 때, 그리 실천하고 살 때만이 너희들이 진정

한 사랑과 화목과 평화를 알게 될 것
이니라.
24 그러한 마음을 갖고 살지 아니하는 자
는 진정한 사랑의 뜻이 무엇이며 화목
이 무엇이며 화평이 무엇인가를 알지
못하고 느끼지 못하고 살다 결국 너희
들은 심판대에 서게 됨을 알라, 사랑
하는 나의 아들딸들아!

11,698 번째 하나님 말씀

2004년 6월 22일 08시 00분

1 사랑하는 나의 아들아!
2 "네, 아버님! 말씀하옵소서."
3 지금의 수천 년 동안 믿음의 길을 오
는 그 종파요, 그리고 그 백성들, 지도
자, 모든 신도들, 구원을 받았다 하는
자들이 어떠한 형국의 믿음인지 알겠
느냐?
4 "네, 아버님! 아버님께서 보여 주시는
한 장의 그림을 저는 보았사옵나이
다."
5 그 그림이 어떠하더냐?
6 "네, 아버님! 하늘에서 내리는 비에
철철 새는 그 집이, 비가 잠깐 멈춤이
니, 그 집을 종이로써 때우고 종이로
써 발라 비가 새지 않는 것처럼, 종이
를 발라 비를 막은 것처럼 그와 같은
형국이 오늘의 종교 집단이요, 종파들
이 하고 있는 것이라 그리 생각되옵나
이다.
7 그렇다 해서 새는 것이 정녕 멎은 것
이 아니요, 한쪽에서는 계속 새서 흘
러내리나, 지붕에서 새는 것은 비가
멈춤이니, 종이로 때워 놓고 잠시 그
안에 머무르는 사람들,
8 그와 같이 하여 집을 수리하였다 하여
거기가 안식처라 하여 거기에 사는 사
람들, 그와 같은 생각의 행동이 지금
의 종교 종파요, 믿음의 길을 가는 사
람들이 한 것이옵나이다.
9 그러니 비가 왔을 때 그는 떨어질 것
이며 그는 지탱하지 못하는 것처럼 그
와 같은 형국이 되어 있는 것이옵나이
다."
10 그렇다면 지금 너희들이 하고 있는 일
이요, 너희들이 하는 역사는 무엇이더
냐?
11 "네, 아버님! 비가 철철 새는 곳을 비
가 멈췄다 하여 종이로 그 틈새를 발
라 놓고 집을 완전히 수리했다고 하는
그 백성들에게, 그 모두를 헐고 다시
짓는 것, 그리고 완벽하게 수리를 하
여서 고치는 것,
12 바로 그것을 아버님께서 원하시는 것
이며, 저희들이 해야 할 일이 그 일이
며, 그리하여 저희들을 내려보낸 것이
라 생각되옵나이다.
13 목수로서, 그리고 또 흙을 나르는 사
람으로서 그 집을 완벽하게 수리하고
자 하는 것이 아버님의 뜻이며,
14 정교하게 비가 새지 않도록 자재를 들
여서 노력해서 완벽하게 그를 만들며,
그렇지 아니하면 그를 부수고 새로운
집을 지어야 되는 것, 이것이 저희들
이 해야 할 일이라 생각되옵나이다."
15 그러면 지금의 모든 종교 집단이요,
믿음의 길을 가는 자들에게 가르쳐 주
라.
16 너희들이 비가 새는 집을 비가 멈춤이

니 종이로 발라 집을 고쳤으며 수리를
했다 하여 거기에 살려고 대드는 자들
이니,
17 소낙비가 쏟아지기만 해도 비가 다 샘
이니, 너희들이 무산되고, 허사가 아
니더냐?
18 그러니 너희들이 지금 잘못 가고 있는
그 믿음이 지옥의 길로 간다는 것, 내
가 그림으로써 전해 주고 설명해 주는
그 이치를 깨달아 너희들이 바로 가도
록 하라 그리 전하라.
19 그들의 형국이 비 새는 집을 종이로
바르고 수리했다 하는 것이며, 시설을
다시 했다 하며 보수했다는 형국이라
는 것을 전하라.

11,699 번째 하나님 말씀

2004년 6월 22일 08시 09분

1 사랑하는 나의 아들아!
2 "네, 아버님! 말씀하옵소서."
3 내 아픈 마음을 너는 아는가?
4 "네, 아버님께서 물으시는 그 의미를,
그 질문의 뜻이 무엇인가, 또 명하심
이 무엇인가를 알겠사옵나이다.
5 2천 년 전에 예수님이 세상에 와 죽어
가는 그 삶이 잘못 비치는 것, 그리고
모든 백성들이 그를 잘못 이해하고 지
금 가는 것,
6 저는 지금 그 마음이 아프심을 아버님
께서 하문하시며, 그리고 그 의미가
무엇인가를 저에게 물으시는 것이라
저는 그리 생각하옵나이다."
7 사랑하는 나의 아들아, 예수의 그 죽
음이 과연 무엇이었더냐?
8 "네, 아버님! 지금 모든 종교 집단이
요, 종파들이 가는 것처럼 그 예수님
의 죽음은 모든 백성들의 죄를 대신
짊어지며 속죄양으로서 죽은 것이 아
니라 저는 그리 생각되옵나이다."
9 그러면 무엇 때문에 나의 아들 예수가
죽었다 생각하는가?
10 "잘못 가고 잘못 믿고 있는 그 백성들,
잘못 살아가는 그 백성들이요, 그리고
잘못된 믿음에 빠져 가는 그 백성들
을, 예수님께서는 그 백성들을 구하기
위함이니,
11 그를 구하지 아니할 때 아버님께서 재
앙으로 모두를 다스리니, 그 재앙은
이루 말할 수 없는 고통이요, 환란이
기에,
12 예수님께서는 잘못 가는 백성들이요,
잘못 믿음의 길을 가는 백성들을 바로
잡을 수 있으며 고칠 수 있다 하여, 그
를 다스리겠다 하여 그 시간을 받은
것이며, 그와 같은 기회를 달라 애원
하여 기도드려 그와 같은 역사를 한
것이옵나이다.
13 그리하여 그들이 다시 변화되는 백성
으로 될 수 있도록 변화될 수 있는 기
회를 달라 간청하는 기도를 드렸으며,
그리하여 만백성들이 변화되기를 바
랐던 것이옵나이다.
14 그러나 그 백성들이 그를 알지 못하며
그 뜻을 따라 변화되는 삶을 살지 아
니하니,
15 아버님께 재앙을 막아 주십사, 재앙을
내리지 말며 만백성을 깨우칠 수 있는
기회를 주시며, 예수께서 깨우치고 전
하면 그 모두는 거듭날 수 있는 백성

이 될 수 있다 하여 그 기회를 달라 하
여 예수님께서 아버님께 간곡히 기도
를 드렸으며, 그와 같은 것을 위하여
역사하였사옵나이다.
16 그러나 그 백성들이 따르지 아니하며
그를 듣지 아니하며, 그를 깨우칠 수
없어 아버님께 약속을 지킬 수 없으
며, 아버님이 내리신 그 재앙은 무섭
다는 걸 알기에,
17 그리하여 예수께서 마지막 그 목숨을
던져 만백성들이 하늘의 뜻에 의해
변화되기를 바란 것이요, 그리하여 그
목숨을 그것도 가장 고통스럽고 처참
하게 던지는 그 길을 선택한 것이라
저는 그리 생각하옵나이다."
18 사랑하는 나의 아들아! 그러하니라.
19 그것이 예수의 죽음이요, 예수가 그
목숨을 던진 것이니라.
20 그 피로써 죄의 은혜를 받으며 너희들
의 대대손손 추하고 더러운 그 죄를
짓는 것, 이 백성이 살아 있는 동안 그
모두를 다 용서해 주며 그 죄를 씻으
려 예수가 그리 죽은 것이 아님을 너
는 알았으면, 모든 너의 제자들은 그
를 깨달으라 그리 전하라.
21 나 여호와가 너희들에게 말하느니, 나
의 아들 예수는 나에게 모든 백성들이
정의로운 삶이요, 천사와 같은 삶을
살게 하는 것, 그 기회를 달라 그리 애
원하고 기도했으니, 네 말대로 그러하
니라.
22 모든 정성을 다하여 나에게 애원했으
며 나에게 매달렸음이니라.
23 모든 백성들을 깨우쳐 천사와 같은 백
성으로 거듭나게 할 수 있을 것이니,
아버님께서 버리지 말며 재앙으로 다
스리지 말고 예수에게 기회를 달라 애
원하고 또 애원했느니라.
24 그리하여 내가 그에게 기회를 주었으
며 너희들이 깨우칠 수 있는 것을 주
었으나, 너희들은 깨닫지 아니하며 그
를 따르지 아니하니,
25 예수는 마지막 하나밖에 없는 그 목숨
을 던져 너희들이 거듭나기를 바랐으
며, 그것이 구원이요, 하늘에 오르는
길이요, 재앙으로부터 모두가 다 구제
되도록 그는 그리 막고자 했음이니라.
26 그리하여 2천 년의 세월이 지났음이
니라.
27 그러나 그 백성들이 과연 어찌 가는가?
28 오늘의 너희들의 가는 형국을 보고
나 여호와의 가슴이 얼마나 아프며 내
마음이 저려 오겠는가?
29 그들은 지금 얼마나 변했느냐?
30 그들은 변화된 것이 하나도 없음이니
라.
31 그 백성들은 더 타락되었으며 더 사
악한 세상이 되었으며 이제는 돌이킬
수 없는 그와 같은 형국이 되지 않았
느냐?
32 그러니 너희들이 예수의 죽음을 욕되
게 한 것이며, 예수의 죽음을 등 돌린
자들이 아니더냐?
33 너희들이 정녕 어떠하든 예수가 너희
들의 죄를 속죄해 주었다면, 죄 없는
백성이 되기 위하여 너희들이 목숨을
바쳐 삶을 살아야 될 것이니라.
34 어쨌든 너희들은 이러하든 저러하든
예수를 다 배신한 자요, 등 돌린 자니
라.

35 그것이 오늘의 백성 너희들의 처지요, 너희들이 가고 있는 길이 아니더냐?
36 그러면서 너희들을 대신하여 속죄양으로 죽은 나의 아들이라 그리 말하는 것, 그와 같이 너희들의 속죄를 위해 죽었다면, 너희들이 죄 없는 백성으로 거듭나는 그 삶을 위하여 모두를 다 바쳐야 되나,
37 그걸 악용하여 너희들의 죄를 씻어 갔으니 되는 대로 살아도 된다 하니, 이 분통하고 이 가슴 아픈 일이 어디 있단 말이더냐?
38 너희들은 알라.
39 너희들의 죄를 용서하는 것이 아니요, 너희들의 죄를 대신 지고 사죄하는 속죄양이 아니라,
40 너희들이 변할 수 있도록 나로부터 재앙을 내리지 말기를 원했으며, 그리고 그 기회를 너희들에게 한 번 더 달라 애원하고 애원한 것이 나의 아들 예수의 마음이요, 기도였음이니라.
41 내가 이 뜻을 들어주고자 하여 내가 너희들에게 단 한 번의 기회를 줬다 하지 않더냐?
42 그리하여 지금이라도 너희들이 회개하고 거듭나면 될 것을, 과연 너희들이 거듭나고 그 뜻을 따르는가?
43 지금의 예수의 고통과 예수의 바라보는 마음을 아는가?
44 애절하게 바라보는 예수의 그 고통을 내가 더 이상 바라볼 수 없어 내가 너희들에게 한 번의 기회를 줌이니, 이 것이 마지막이라 하지 않느냐?
45 그리하여 나의 아들을 세상에 내려보내어 새로운 성경 160권을 세상에 내려보내어 너희들에게 기회를 주거늘,
46 마지막 기회로 내리는 새로운 성경이요, 나의 성령을 사탄이요, 이단이요, 마귀라 너희들이 또 짓밟는 그와 같은 행위를 함이니,
47 천 년에 걸쳐서 하늘에서 이루어진 것 같이 이 지상에서 낙원이 역사하지 아니한다면 너희들은 결국 내가 손을 놔야 한다는 것을 알라 그리 전하라.

11,700 번째 하나님 말씀

2004년 6월 22일 08시 13분

1 사랑하는 나의 아들아!
2 "네, 아버님! 말씀하옵소서."
3 너희들은 깨닫고 변화되지 아니하면 아니 됨이니라.
4 참진리요, '하늘에 오르는 길'의 안내서인 '하나님! 말씀하옵소서.' 새로운 성경이 내려올 때, 너희들에게 기회가 있음을 알아야 될 것이니라.
5 지금 너희들에게 기회가 주어졌을 때 깨달음을 얻으며 구원을 얻도록 그리하라.
6 나의 새로운 성경을 가슴에 안고 정독하고 또 정독하여 너희들이 깨달음을 얻어 하늘의 지혜를 얻어 구원의 길을 보지 아니하면 아니 됨이니라.
7 너희들이 정녕 나의 새로운 성경을 정독하여 깨닫는 자만이 그 좁고 협착한 문을 들어설 수 있다는 것을 알라.
8 사랑하는 나의 아들을 따르는 제자들이요, 믿음의 길을 가는 만백성 너희들은 들으라.
9 오늘의 종교 집단의 지도자들의 가르

침이요, 그와 같은 방법으로써 너희들
이 좁고 협착한 그 문을 절대 들어설
수가 없음이니라.
10 거기에는 닫혀진 문을 열어 줄 수 있
는 사람이 없으며 열 자격을 가진 사
람이 없다 함이니라.
11 사랑하는 나의 아들딸 너희들은 들으
라.
12 내가 마지막이라 너희들에게 하지 않
느냐?
13 내가 너희들에게 간곡히 간곡히 전함
이니, 나의 새로운 성경을 너희들이
읽고 접해 보며 그 내용을 들여다보고
도 잘못되었으며 잘못 가는 것이라면,
그때 너희들이 등을 돌려도 될 것이니
라.
14 그렇지 아니하거든 너희들이 마음의
자세를 바로 세워야 될 것이니 그리
알라.

11,701 번째 하나님 말씀

2004년 6월 22일 09시 49분

1 사랑하는 나의 아들아!
2 "네, 아버님! 말씀하옵소서."
3 농사를 짓는 농부가 봄이 되면 씨앗을
뿌려 온갖 정성을 다하며 그를 가꾸고
또 가꾸어서 농사를 짓지 않느냐?
4 그리하여 농사를 지음이니, 추수의 계
절이 되어 그를 추수하게 됨이니라.
5 그러니 농부가 추수할 때 무엇을 추수
하는가?
6 줄기나 이파리를 추수하는 것이 아니
라, 잘 익은 알곡식만 거둬들이며 추
수를 하느니라.
7 그러니 농부가 추수를 할 때 봄에 씨
앗을 뿌려 가꿨던 그 모두는 지나가
버린 것이요, 그 열매를 맺기 위한 하
나의 과정에 존재하는 것이 아니더냐?
8 그리하여 추수할 때는 그 모두는 관계
없이 잘 익은 열매만 거둬들이는 것이
농부가 일 년 농사를 짓는 것이 아니
더냐?
9 그와 같이 너희들이 하늘에 오르는 길
이요, 깨달음의 그것도 마찬가지이니
라.
10 마지막 시대에 열매만 거둔다는 것을
너희들은 잊어서는 아니 될 것이니라.
11 그러니 너희들이 살아가면서 작고 크
고 어떠한 역사의 흐름도 결국 영적인
열매를 맺어 내가 거둬들일 수 있는
그를 위하여 너희들이 다 역사하고 살
아가느니라.
12 그러니 지금 내가 너희들에게 깨우쳐
줌이니라.
13 너희가 지금까지 모두 역사했던 작고
큰 기적이요, 행함은 이제 나의 160권
의 새로운 성경이 내려옴이니, 그 모
두는 다 너희들이 중단해야 되며 모두
를 다 폐해야 됨이니라.
14 그렇지 아니하면 너희들이 나의 뜻을
거역하는 자세라는 것을 알아야 될 것
이니라.
15 새로운 성경이 세상에 나오니, 예언이
요, 방언이요, 어떠한 너희들의 믿음
의 형태요, 지금까지 갔던 모든 것은
다 부질없는 것이니, 이제 너희들이
막을 내려야 할 것이며,
16 조용히 나의 아들을 통하여 내리는 참
진리요, 하늘의 뜻인 160권의 새로운

성경을 읽고 깨우쳐 너희들이 그 길을
가며 그 길을 역사하기 위하여 모두를
다 바쳐야 됨을 알아야 될 것이니라.
17 모두는 너희들 자신이 최고라 나서지
말라.
18 지금 제가 최고요, 저희가 가진 것이
가장 위대한 것이라 말하는 자,
19 새로운 성경이요, 160권의 새 성경 외
에 아무것도 참진리요, 완전하고 완벽
한 것이 없음이니,
20 너희들이 지금 너희 것을 고집하고 나
선다면 정녕 용서받지 못하는 성령을
훼방하는 죄요, 성령 훼방의 죄를 짓
는다는 것을 절대 잊지 말라.
21 마지막 때 나 여호와는 영적으로 선별
하여 잘 맺어진 그 열매를 거두느니라.
22 그러니 그 열매를 거두기 위하여 지금
나의 160권의 새로운 성경이 내려갔
음이니, 이 성경이 바로 열매를 거두
기 위한 것이니라.
23 그러니 지금까지 이적이요, 기적이요,
어떠한 병 고침의 역사를 했든, 방언
이든, 그 모두는 다 오늘에 이르기 위
한 한 과정이요, 알곡식을 추수하기
위한 뿌리요, 줄기요, 이파리의 과정
이라는 것을 알라.
24 그렇다면 스스로 너희들이 모두를 이
제 닫아야 될 것이며, 너희가 가장 위
대한 자라 나서지 말며 감히 대적하려
하지 말라.
25 그것으로써 너희들의 죄가 얼마나 무
서운 것인가를 알 날이 머지아니할 것
이니라.

11,702 번째 하나님 말씀

2004년 6월 22일 09시 52분

1 사랑하는 나의 아들아!
2 "네, 아버님! 말씀하옵소서."
3 너희들이 이 세상에 태어나는 그 뜻
도, 그리고 너희들이 이 세상에 태어
나 살아가면서 성장하며 죽을 때까지
살아가는 그 과정이 무엇이더냐?
4 너희들은 모두를 사랑하도록 하여 내
가 세상에 내보냈음이니라.
5 그리고 그 모든 은혜는 너희들이 서로
를 사랑하며 살라 내가 너희들에게 내
린 영광임을 알라.
6 그러니 사랑을 행하고 사는 자는 육의
세상에 산다 하나, 곧 그것이 무엇이
더냐?
7 나 여호와의 본체요, 나 여호와의 뜻
에 의해 너희들이 살아감이니, 나의
본체에서 살아가는 백성이요, 하늘나
라의 삶을 사는 것이나 같음을 알라.
8 그것이 진정한 사랑이요, 아름다운 사
랑이니라.
9 그와 같은 사랑을 베풀고 행하지 아니
하는 자, 너희들은 지금 나의 나라에
와서 살 수 있는 것이요, 내 품에 살
수 있는 그 모든 특혜와 은혜를 다 저
버리고 사는 삶이라는 것을 알라.
10 사랑을 베풀며 사는 백성이 나의 아들
딸이니,
11 나의 아들딸이 아닌 자는 곧 나에게
돌아올 수 없으며 내 집에 올 수 없다
는 것을 너희들은 깊이 깨우쳐야 될
것이니라.
12 그러니 모두를 사랑하는 마음으로 살

라.
13 그것 하나면 너희들이 모두를 다 얻을
수 있는 것을, 어찌하여 너희들이 그
하나를 행하지 아니하여 모두를 다 잃
어버리고 모두를 잃는 그와 같은 삶을
산단 말이더냐?
14 사랑하지 않는 자는 나를 알 수 없으
며 나에게 올 수 없다는 것을 알라.
15 사랑하는 자만이 나를 알 수 있으며
내 음성을 들을 수 있으며 나에게 오
를 수 있는 백성이라는 것을 너희들은
잊어서는 아니 됨이니, 이를 명심하고
또 명심하도록 그리하라.

11,703 번째 하나님 말씀

2004년 6월 22일 09시 55분

1 사랑하는 나의 아들아!
2 "네, 아버님! 말씀하옵소서."
3 지금 제3의 시대가 무엇이더냐?
4 열매를 거둬들이는 시대요, 그리고 그
열매를 거둬들이기 위하여 지금 내가
새로운 성경을 세상에 내려보냄이니
라.
5 그러니 너희들은 들어야 될 것이니라.
6 완전한 나의 새로운 성령이요, 새로운
성경이 내려와 나의 백성을 구하는 역
사가 시작되고 있음을 너희들은 어찌
하여 모른단 말이더냐?
7 이것이 내가 너희들에게 마지막 준 기
회요, 너희들에게 내리는 마지막 큰
은혜요, 영광이라는 것을,
8 너희들이 어찌하여 나의 새로운 성경
이 내려오는 것을 모르며 너희들이 이
를 받아들이려 하지 아니한단 말이더
냐?
9 모든 백성 너희들은 들으라.
10 모든 종교 집단의 지도자요, 울고불고
하는 자, 예언하며 방언하는 자, 모든
것을 역사한 그 모두는 지금까지의 너
희들의 공으로써 모두가 끝난다는 것
을 너희들은 알아야 될 것이니라.
11 이제는 완전한 나의 새로운 성경이 내
려오니, 너희들은 모두가 다 끝난 것
이요, 너희들이 접어 둬야 된다는 것,
12 그리했을 때 너희들이 지금까지의 공
에 그 은혜의 상을 받을 수 있을 것이
니라.
13 그러나 너희들이 여기서 완벽한 나의
새로운 성경이요, 나의 성령이 세상에
내려오는데도,
14 너희들이 지금까지 너희들의 방언이
요, 기적을 역사한다 하여 집단으로
이끌어 온 것, 그것이 하늘에 오르는
길이라 하여 고집하고 이 모두를 그대
로 끌고 가고자 역사한다면,
15 그리하여 내가 나의 아들을 통하여 완
전한 하늘에 오르는 길이요, 거듭나는
새로운 성경을 나의 백성들에게 읽히
고 깨우치지 못하도록 너희들이 훼방
한다면,
16 그것보다 더 무서운 성령의 훼방 죄가
없음을 너희들은 알라.
17 이제 너희들은 모두를 접어 두고 새로
운 성경을 읽고 깨우쳐 내 뜻에 따라
하늘에 오르는 길을 오는 그 백성이
요, 좁고 어려운 그 길을 오는 자는 나
로부터 너희들이 지금까지 노력한 그
공에 나로부터 받을 것이 있을 것이니
라.

18 그러나 지금 이후부터 너희들이 더 고
집을 피우며 더 아집을 피우며, 너희
들 것이 하늘의 뜻이요, 역사하는 것
이라 하는 자는, 그나마 작은 공의 은
혜까지도 너희들이 받을 수 없음이니,
19 모두를 다 폐하는 쪽에서 폐하지 아니
하고 대들고 악을 쓰는 것은 그 모두
가 성령을 모독하는 자요, 성령의 훼
방 죄요, 만백성의 깨우침의 길을 막
는 자라는 것을 너희들은 알라 그리
전하고 그들에게 깨우쳐 주라.

11,704 번째 하나님 말씀

2004년 6월 22일 09시 58분

1 사랑하는 나의 아들아!
2 "네, 아버님! 말씀하옵소서."
3 제3의 시대요, 새로운 성경이 세상에
내려와 참진리로써 만백성을 구하는
역사가 이루어지고 있느니라.
4 나의 이름으로써, 예수의 이름으로써
권능과 이적과 기적을 이루는 어떠한
영적인 것이라 하여 너희들이 행하는
어떠한 것도, 그 역사를 다 이루고 너
희들이 기적을 보인다 하여도,
5 그 모두는 나의 뜻과는 아무런 관계가
없다 함을 너희들은 알아야 될 것이니
라.
6 완벽한 새로운 성경이 내려옴이니, 이
는 참진리요, 그 진리는 변함이 없는
것이며, 그 진리 외에는 어떠한 길도
없기 때문이니라.
7 그러니 나의 참진리가 세상에 내려와
만백성을 구하는 그 길을 역사함이니,
8 너희들이 어떠한 기적이요, 어떠한 역
사를 이룬다 해도 바로 나의 피조물
만백성이 참진리요, 하늘의 뜻을 보고
자 하늘에 오를 수 있는 그 길을 가로
막는 자요, 나로부터 구원의 은혜를
받지 못하도록 하는 자요,
9 내가 역사하는 것을 보지도 못하도록
그 모두를 다 막아 버리고 장막으로써
가리는 그와 같은 행위를 하는 자들이
오늘의 종교 집단 너희들임을 알라.
10 이제는 모두를 다 접으라.
11 어떠한 권능과 이적과 기적의 역사로
써 영적인 일을 했어도, 새로운 성경
이 세상에 나와 세상을 덮음이니, 그
것 외에는 하늘에 오르는 길이 없으며
하늘에 오르는 역사가 없음이니라.
12 그러니 수천수만 가지 오늘의 종교 집
단의 지도자가 하는 것이 다 부질없는
것이요, 너희들은 새로운 성경이 내려
올 때까지 그 임무요, 너희들이 존재
할 수 있는 것이라는 것을 알라.
13 그러니 이제 너희들이 그 모두를 다
버리라.
14 그리고 나의 백성들이 나를 보려 하며
나에게 오려는 것을 더 이상 막지 말
라.
15 그를 가로막고 훼방하는 것이 바로 가
장 무서운 성령을 훼방하는 자들이니
그리 알라.
16 참진리가 세상에 내려오지 못하도록
지금 너희들이 이를 막는 것은 사탄의
자식이요, 마귀의 자식이요, 그 종들
이 하는 것이요, 불법을 행함임을 알
라.
17 너희들이 지금 하고 있는 모든 행위를
중단하지 아니하고 계속 너희들이 최

선이요, 가장 위대한 자라 말하며, 나
의 새로운 성령이 세상에 나가 만백성
을 구하는 그 길을 방해한다면,
18 성령이요, 하늘에 오르는 길이요, 참
진리는 한 길밖에 없으며 하늘에 오르
는 길은 한 길밖에 없다 했음이니라.
19 그러니 너희들이 그걸 보지 못하도록,
그를 따라오지 못하도록, 그를 행하지
못하도록 하는 것이 너희들이 하늘을
향하여 불법 행위를 자행하고 있는 그
무서운 행위를 하고 있음을 알라 그들
에게 전하라.

11,705 번째 하나님 말씀

2004년 6월 22일 10시 02분

1 사랑하는 나의 아들아!
2 "네, 아버님! 말씀하옵소서."
3 나의 완전한 참진리요, 성령이 세상에
내려감이니, 너희들은 이 길을 공부하
고 이를 깨우치고 오면 되는 것을, 어
찌하여 너희들이 이를 보지 아니하려
한단 말이더냐?
4 이 세상의 수천, 수만, 수억의 종파가
다 저희들이 하늘에 오르는 길이라 하
나, 그들은 새로운 성경이요, 완벽한
나의 성령이 세상에 내려올 때까지 그
들이 존재함이니라.
5 그리고 그들은 모두를 다 거둬들여야
됨이니라.
6 완전한 것이 내려왔으니, 그 부속이
제가 최고라 한들 어찌하겠느냐?
7 아무런 의미가 없으며 그 가치가 없음
이니라.
8 그리하여 내가 너희들에게 내리는 새
로운 성경을 공부하고 깨우쳐 나에게
오는 길을 보고 오면 되는 것이니, 어
찌하여 너희들은 이 길을 선택하지 아
니한단 말이더냐?
9 그것이 다 너희들의 욕심이요, 욕망
때문이니라.
10 그러니 어떠한 행위도 너희들은 나의
성령이요, 나의 새로운 성경을 믿지
못하도록, 그리고 이를 가지고 공부하
고 깨우치는 백성들을 깨우치지 못하
도록 훼방을 하는 것이 너희들이 오늘
의 하는 일이며,
11 모든 종교 집단의 지도자요, 속해 있
는 자들이 나의 아들을 따르는 그 제
자들을 유혹할 것이며, 그리하여 그들
을 혼돈하게 하여 그들을 무너트리게
하고자 하는 것이니라.
12 그렇지 아니하면 저희들이 설 자리가
없으며 저희들이 존재할 수 없다는 것
을 사탄이요, 마귀들은 다 알고 있기
때문이니라, 사랑하는 나의 아들딸들
아!
13 그 유혹에 너희들이 넘어지며 혼돈에
의하여 너희들이 중심을 잡지 못하고
쓰러지는 그와 같은 백성이 되어서는
아니 됨이니라.
14 정의로움이요, 참진리의 길을 가는 백
성 너희들이 나에게 와 심판대에 서서
구원을 받는 것, 나의 나라에 와 거듭
나는 은혜를 얻으라는 그와 같은 심판
대의 명령을 듣지도 못하고 보지도 못
하도록 그리 너희들을 막으며,
15 그리하여 심판대에서 나에게 오르는
거듭나는 은혜를 받지 못하도록, 지옥
으로 저희들이 이끌어 가는 그와 같은

행위를 하며 끌고 가고자 하여 그들
이 모두가 길을 가로막고 있으며 너희
들에게 훼방하며 유혹함이니라.
16 여기에서 넘어가서는 아니 되느니라,
사랑하는 나의 아들딸들아!
17 창조주 나 여호와가 이 세상의 모두를
역사하는 것 또한 나의 아들딸 너희들
을 통하여 모두를 역사하며 모두를 이
루어 가지 않더냐?
18 사탄도 그러하니라, 저희들이 저희들
뜻대로 할 수 없으며 제가 직접 할 수
없음이니, 사랑하는 나의 아들딸들을
유혹하여 그들을 악용하여 저희들의
뜻을 이루고자, 그리고 새로운 성경의
참진리를 훼방하는 데 그 도구로 쓰고
있는 자들이니라.
19 그러니 여기에서 너희들이 넘어가는
자가 되어서는 아니 됨이니라.
20 너희들은 나의 새로운 성경이요, 나의
뜻을 담은 이를 읽고 깨우쳐 구원의
길을 보지 아니하면 절대 아니 됨이니
라.
21 내가 하늘에 오르는 길은 예수를 통하
여 그 빛을 통하여 올라올 수 있다 하
였으며, 지금은 나의 아들을 통하여,
나의 성전을 통하여 내가 모두를 내리
며, 거기를 통하여 너희들의 모두를
거둬들이는 그와 같은 역사가 있음이
니,
22 이 새로운 성경이 아니고는 너희들이
절대 구원을 받을 수 있는 길이 아니
요, 하늘에 오를 수 있는 길이 없기 때
문이니 그리 알라.

11,706 번째 하나님 말씀

2004년 6월 22일 10시 04분

1 사랑하는 나의 아들아!
2 "네, 아버님! 말씀하옵소서."
3 너희들이 말로써 사랑하며, 말로써 세
상을 다 주며, 말로써 또 믿음이라는
것으로써 모두를 이루고 구원을 받는
다 그리 생각하나, 그와 같은 생각을
버리라.
4 감히 어찌 너희들이 구원을 받았다 말
하며 구원을 받을 자격이 있다 말하는
가?
5 너희들 스스로 너 자신을 돌아다볼 때
과연 너희들이 그만큼 자격이 있는가?
6 정녕 너희들이 구원을 받고자 하며 나
에게 오르고자 한다면, 너희들 자신이
자신만이 잘 알고 있는 악습이요, 잘
못된 것을 하나하나 버리고 거듭나는
삶을 살라.
7 거듭나는 삶을 살지 아니하면 아니 됨
이니라.
8 네 목숨을 다하여 충성을 다하고 정성
을 다하라는 것이 나를 받들라는 것이
아니요, 나의 아들 예수를 믿으라는
것이 아니요, 성경을 믿으라는 것이
아니요,
9 너희 자신이 부끄러움이 없는 백성으
로 변화되는 데 그 모두를 다 바치라
하는 뜻이라 내가 너에게 기록하여 전
하지 아니하였더냐?
10 그와 같은 삶을 살고 그와 같은 행위
로써 살아가는 자만이 거듭날 수 있는
자요, 나를 볼 수 있는 자이니라.
11 지금의 너희들이 물욕과 정욕과 명예

욕이요, 더 높고자, 더 갖고자 하는 그
와 같은 욕심을 버리지 못하고, 이와
같은 세상에서 아무리 너희들이 믿고
울고불고 부르짖고 한다 해도 그는 나
와 관계없느니라.
12 울고불고 재물을 바쳐 구원을 받고자
하는 그와 같은 것을 모두 다 버리고,
너희들만이 알고 있는 악습을 하나하
나 저버리도록 하는 데 네 목숨을 바
치며 네 정성을 다하며 네 모두를 다
바치며, 그와 같은 것을 버리는 데 다
바치라.
13 그것이 바로 너희들에게 목숨을 바쳐
충성을 다 바쳐 역사하라는 나 여호와
의 뜻이요, 가르침이니 그리 알라.

11,707 번째 하나님 말씀

2004년 6월 22일 17시 27분

1 사랑하는 나의 아들아!
2 "네, 아버님! 말씀하옵소서."
3 한 단체요, 한 국가를 반석 위에 일어
서게 하기 위하여 너희들이 혁명을 하
는 것도 아니요, 개혁을 하는 것도 아
님이니라.
4 그리고 너희들이 백 년이요, 2백 년이
요, 천 년이요, 만 년 후를 계획하며
그 터전을 닦으며 기틀을 닦는 것이
아님이니라.
5 영원히 이 세상이 존재하는 동안, 너
희들이 이 세상에 역사하는 동안 그
모든 기틀을 잡는 것이며, 모두를 바
로 세우고자 하는 혁명이요, 개혁을
이루고 있다는 것을 어찌 모른단 말이
더냐?
6 지금 수천 년 동안 흘러오는 믿음이
요, 그 신앙이 바로 갔으며 처음에 내
가 원하는 그 길로 왔다면, 오늘의 이
와 같은 역사는 결코 없었을 것이며,
7 오늘의 개혁이요, 혁명이요, 하는 것
을 나의 아들을 통하여 너희에게 거듭
나는 삶을 살도록 그리 강요하지 아니
하며, 이와 같은 새로운 성경을 세상
에 내리지 아니하였을 것이니라.
8 너희는 수천 년 동안 살아오면서 내
뜻에 의해 살아온 것이 아니요, 나를
거역하고 나를 지워 버리는 그와 같은
삶을 살아, 지금 나의 피조물 만백성
이 가야 할 길을 모르며 방황하고 있
음이니라.
9 그러니 그들을 그대로 놔뒀을 때, 방
황하다 저희들이 나에게 오른다 하여
평생을 바친 그 길이 지옥에 가는 길
이니, 그들을 더 이상 볼 수는 없으며
그들을 바로 다스리고자 함이니라.
10 다만, 그들이 지금 방황하는 것, 암흑
의 세상에서 허덕인다는 것을 알아 깨
닫고 나의 아들을 통하여 내리는 새로
운 성경을 접하며 읽고 깨우쳐 온다
면, 얼마나 순탄하고 편안한 그 길을
가겠느냐?
11 죽음 직전에 도살장에 끌려가지 아니
하려는 그 짐승처럼 죽음 앞에 몸부림
치며, 덫에 걸린 짐승이 살아나려고
몸부림치는 것보다 더 무서우리만큼
지금 그 집단에서 헤어나지 아니하려
하며, 떠나지 아니하려 하며, 밀어내
도 밀어내도 밀려 나가지 않으려 하는
것이요, 나오지 않으려고 몸부림치는
것이 그들이니,

12 그들을 바로 깨우치고 그들을 바로잡
는다는 것이 얼마나 힘들고 어려운 길
이더냐?
13 그것보다도 더한 것이 지금의 종교 집
단의 지도자들이니라.
14 너희들이 덫에 걸린 자를 살려 주고자
해도, 그것이 죽음의 길이라 하여 몸
부림치며 그 목을 조르며 상처가 나고
피를 흘리며 그리고 살결이 찢어지는
그와 같은 맹수처럼,
15 오늘의 모든 종교 집단이요, 저희들이
그보다 더 험악한 형국으로, 오로지
저희들의 믿음이요, 저희들이 가는 길
만이 구원을 받는 길이요, 하늘에 오
르는 길이라 하여 지금 몸부림치고 있
는 자들이니라.
16 그러니 거기에 너희들이 감히 접근할
수도 없으며 가서 다스릴 수도 없는
그와 같은 형국이 되어 버렸음이니라.
17 그러니 이와 같은 백성들을 어찌 구원
하겠느냐?
18 그러니 그들을 깨우쳐 하늘에 오르는
길로 역사하는 것이 얼마나 어렵고 힘
든 개혁이요, 혁명인가?
19 그것은 지구가 존재하는 동안 영원한
기틀을 다지기 위하여 너희들이 오늘
의 그 역사를 함이니,
20 거기에 목숨을 바쳐 반대하는 자, 반
기를 드는 자, 절대 너희들을 따르지
아니하며 협조하지 않는 자, 그 적이
너희들보다 더 많고 많은 그 숫자를
다 딛고 이겨 나가야 되는 것이 너희
들의 오늘의 삶이니,
21 그러니 너희들이 얼마나 자세를 바르
게 하며, 얼마나 무섭게 변화되어야
하며, 하늘을 향하여 한 점의 부끄럼
이 없는 그와 같은 백성이 되어야만
하는 줄 알겠느냐?
22 너희들이 티가 있고 흠이 있는 백성이
며, 거듭나지 못한다면, 그들이 말할
것이니라.
23 다 도긴개긴이요, 저희들이나 너희나
똑같은 것을 가지고 설치고 다닌다 하
며, 정녕 저희들만도 못하니, 바로 너
희들을 사탄이요, 이단이라 할 것이니
라.
24 그들은 너희들이 백 미터 앞에 가 있
고 저희들이 출발선에 있다 해도, 너
희들이 멀리 가 있는 것을 인정하지
아니하며, 앞에 가는 것을 절대 인정
하지 아니하려는 자들이요, 인정할 수
도 없고 하지도 않는 자들이니라.
25 그러니 그와 같은 백성들을 안정시키
며 그 깨달음을 그대로 받아들일 수
있도록 하기 위해서는 너희들이 온갖
정성을 다하지 아니하면 아니 되며,
26 너희들이 천사와 같은 마음으로 변화
되는 삶을 살지 아니하면 결코 그들에
게 너희들이 빛과 소금이 될 수 없음
을 알라 그리 전하라.
27 성서에 기록하여 빛과 소금이 되는 것
이 믿음의 길을 가는 길이요, 너희들
이 하늘에 오르는 길이라 말하나, 이
게 정녕 빛과 소금이 될 수 있는 백성
은 너희들이니라.
28 지금은 모두가 부패되었으며 썩어져
있으니, 빛과 소금의 세상이 되는 종
교 집단이 없으며 그 지도자가 없으며
그 백성들이 없었음이니라.
29 그러니 빛과 소금의 그 역사가, 이제

나의 아들을 따르는 제자 너희들이 빛
과 소금이 되어야 할 때가 되었음을
알라 그리 전하라.

11,708 번째 하나님 말씀

2004년 6월 22일 17시 30분

1 사랑하는 나의 아들아!
2 "네, 아버님! 말씀하옵소서."
3 너희가 뭐라 해도, 잘 익고 안 익은 그
과일을 알며 잘못된 나무요, 그리고
선한 나무요, 독소를 가지고 있는 나
무요, 양분을 가지고 있는 열매인가,
그 모두는 나 여호와가 알 수 있음이
니라.
4 그리하여 내가 잘 익지 않은 열매, 그
리고 독소를 안고 있는 것은 절대 추
수하지 아니하며,
5 선한 과일로서 잘 익은 그 열매만 내
가 추수함을 너희들은 알아야 될 것이
니라.
6 독소가 있는 것, 그리고 익지 않은 건
절대 추수하지 아니함이니라.
7 나 여호와가 마지막 시대에 나의 뜻에
의하여 성장한 나무의 열매만 내가 거
둬들일 것이라는 것을 너희들은 절대
잊지 말라.
8 지금 내가 나의 아들을 통하여 내리는
새로운 성경을 읽고 깨우쳐 변화되는
삶을 사는 백성들, 너희들만 내가 거
둬들일 것이며, 너희들이 나에게 올
수 있다는 것을 잊지 말라.
9 지금 깨우쳐 변화되는 너희들에게서
열리는 열매, 너희들로서 거둬지는 그
모든 열매를 내가 거둬들이며, 그렇지
않은 자 내가 절대 거둬들이지 아니함
이라는 것을 알라.
10 그리하여 내가 일찍이 너희들에게 말
하기를, 내가 나의 아들을 통하여 새
로 내리는 이 성경을 읽고 깨우쳐 거
듭나는 삶을 살지 아니하면 결코 너희
들이 나를 볼 수 없다는 의미가 거기
있음이니라.
11 이제 나의 아들을 통하여 내리는 새로
운 성경이요, 그리고 이를 읽고 깨우
쳐 너희들이 그 열매를 거두는 자, 그
열매만을 나 여호와가 거둬들임이니
그리 알라.
12 그렇지 않은 백성 너희들은 나의 나라
에 올 수도 없으며, 나를 볼 수도 없으
며, 내가 거둘 수 있는 그 열매 또한
너희들이 영글 수도 없으며 익을 수도
없다는 것을 알라.
13 그러니 오늘의 믿음이요, 지금 잘못된
그 진리의 길을 가는 백성, 너희들은
결국 그 열매의 구실을 다하지 못함이
니, 내가 거둬들이지 아니할 것이니,
14 내가 거둬들이지 아니하니, 너희들이
천국의 영광을 누릴 수 없으며 천국에
들어올 수 없는 백성이라는 것을 너희
스스로 알아야 될 것이니 그리 전하라.

11,709 번째 하나님 말씀

2004년 6월 22일 17시 35분

1 사랑하는 나의 아들아!
2 "네, 아버님! 말씀하옵소서."
3 지금의 모든 종교 집단과 지도자 너희
들이 그 믿음이라는 길을 달려온 그
몇천 년의 역사가 무엇이었는지 알겠

느냐?
4 너희들은 포장만 화려한 것이며 그 포
장만 화려했지, 그 속은 쓸 것이 없으
며 쓸만한 것이 없는 빈 껍데기와 같
은 신앙생활을 지금 하고 있는 자들이
니라.
5 포장은 화려하나 그 속은 비어 있는
것처럼 너희들의 그 믿음이요, 신앙이
다 그와 같이 흘러왔음이니,
6 너희들이 지금이라도 새로운 나의 성
경을 읽고 거기서 벗어나지 아니하면
아니 되며, 그리하여 깨우쳐 거듭나는
삶을 살지 아니하면 아니 됨이니, 이
를 내가 너희들에게 또 강조하고 강조
함을 잊지 말라.
7 너희가 구약과 신약의 성서의 뜻을 아
는 자가 없었음이니라.
8 그는 왜 그와 같은 결과였는지 알겠느
냐?
9 마음을 비운 자가 없으며 받아들일 자
가 없음이니, 그 성서의 뜻을 풀이하
고 가르치려 해도 가르칠 자가 없었음
이니라.
10 그리하여 모든 백성들이 그 귀하고 소
중한 구약과 신약의 성서의 답을 모르
고 너희들이 껍데기만 가지고 그저 빙
빙 돌다 마는 그와 같은 형국이 되었
음을 너희들은 알아야 될 것이니라.
11 그리하여 나 여호와가 너희들에게 마
지막 기회를 주어 구약과 신약의 모두
를 열 수 있는 그 열쇠요, 그리고 거기
에 들어 있는 비유의 답을 너희들이
다 깨달을 수 있도록 새로운 성경이
요, 모든 성령을 다 심어 내려보내는
'하나님! 말씀하옵소서.', '하늘에 오르
는 길'인 그 속에 모두가 다 들어 있다
는 것을 너희들은 알아야 될 것이니라.
12 그러니 구약과 신약의 열쇠요, 그 답
이 들어 있는 나의 새로운 성경이요,
그 근본의 뜻을 너희들이 깨우치고 연
구한다면,
13 모두를 다 알 수 있으며, 너희들이 하
늘에 오르는 길도 볼 수 있다는 것을
내가 여기에 기록한 내용을 전함이니,
14 너희들이 이를 듣지 아니하고 소홀히
하는 자, 결코 너희들이 거듭나는 은
혜를 얻을 수 없다는 것을 알라 그리
전하라.
15 과거에 너희들이 잘못 시작된 믿음이
요, 그리고 현재에 잘못 가고 있는 그
믿음이요, 그리고 미래에 너희들이 어
찌 이루어지는 것까지 고칠 답이요,
거듭나야 할 그와 같은 것, 너희들이
변화해야 될 것, 그 모두가 나의 새로
운 성경에 있음을 너희들은 알아야 될
것이니라.
16 아무리 너희들이 좋은 것이라 해도,
너희들이 문제만 내보내며 정답이 없
다면 어찌하겠느냐?
17 그러니 문제를 내보내면 거기에 대한
대안이 있으며 거기에 대한 정답이 있
어야만 모든 것을 이루어 가는 것이
아니더냐?
18 그러니 너희들이 문제점만 가지고 지
적하고 문제점만 가지고 지금 깨우쳐
가는 것, 너희들이 지금 하고 있는 것
이 나 여호와의 참진리의 뜻이 아니
요, 비진리이기에,
19 문제를 제시하며 그 문안을 내세우나,
너희들은 거기에 대한 대안이 없으며

거기에 답이 없는 것이 오늘의 종교 집단이요, 너희들이 오고 있는 그 현실이요, 믿음의 길이라는 것을 알라.
20 그리하여 너희들이 하늘의 뜻이 아니며 내 뜻을 거역하는 그와 같은 오늘의 삶을 역사함이니,
21 내가 너희들에게 문제를 가지고 있는 그 정답을 주며 그 대안을 내려보내는 것이 새로운 성경 160권이라는 것을 너희들은 잊지 말며,
22 이를 귀히 받아들이며, 이를 네 생명보다 더 소중히 지키며 배우고 깨우쳐 거듭나는 그 영광을 얻도록 하라.
23 단 한 번의 기회요, 너희들이 육의 세상에 살아가는 오늘의 삶에서 모두를 이루고 얻고 못 얻는 것이 여기에 다 있음이니,
24 너희들이 살아가는 삶이 바르고 곧고 아름답게 사는 것이 무엇이 그리 어려우며 무엇이 손해 간단 말이더냐?
25 오늘의 삶에 정직하고 바르게 사는 자, 잃는 것이 많으며 손해 보는 것이 많다 생각하나, 그것은 다 부질없는 것이니라.
26 이 세상에 너희들의 모든 재물을 다 모아 놔도 하늘의 밤알만큼도 못한 역사하는 것이 너희들의 모두라 하지 아니하였더냐?
27 그러니 육의 세상에서 무엇을 이루려 하지 말며, 다음의 세상에서 너희들이 무엇을 이룰 수 있도록 대안을 찾도록 그리하라.
28 그렇지 아니하면 아니 됨이니라.
29 그리하여 그와 같은 깨달음의 하늘의 뜻을 역사하도록 하기 위하여 내가 나의 아들에게 새로운 성경을 내려보내며 이를 세상에 덮고자 하는 것이 나의 뜻이라는 것을 너희들은 알아야 될 것이니라.

11,710 번째 하나님 말씀

2004년 6월 22일 17시 38분

1 사랑하는 나의 아들아!
2 "네, 아버님! 말씀하옵소서."
3 나 여호와가 기초부터 다시 시작하라, 그리고 기초부터 너희들이 다시 공부하지 아니하면 아니 되느니라.
4 지금까지 너희들이 깨달았던 신앙생활의 그 모두를 다 지워 버려야 되며, 너희들이 믿음이라 하여 몸담았던 곳에서 배우고 깨우친 것을 다 지워 버리고 그 모두를 다 버려 버리고,
5 기초를 다시 시작하며 완벽하게 다스려지지 아니하면 아니 된다는 그 뜻이 어디 있는 줄 알겠느냐?
6 너희들이 기초가 되지 아니한 그곳에서는 아무것도 이룰 수 없으며 아무것도 역사할 수 없으며 시작할 수 없음이니라.
7 그러니 기초를 모르는 그 백성들은 우왕좌왕 헤매는 삶을 살게 되어 있음이니라.
8 방향을 모르며 어떠한 믿음이 참진리요, 어떠한 길이 나 여호와가 원하는 길이요, 하늘에 오르는 길인지 그와 같은 것은 더욱이 생각조차도 할 수 없는 것이 믿음의 기초가 잘못된 자요, 기초부터 다스려지지 아니한 자임을 알아야 될 것이니라.

9 아무리 너희들이 말로써 설법을 하고
아무리 나의 진리를 전한다 해도,
10 나 여호와의 참진리요, 믿음의 길을
가는 그 기초가 완벽하게 준비되어 있
지 아니하며 다스려지지 아니하면 너
희들은 결국 무너짐이니라.
11 그리고 승자가 될 수 없음을 너희들은
알아야 될 것이니라.
12 기초가 되지 아니한 믿음의 길을 가는
백성 너희들은 어떠한 상황인지 알겠
느냐?
13 영적인 혼돈 속에서 너희들이 꿈속에
서 헤매는 백성과 같은 삶을 살게 되
어 있느니라.
14 그러니 지금의 믿음의 길을 가는 모든
백성들이 방향을 모르고 어찌할 줄을
모르며, 어찌 가고 있는지 그것조차도
구분하지 못하는 자들이니라.
15 다만, 구원을 받았다, 구원을 이룰 수
있다, 구원을 받을 자격이 있다, 너희
들이 하늘에 와 받을 상이 그득히 쌓
여 있다, 너희들은 그저 구원이라는
것 외에는 아무것도 제정신이 없는 자
들이니라.
16 그러니 너희들은 구원받는다는 것에,
천국 간다는 것에 모두를 다 팔아 버
렸으며 정신마저 팔려 있는 자들이니
라.
17 그와 같이 너희들이 가는 믿음은 나와
전혀 관계가 없으며, 너희들의 그 방
향은 나에게 오는 방향이 아니요, 반
대 방향으로 지금 흘러감을 알라 그리
전하라, 사랑하는 나의 아들아!

11,711 번째 하나님 말씀

2004년 6월 22일 17시 45분

1 사랑하는 나의 아들아!
2 "네, 아버님! 말씀하옵소서."
3 너희는 알아야 될 것이니라.
4 나의 백성 너희가 하늘의 지혜가 있어
하늘의 뜻을 안다면, 그리고 그리 행
하고 역사했다면,
5 구약의 시대의 성경도, 모세의 역사함
도, 또한 신약의 시대에 예수의 죽음
도, 제3의 시대에 새로운 성경도 이
세상에 나올 이유가 하나도 없음이니
라.
6 구약의 시대에 그 백성들이 바로 살았
으며, 나 여호와의 뜻에 의하여 살았
으며, 지도자의 뜻에 의해, 내가 그를
통하여 내린 그 뜻대로 너희들이 살았
다면, 그와 같이 역사를 이루었다면,
7 결코 신약의 시대는 이루어질 필요가
없으며 신약의 시대는 오지도 아니했
다는 것을 알지 않느냐?
8 그리고 예수의 고통스러운 죽음도 결
코 없었을 것이니라.
9 그러나 너희들이 그 시대에 잘못 살아
왔으며 그대로 역사하지 못한 백성들
이기 때문에, 그대로 놔둬서는 아니
되기 때문에 다음의 시대가 열리는 것
은 당연한 이치임을 알라.
10 제3의 시대요, 새로운 성경이 이 세상
에 나올 이유가 어디에 있는가?
11 바로 너희들이 바로 서지 못했으며 바
로 깨우치지 못했음이니라.
12 믿는 자, 믿지 않는 자들이 세상에 도
둑이 들끓어 인간이 보기 두려워 살지

못하며, 믿는 자들의 위장된 것이요,
믿는 자들을 비웃는 이와 같은 시대가
되었음이니, 그 모두가 다 얼마나 너
희들이 불행한 시대에 사는 사람들이
더냐?
13 너희들은 그리하여 하나도 제대로 된
것이 없으며 하나도 갖춰진 것이 없음
이니라.
14 믿는 자는 믿는 자대로 제 욕심에 사
로잡혀 있으며, 믿지 않는 백성은 믿
지 않는 백성대로 인간의 향락을 위해
서 그저 흘러감이니,
15 서로가 반목하고 서로가 잘못됐다 시
시비비하고 살아가는 것이 오늘의 형
국이 아니더냐?
16 다만, 여기서 믿는다는 백성 너희들이
존경을 받아야 될 것이며 신뢰를 얻어
야 될 것이거늘,
17 모두가 다 너희들이 위장된 삶이요,
거짓된 삶이라 하여 비웃음을 던지고
있는 이와 같은 형국이 되었음이니,
18 제3의 시대에 새로운 성경이 세상에
나와 바로잡지 아니하면 아니 되는 이
유가 거기 있음을 너희들은 알아야 될
것이니라.
19 그러니 구약의 시대가 있고 모세의 기
적이 있고 신약의 시대가 있고 예수의
기적이 있으니,
20 그 모두는 너희가 바로 서지 못했다는
증거이며, 너희들이 바로 살지 아니하
였다는 것을 알아야 될 것이며,
21 그 부끄러움을 알며, 그 죄를 너희들
이 먼저 깨달을 수 있는 백성이 되어
야 할 것이니라.
22 그리하여 이제 제3의 시대를 열어 새
로운 성경을 내려보내 새로운 세상을
내가 이루고자 함이니, 바로 여기에
내 뜻이 있음이니라.
23 그러나 너희들은 지금 어찌하는가?
24 이를 사탄이요, 이단이라 핍박하며 이
를 세상에 존재하지 못하도록 함이니,
이것이 바로 너희들이 가지고 있는 삶
이라는 것을 알아야 될 것이니라.
25 인간다운 삶이요, 정의롭고 곧고 깨끗
한 삶을 너희들이 살지 못하고 있기
에, 그리고 너희들이 그 악에 젖어 있
으며, 욕심이요, 욕망이요, 그 모두를
버리지 못하고 살아가는 백성들이기
에,
26 너희들이 자연의 아름다움을 모르며,
세상에서 내가 내려 준 그 은혜를 받
지 못하며, 그리고 너희들이 살다 나
에게 와서 받을 수 있는 그보다도 더
위대하고 큰 은혜요, 그 모두를 받지
못하며 얻지 못하는 가련하고 불쌍한
백성들,
27 내가 너희들에게 다시 한 번 기회를
주어 이 역사를 이룬다는 것을 절대
잊지 말라.
28 나의 아들 예수를 세상에 내려보내어
너희들에게 그와 같은 삶을 살라 하였
으나, 너희들이 등을 돌렸음이니라.
29 그러나 내가 너희들에게 다시 한 번
그 기회를 줌이니, 나의 아들 예수가
너희들에게 재앙으로써 다스리기 전
에, 너희들에게 기회를 주기 위하여
애절한 마음이요, 소원이요, 그가 바
라는 그 마음을 내가 알고 있음이니라.
30 그리하여 내가 마지막 시대, 제3의 시
대를 역사함이니, 너희들은 예수가 재

림한다, 거듭 온다 생각하지 말라.
31 예수는 내가 너희들에게 재앙을 내리
며 손을 거두는 것을 막기 위하여 얼
마만큼 많은 기도를 하며 얼마만큼 나
에게 간청을 했는지 알고 있는가?
32 그러니 새로운 성경이 곧 예수가 내려
가며 예수가 내려간 것이라 생각하라.
33 이는 곧 나 여호와가 직접 통제하며
관장함이니, 너희들이 이와 같은 의미
를 안다면, 지금도 너희들이 나의 새
로운 성경을 찢어 버리고 던질 수 있
겠는가?
34 나 여호와가 직접 관장하고 통제하나,
너희들을 사랑하는 나의 아들 예수의
그 간절한 기도 소리를 내가 저버리지
아니하여 이와 같은 새로운 시대에 역
사가 이루어지고 있다는 것이 그 공의
일부라는 것을 너희들이 안다면,
35 예수가 재림한 것보다도, 예수가 다시
내려와 너희들을 구원하는 것보다, 나
의 새로운 성경을 가지고 가슴에 안고
정독하고 깨우쳐 거듭나는 삶을 사는
것,
36 이것이 나의 아들 예수의 죽음에 대한
은혜를 알고, 다시 한 번 너희들을 구
원하기 위하여 애원하는 예수의 사랑
의 마음에 너희들이 보답하는 길이라
는 것을 절대 잊지 말라.
37 이 하늘의 뜻이요, 하늘의 이치를 내
가 기록하여 전함이니, 이를 아는 자
있으며 이 뜻을 아는 자 있거든 나에
게 와서 대답하라 그리 전하라.

11,712 번째 하나님 말씀

2004년 6월 22일 17시 48분

1 사랑하는 나의 아들아!
2 "네, 아버님! 말씀하옵소서."
3 아무리 유능하고 재물을 가진 자요,
권세의 힘을 가지고 있는 자라 해도
제 얼굴을 저 스스로 볼 수 없음이니
라.
4 그리고 제 흠집을 찾을 수 없지 않으
냐?
5 그러니 너희들이 인간의 제 모습을 본
다는 그 간단한 이치 하나도 거울이라
는 그 물체를 통하여 너희 자신을 들
여다볼 수 있으며 네 얼굴을 볼 수 있
지 않겠느냐?
6 지금의 종교 집단과 지도자 너희들이
지금은 자신을 거울로 비춰 봐야 하는
때가 되었음을 알아야 될 것이니라.
7 그리고 마음의 거울에 너희들을 비춰
너희들의 마음을 들여다보는 오늘의
삶을 살지 아니하면 아니 됨이라 내가
전함이니라.
8 너희들은 지금 구약과 신약의 그 세속
에서 그리 달려오고 있으나, 너희들은
그 믿음만이 절대적이요, 그것만이 하
늘에 오르는 길이라 그리하지 말며,
9 구약과 신약의 과거의 그 거울에 너희
자신을 한번 비춰 보며 오늘의 너희들
의 그 현실을 비춰 보도록 그리하여
네 모습을 바로 보도록 그리하라.
10 그렇지 아니하면 너희들이 변화의 역
사를 얻을 수 없는 것이니라.
11 너희들이 너무나 세뇌되었으며 너무
나 젖어 있으며 깊이 빠져 있기 때문

에, 너희들이 스스로 판단할 수 있는 자제력을 잃었기 때문이니라, 사랑하는 나의 아들딸들아!
12 어떠한 형태로써 지금에 와 있는가 그 것을 들여다보라.
13 그리고 네가 와 있는 자리가 어떤 것인가를 들여다보라.
14 그리고 너희들을 구원한다 하여 강론하고 너희들에게 깨우침의 길을 인도한다는 지도자들이 하는 일거수일투족을 한번 비춰 보도록 그리하라.
15 그러면 모두를 알 수 있을 것이니라.
16 지금의 너희들을 들여다보지 아니하면 때가 없음이니라.
17 새로운 나의 성경이 내려감이니, 이 성경의 거울에 너희들의 모두를 다 비춰 볼 수 있는 은혜를 얻도록 그리하라.
18 이를 읽고 또 읽고 정독했을 때 너희들은 모두를 비춰 볼 수 있는 마음의 거울이요, 육의 거울이요,
19 구약과 신약에 살아온 그 삶에 따라 너희들이 어찌 살았는가, 그 율법이요, 그 신약에 내려온 그 뜻에 의하여 모두를 살았는가, 너희 자신이 비치는 것을 볼 수 있을 것이니,
20 바로 160권이 너희들의 과거요, 현재를 비춰 볼 수 있는 너희들의 거울이라는 것,
21 이를 들여다보지 아니하면 너희들이 너 자신을 볼 수 없는 것처럼 너희들이 볼 수 없는 어리석은 백성이라는 것을 전하도록 그리하라.

11,713 번째 하나님 말씀

2004년 6월 22일 17시 51분

1 사랑하는 나의 아들아!
2 "네, 아버님! 말씀하옵소서."
3 모든 종교의 첫 단추요, 그 출발이 잘못된 것이 무엇인 줄 알겠느냐?
4 종교 집단의 지도자라는 자, 권세를 가지고 너희들이 나의 백성들에게 어찌했는가?
5 죄악이 있는 자에게 고해성사를 하라 하여 너희들이 고해성사를 받으며 면죄부를 팔아먹었다 하지 않느냐?
6 그러니 내가 너희들에게 여기서 묻고자 함이니라.
7 제가 더덕더덕 죄 속에 있는 자가 어찌하여 남의 죄를 들어줄 수 있으며, 그에게 면죄부를 줄 수 있단 말이더냐?
8 그러니 이것이 얼마나 어리석은 짓이요, 사악한 행위를 하는 것인가?
9 무지한 백성이요, 우매한 백성들을 세뇌시켜서 그와 같이 끌고 온 것이 종교 집단이 첫 단추를 잘못 끼운 것이니라.
10 그러니 저 자신이 죄가 더덕더덕 쌓여 있는 자가 어찌하여 남의 죄를 용서해 주고 그를 사해 줄 수 있단 말이더냐?
11 저 자신의 죄부터 먼저 알라 그리하라.
12 죄가 없고 천사와 같은 삶을 산 자라면 남의 고해성사를 들어줄 수 있으며 남의 것을 들어 볼 자격은 있을 것이니라.
13 그러나 죄 속에 젖어 있는 자, 고해성사를 하는 자보다 더 많은 죄를 짓고 있는 자가 어찌 남의 죄에 대한 것을

들으며, 그리하여 면죄부를 주며 그를
구원해 줄 수 있다 그리 말한단 말이
더냐?
14 첫 단추를 잘못 끼운 모든 종교 집단
의 지도자들이 거기에 하나를 더 보태
고 또 하나를 더 보태어,
15 지금은 더 사악한 방법으로써 나의 피
조물 만백성에게 재물을 거둬들이며
면죄부를 주는 그와 같은 행위를 기술
적으로 하고 있지 않으냐?
16 하늘에 오르는 길이요, 천국에 오르는
길에 너희들이 재물을 바쳐야 될 것이
며,
17 천국에 재물을 많이 쌓아 놓아 너희들
이 죽어 와서 그 문을 열었을 때, 그
창고에 보물을 너희들이 죽을 때까지
쌓아 놓은 것만큼 상을 받는다 하여
그리 끌고 온 자들이니라.
18 그러니 얼마나 간교하고 사악한 자들
이더냐?
19 너희들은 교회에 나와 헌금을 내고 모
든 죄 사함을 받는 것처럼 그와 같이
가르치고 유도하는 것, 그 모두가 사
탄들의 장난이니라.
20 너희들이 하늘에 쌓는 그 보화는 천사
와 같은 마음이요, 사랑하는 마음이
요, 베푸는 마음이요, 아름다운 마음
이니,
21 그것만이 하늘에 쌓일 수 있다는 것을
알라 그리 전하라.

11,714 번째 하나님 말씀

2004년 6월 22일 18시 01분

1 사랑하는 나의 아들아!
2 "네, 아버님! 말씀하옵소서."
3 지금의 나의 아들을 따르는 제자들과
나의 새로운 성경을 읽고 깨우친 만백
성, 그리고 믿음의 길을 간다는 그 백
성이요, 이방인이라 하는 백성, 너희
들은 모두 귀를 열고 들어야 할 것이
니라.
4 지금 명예와 명성도 없는 나의 아들을
통하여 새로운 성경이라 하여 개혁의
역사의 촛불을 높이 들어 160권의 새
로운 성경을 세상에 내려보내니,
5 너희들이 지금까지 살아왔던 그 믿음
이요, 너희들의 깨우침의 그 모두를
다시 개혁하며 혁명을 이루는 그와 같
은 역사를 이루고 있음이니,
6 너희들은 이와 같은 변화에 대하여 지
금 스스로 비웃으며 핀잔하며, 그리고
이를 믿으려 하지 아니하는 것이니라.
7 그러나 너희는 알아야 될 것이니라.
8 새로운 성경이 세상에 내려온다는 것,
이것이 얼마나 위대한 영광이요, 축복
인가를, 너희는 이를 알지 못하는 자
들이니라.
9 그리하여 감히 너희가 성령 훼방의 죄
를 모르고 이를 비판하고 무모한 행동
이라 하며 저주하고 비웃는 그와 같은
짓을 하고 있지 않은가?
10 그러나 너희는 들으라.
11 이는 정녕 참진리요, 하늘의 뜻이요,
나 여호와의 뜻이라는 것을 너희가 알
날이 머지않았음을 알라.
12 누구든지 이러한 과정을 거치지 아니
하고 썩을 대로 썩고 부패할 대로 부
패해진 지금의 이 세상을 절대 바로잡
을 수 없으며,

13 더욱이 끝이 보이지 않는 종교 집단이
요, 지도자요, 처음부터 면죄부를 팔
아먹으며 지금까지 죄를 사해 준다는
것처럼 하여 그 모두를 팔아먹고 있는
이와 같은 형국의 그 뿌리가 너무나
깊고 깊으며,
14 그 뿌리를 빨아먹고 사는 기생충과 같
은 자들이 너무나 많이 있어 이를 바
로잡을 수 없는 이와 같은 형국이기에,
15 바로 새로운 성경이요, 새로운 내 뜻
을 가지고 내가 나의 아들과 그를 따
르는 제자들이 역사하여 세상에 전하
듯이,
16 이와 같은 방법이요, 이 과정을 거치
지 아니하고는 혁명을 이룰 수 없으며
개혁을 이룰 수 없는 것이니라.
17 너희는 들으라.
18 과연 지금의 모든 교권에 용감히 도전
할 수 있는 백성이 있으며 그 지도자
가 있는가?
19 너희들이 과연 이를 행할 수 있으며
이를 역사할 수 있다 하는가?
20 정녕 한번 해 볼 자 일어서라, 그러면
내가 너에게 그 대명을 내릴 것이니라.
21 그러나 너희는 알아야 될 것이니라.
22 명성이 있는 종교 집단의 지도자도 이
를 할 수 없으며, 지식과 권력과 재력
이 있는 자도 이를 절대 할 수 없음이
니라.
23 너희들이 과연 160권을 쓸 수 있는가?
24 너희들은 나의 뜻을 받아 160권을 쓸
수도 없으며, 이를 세상에 낼 수 있는
그 모두가 갖춰진 자가 없음이니라.
25 그러니 너희는 역사할 수 없음을 알라.
26 그러니 너희들이 역사할 수 없다면,
나의 복음서를 가지고 이를 만들고 전
하는 그 백성이요, 선택된 자들에게
시시비비를 하지 말라.
27 너희들의 미래와 현재와 지나온 과거,
그 모두의 역사하는 답이 다 여기 있
으며, 너희들이 존재하는 이유가 여기
있음을 알아야 될 것이니라.
28 이를 보지 아니하고 읽지 아니하는
자, 이를 핍박하지 말며 우롱하지 말
며 비웃지 말라.
29 그것이 너희들이 성령을 훼방하는 가
장 큰 죄임을 알 날이 머지않을 것이
니라.

11,715 번째 하나님 말씀

2004년 6월 22일 18시 03분

1 사랑하는 나의 아들아!
2 "네, 아버님! 말씀하옵소서."
3 지금의 너희들이 이단이요, 사탄이라
고 말한다면, 과연 너희들의 종파는
어떠한 소리를 듣고 지금 성장했는가?
4 너희들이 사탄이라고 말한다면, 너희
들의 종파는 과연 그러한 소리를 듣지
아니하고 성장한 자가 있는가?
5 그리고 지금 이단이요, 삼단이라 하는
그와 같은 소리를 너희들이 마음대로
할 수 있는 자라 하는가?
6 오늘의 종교 집단의 지도자 너희들이
그 방대한 조직이요, 힘을 가지고 있
다는 자들, 너희들은 과연 어떠한 것
이 이단과 사탄의 구분의 근본이 되어
있으며, 너희들은 무엇을 가지고 이단
이라 사탄이라 규정짓는지 알겠느냐?
7 신흥 종교가 생기니, 힘이 없고 어릴

적에는 너희들이 그를 이단이라 비평
하고 혹독하게 공격하느니라.
8 그러나 그들이 넘어지지 아니하고 일
어서 그 숫자가 커지며 늘어날 때 너
희들은 그를 이단이라는 말을 하지 못
하며,
9 되레 그를 비판했던 자들이 힘이 몰릴
때는 저 스스로 이단이 되어 버리는
그와 같은 형국이 오늘의 종교 집단의
지도자가 이 세상에서 몇천 년 동안
흘러온 것이 아니더냐?
10 세상에 왔다 없어지며, 없어졌다 또다
시 나면서 힘 있는 자는 나 여호와의
뜻이요, 선택된 목자요, 힘이 없는 자
는 이단이라 밀리니,
11 상대가 커지면서 저희들이 스스로 이
기지 못할 때, 저희들이 이단이라 비
평했던 그 종교 집단에 되레 저희들이
이단이라 밀리는 이와 같은 것이 오늘
에 너희들의 현실이니,
12 이단과 사탄의 구분이 숫자 놀음에 의
한 것이 아니더냐?
13 교회의 숫자에 의하여 너희들이 이단
과 사탄이라 하는 것을 구분하는 것이
아니더냐?
14 지금의 너희들이 숫자에 따라서 천사
가 사탄이 되며, 사탄이 천사가 되는
웃지 못할 이와 같은 형국이 되어 있
는 것이 오늘에 믿음의 가는 길이니,
15 사탄이라 말하는 자, 과연 너희들은
어떠한 종파며 어떠한 자들인가?
16 그리고 너희들이 사탄과 천사를 무엇
으로써 구분하는가?
17 이것을 하나 들여다봐도 너희들이 웃
지 못할 일이요, 해서는 아니 될 일을
자행하고 있음을 알게 될 것이니라.

11,716 번째 하나님 말씀

2004년 6월 22일 18시 06분

1 사랑하는 나의 아들아!
2 "네, 아버님! 말씀하옵소서."
3 지금 너희들이 이단이라 단정하며 사
탄이라 단정하며, 너희들이 단죄하고
단죄하는 그와 같은 행위는 과연 무엇
이더냐?
4 나 여호와가 내려다보는 너희들은 그
러니라.
5 너희들이 참진리요, 나 여호와의 뜻에
의해 행하지 못하기에 불안하고 초조
한 그 마음속에서 너희들 자신을 다스
리며, 너희들의 힘을 과시하며, 너희
들이 진정한 믿음의 길이라는 것을 남
에게 선포하기 위하여,
6 다른 종교 집단이요, 그와 같은 어떠
한 것도 이단이라 단죄하려 드는 것이
아니더냐?
7 그러니 너희들이 참진리의 길을 가지
못하며 나의 뜻에 의해 역사하지 못하
기 때문에 살아남기가 불안하며 지키
기가 불안하기에 그와 같은 행위를 하
는 것이 너희들의 본심임을 나는 알고
있느니라.
8 너희들이 지금까지 이루어 온 교권이
무너지며 너희들이 쌓은 그 탑이 하루
아침에 무너지는 것이니,
9 정녕 새로운 진리가 아니요, 새로운
성경이 아니라 너희들이 비진리요, 인
간의 교리로 가르쳤기 때문에 그러하
니라.

10 그러하니 지금 160권의 새로운 성경
이 세상에 내려오며 이가 내려온다 하
니, 너희들의 불안과 초조함이 어떠하
던가?
11 그러니 너희들이 이를 비평하고 사탄
이요, 이단이라 공격하는 것은 모두가
너희들이 무너지는 것이 두렵기 때문
이니라.
12 그리하여 너희들은 무어라 해도 자신
을 지키기 위하여 남을 단죄하며, 지
금 나의 아들을 단죄하고자 하며, 새
로운 성경을 단죄하고자 하는 것이니
라.
13 너희들이 지금 큰 역사를 하는 것, 어
떠한 형태로든 나의 피조물 만백성을
구한다 하는 자들,
14 어찌하여 새로운 성경이 큰 죄인이 세
상에 나며, 큰 사탄이 세상에 내려왔
으며, 말세에 모두를 혼란케 하기 위
해 세상에 내려왔다 요란을 떨며, 그
리 모든 힘을 합쳐 공격하고 핍박하여
그를 무너트리려 하나,
15 너희들의 힘으로써 역사할 것이 아님
을 알며, 어리석은 행위를 더 이상 자
행하지 말라.
16 절대 쓰러지지 아니하며 날아가지 아
니하는 것이니라.
17 그러니 너희들은 들으라.
18 이단은 과연 누구이며 사탄은 과연 누
군가, 너희 백성들이 이를 바로 봐야
될 것이며,
19 이를 바로 보지 못하는 자, 너희들은
영영 나를 아버지라 부를 수 없는, 나
와 관계없는 운명의 길을 간다는 걸
알라 전하라.

11,717 번째 하나님 말씀

2004년 6월 22일 18시 11분

1 사랑하는 나의 아들아!
2 "네, 아버님! 말씀하옵소서."
3 멀고도 먼 길을 달려가는 선수가 달려
가다 보면 가장 고비가 있고 어렵고
힘든 그 순간이 있음이니라.
4 거기에서 가슴이 터질 것 같은 그 고
통을 인내하는 자는 목적지까지 갈 수
있는 자요, 거기서 그 고비를 넘기지
못하고 주저앉는 자는 낙오자가 될 것
이며 그는 패자가 될 것이니라.
5 사랑하는 나의 아들아!
6 너희들이 오늘 깨우쳐 그 길을 가는
것, 너희들이 그 고비를 넘고 넘는 것
이 때로는 너무나 힘들고 어려운 순간
이 있음이니라.
7 거기에서 너희들이 좌절하며 주저앉
으면 아니 됨이니라.
8 그 고비를 넘지 아니하면 아니 됨이니
라.
9 그 고비를 넘는 자만이 나에게 올 수
있는 자요, 영원히 거듭나는 은혜를
얻을 수 있는 것이 너희들의 운명이니
라.
10 누가 뭐라 해도 스스로 그 고비를 넘
지 아니하면 아니 됨이니라.
11 그 누구도 넘겨 줄 자가 없으며 그 누
구도 이끌어 줄 자가 없는 것이 너희
들이라는 것을 절대 잊지 말라.
12 스스로 모두 이루어야 되며 스스로 모
두 해결하고 너희 스스로 모든 답을
구해야 되느니라.
13 그러기에 하늘에 오르는 길이 힘들며

이 길을 가기가 힘든 것이니라.
14 그렇지 않으면 누군들 가지 못하며 이
길을 역사하지 못한단 말이더냐?
15 자기와의 싸움이요, 스스로의 싸움이
니라.
16 거기에서 너희들이 승자가 되지 못하
면 영원히 나를 볼 수 없는 자요, 너희
들은 너무나 크고 큰 것을 다 잃게 되
는 것이니라.
17 사랑하는 나의 아들딸들아!
18 이 세상사 무엇이라 말하였느냐?
19 마음먹기에 달렸으며 마음 하나 결정
하기에 달렸느니라.
20 너희들이 손바닥을 엎고 젖히고 뒤집
는 그와 같은 것처럼 그리 간단한 것
을, 어찌하여 너희들이 그를 지키지
못한단 말이더냐?
21 마음먹기에 달렸느니라.
22 그를 지키려 하면 지킬 수 있음이니라.
23 지키지 못할 것을 나 여호와가 지키라
하지 아니하였으며, 가지 못할 자를
내가 선택하지 아니했을 것이니라.
24 너희들은 갈 수 있느니라.
25 노력하며 인내할 수 있으며 결국 너희
들은 역사할 수 있을 것이니 그리 알
라.
26 다만, 너희들이 얼마만큼 그 먼 길을
달리는 선수가 가장 힘들고 어려운 그
고비를 넘기는 것처럼 그 고비를 너희
들이 어찌 넘기느냐만 남아 있음을 알
라.

11,718 번째 하나님 말씀

2004년 6월 22일 18시 14분

1 사랑하는 나의 아들아!
2 "네, 아버님! 말씀하옵소서."
3 너의 제자들은 알아야 할 것이니라.
4 너희들이 오늘의 노력하는 상을 다 너
희들에게 주었다 하지 않더냐?
5 이 세상에 살아가는 백성 너희들이 가
장 중요시하며 거기에 거부하지 못하
는 것이 무엇이더냐?
6 너희들의 운명이라 하느니라.
7 더욱이 인간 세상에 나가면서 너희들
의 운명이 어떻고, 사주라는 것이 어
떻고, 네가 살아가는 것이 어떠며, 네
가 가지고 있는 복이 어떤 것이라 그
와 같은 말을 듣고 그와 같은 것을 너
희들은 알고자 하느니라.
8 모든 백성들이 운명에 얽매어 있으며
그 운명이라는 테두리 속에 있으나,
내가 너희들에게 뭐라 했느냐?
9 너희들은 운명이 없는 백성이라 하였
음이니, 이 세상의 모든 백성들이 운
명이라는 것을 부르짖으며, 그 운명의
테두리에서 벗어나지 못하고 있으며
그를 믿고 가는 백성들 속에서,
10 너희들은 운명이 없으며 스스로 너희
들이 운명을 개척할 수 있다는 그와
같은 나의 명이요, 내가 내린 상이 얼
마나 너희들에게 위대하고 귀하고 소
중한 것인가를 알겠는가?
11 저 스스로 모두를 역사할 수 있다는
것, 그것 한 가지만 해도 나로부터 받
은 상이요, 나로부터 받은 그 은혜를
나에게 갚을 길이 없을 것이니라.

12 그러니 나의 아들을 따르는 제자들이
요, 나의 새로운 성경을 가지고 공부
하고 이를 만들고 깨우쳐 전하는 너희
들은 운명이 없다 내가 했음이니, 그
것 하나로써 너희들이 그보다 더 큰
은혜의 영광이 어디 있겠느냐?
13 너희들이 어찌 살아가느냐, 어찌 존재
하느냐 거기에 따라서 너희들이 모두
가 변화되는 백성들이니, 그보다 더
큰 영광을 얻은 백성이 없음을 알라.
14 그러니 너희들이 오늘의 가는 길이 어
렵고 힘들다 하여 주저앉지 말며 좌절
하지 말라 그리 전하노라.

11,719 번째 하나님 말씀

2004년 6월 22일 18시 22분

1 사랑하는 나의 아들아!
2 "네, 아버님! 말씀하옵소서."
3 나 여호와가 너에게 두려워하지 말며,
너의 제자들도 두려워하지 말라, 그리
고 좌절하지 말라 함이니, 그들은 나
의 성령이요, 내 뜻을 모름이니라.
4 그러니 네가 바로 서 만백성에게 이를
전하며 너의 제자들을 바로 다스려 나
가야 할 것이니라.
5 오늘의 네가 핍박받으며 네 앞에 왔다
나의 새로운 성경을 가지고 공부하고
깨우치다 가는 제자들,
6 그들을 보면서 너의 제자들이 마음 아
파하는 자 있으며 그를 안타까워하는
자들이 있지 않은가?
7 그를 보는 네 마음의 그 자세가 어떠
하더냐, 사랑하는 나의 아들아!
8 "네, 아버님! 저는 그와 같은 모두에
담담하옵나이다.
9 아무런 감정도 없으며 아무런 생각함
도 없사옵나이다."
10 어찌하여 너를 찾아와 너의 강론을 듣
는 그 백성들이 스스로 떠나며 등 돌
리고 가는 그와 같은 현상에 대하여
네가 어찌하여 마음 아파하지 아니하
며, 그들을 네가 더불어 생각하는 그
마음을 갖지 아니함이니, 네 뜻이 무
엇이더냐?
11 "네, 아버님! 저는 결코 그와 같은 것
에 연연하고 싶지는 아니하옵나이다.
12 다만, 그들이 가는 것은 그들의 자유
의지요, 오는 것도 그들은 자유의지라
그리 생각하옵나이다.
13 2천 년 전 예수님께서 세상에 와 모든
기적을 이루었으며 역사를 이루었사
옵나이다.
14 앉은 자를 일어서게 했으며, 눈먼 자
를 눈을 뜨게 했으며, 누운 자를 걷게
하였으며, 그리고 죽을 자를 살렸사옵
나이다.
15 그리고 죽은 자를 살리는 그와 같은
기적의 역사를 모두 다 이루었사옵나
이다.
16 그 열두 제자들이요, 또 많은 기록 없
는 제자들이 그를 보았으며 그 예수님
을 따랐사옵나이다.
17 예수님을 따랐던 그 제자들도 예수님
을 팔았사옵나이다, 그리고 그 앞에서
등을 돌렸사옵나이다.
18 그와 같은 기적의 역사를 보고 체험
한 자들도 정녕 예수님을 믿지 못했으
며, 그들은 절대 믿지 아니하였사옵나
이다.

19 육의 계산이요, 육의 생각 때문에 누
가 뭐라 해도 그들은 예수님의 그 많
은 기적이요, 죽은 자를 살리며, 앉은
뱅이를 일어서게 하며, 눈먼 자를 눈
뜨게 하며, 문둥병자를 고치며, 그와
같은 모두를 역사하며 그 성령의 말씀
을 전하는 것을 듣고 배운 그 제자들
도 예수님을 팔았으며, 그와 같이 등
돌리고 다 줄행랑을 놨음이니,
20 그것은 바로 예수님을 믿지 아니하였
으며 경배하지 아니하였기 때문이옵
나이다.
21 그러니 예수님과 더불어 생활하고 살
아가는 그 속에서 그들은 그 기적을
역사하는 예수님을 믿는 것보다도 믿
지 않는 불신의 씨가 더 깊었사오니,
그 위대한 역사를 이루는 것도 그를
믿지 못하였사옵나이다.
22 모세가 그 백성들을 인도하며 홍해의
모든 기적의 역사를 이루었어도, 그
를 따르던 백성들이 따르지 아니하며
우상을 만들고 광란의 짓을 했거늘,
23 제가 지금 160권의 새로운 성경을 받
아 만백성을 구하는 이 역사를 이루며
아버님의 뜻이라 한들, 그들이 얼마나
믿겠으며 얼마나 따르겠사옵나이까?
24 그러니 저는 가는 자 관여하지 아니하
며, 오는 자 관여하지 아니하옵나이다.
25 저로부터 실망을 느끼는 자 가게 될
것이요, 실망을 느끼지 아니하고 기다
리는 자 같이 갈 것이옵나이다.
26 예수님의 그 제자요, 그 모든 역사의
위대함을 본 자도 예수님을 팔았사옵
나이다.
27 유다라는 그 백성이 그를 팔지 아니하
였사옵나이까, 그리고 가장 가까운 수
제자가 등을 돌리지 아니하였사옵나
이까, 모두가 다 떠나가지 아니하였사
옵나이까?
28 그와 같은 생각을 할 때, 예수님의 그
고통의 아픔이 제 가슴에 저려 오며,
29 그 고통을 생각할 때 저는 오가는 저
의 제자들이 스스로 저희들이 깨우쳐
구원의 길을 얻으면 얻을 것이요, 버
리고 가는 자 저는 더 이상 뭐라 하고
싶은 마음이 없사옵나이다."
30 사랑하는 나의 아들아! 그래도 모두
를 다 그들을 사랑하고 기억하라.
31 나 여호와도 그를 아느니라, 그리고
모두를 다 아느니라.
32 그러나 그 또한 돌아올 자가 있으며
더 큰 역사를 할 수 있는 자요, 떠난
자가 또한 더 큰 역사를 하는 것을 너
는 알고 있지 않으냐?
33 그들이 또 네 앞에 올 수 있는 것을 너
는 알고 있지 않으냐?
34 알고 하는 말과 알지 못하고 하는 사
람의 그 말은 차이가 있음이니, 네가
말하는 것을 너의 제자들은 그대로 믿
을 것이며 그대로 받아들일 것이니라.
35 그러니 모두를 사실대로 깨우쳐 주며
모두를 사실대로 말해 주라.
36 이제 너의 제자들이 그를 알아들을 만
하며 그 말을 듣고 스스로 깨우칠 수
있는 지혜가 있음이니 그리 알라.

11,720 번째 하나님 말씀

2004년 6월 22일 18시 25분

1 사랑하는 나의 아들아!

2 "네, 아버님! 말씀하옵소서."
3 떠나는 제자요, 왔다 가는 그 백성, 어떠한 이유든 그들은 그래도 나의 새로운 성경을 읽었으며 너를 통하여 내리는 그 강론을 들었으니,
4 그들이 그래도 씻어질 만큼 씻어졌으며 다스려질 대로 다스려졌으니, 다른 백성보다도 그들이 위에 있음을 알라.
5 또한, 그들은 알고 있을 것이니라, 스스로 저 자신이 변화된 것을.
6 다만 저희들이 육의 만족이요, 육의 생각이요, 그를 버리지 못하기에 저희들이 육을 따라가는 그와 같은 백성들이니라.
7 그러니 그들이 깨우쳐 돌아올 수 있으며, 그들이 깨우쳐 돌아올 날이 또한 있을 것이니라.
8 그러니 너는 네 마음을 닫지 말며 네 마음으로써 모두를 덮어 두려 하지 말라.
9 다만, 네 마음을 열고 기다릴 것이며, 네가 마음을 비우고 있으라.
10 그러면 모두가 다 이루어지며, 또한 그들도 너를 찾아오게 될 것이니라.
11 그들이 누가 뭐라 해도 지금의 백성들의 세상 속에서 그 마음이 걸리며 양심이 걸리며 생활에 걸려 견딜 수 없는 그 고통 속에서 그들이 깨달음을 얻을 것이며 거듭 눈을 뜰 것이며 하늘의 지혜를 얻을 것이니라.
12 다만, 인간의 욕심이요, 인간의 그 욕망을 언젠가 다 부질없는 것을 알고 지울 것이며 그를 버리는 때가 있을 것이니라, 사랑하는 나의 아들아!
13 그 모두를 다 네 마음으로써 기억에서 지우지 말도록 그리하라.

11,721 번째 하나님 말씀

2004년 6월 22일 18시 30분

1 사랑하는 나의 아들아!
2 "네, 아버님! 말씀하옵소서."
3 나의 선택된 백성들이 모세의 인도에 광야의 생활을 다 마치고 그들이 이제 마지막 들어가려 하는 그 순간에 와 있는 그와 같은 형국이 되어 있음이니, 들어갈 때 아무나 들어갈 수 없으며 아무나 갈 수 없지 않더냐?
4 선택된 그 땅에도 그와 같이 선별된 자요, 갈 자와 가지 아니할 자가 구분됨이니,
5 오늘의 너희들이 구약과 신약의 그 역사 속에 몇천 년 동안 지금 흘러온 이 시대가 어떠한 줄 알겠느냐?
6 너희들이 바로 마지막 시대에 선택된 땅에 들어갈 수 있는 것처럼 하늘에 들어오고 못 들어오는 마지막 막바지에 너희들이 그 끝에까지 와 있는 백성이라는 것을 알라.
7 너희들은 이제 마지막까지 다 왔음이니라.
8 너희들이 어떠한 믿음이요, 종파로써 더 이상 나가지도 못하며 더 이상 깨우쳐 갈 수도 없음이니라.
9 이제는 선별한 자가 나에게 올 수 있음이니, 그 선별의 기준이요, 그 유예기간이 무엇인 줄 알겠느냐?
10 나의 아들을 통하여 지금 내리는 160권의 새로운 성경이니라.
11 여기서 새로운 성경을 접하고 깨우쳐

그를 읽는 자 너희들이 마음을 비우는
자, 천사와 같이 살고자 네 마음을 다
스린 자,
12 그와 같은 자들은 선택된 백성들이 가
나안 땅으로 들어가듯이, 너희들이 내
가 선택한 나라에 들어옴이니,
13 이는 너희들이 가나안 땅으로 들어가
는 영광을 얻는 것이 아니요, 영원히
거듭나는 세상에 너희들이 오고 못 오
는 그 축복과 영광을 얻는 그 선까지
와 있음이니라.
14 믿든 믿지 않든 그 시대가 지금 그리
되었으며, 심판의 시대라는 것이 무엇
이더냐?
15 마지막까지 온 마지막 시대가 아니더
냐?
16 그리하여 심판의 시대라 내가 했으니,
바로 너희들이 육의 세상의 심판대에
와 있음이니,
17 여기서 너희들이 나의 아들을 통하여
내리는 새로운 성경이요, 구원의 길이
요, 마지막 나의 모두를 내리는 이 새
로운 성경을 읽고 깨우치는 자는 마음
의 변화를 이룰 것이며, 마음의 변화
를 이룬 자 하늘에 오르는 길에 너희
들이 들어섬이니라.
18 이것은 가나안 땅에 들어가는 그 영광
이 아니니라.
19 광야의 40년이라는 생활을 마치고 그
모든 고행의 길을 왔으나, 마지막 가
나안 땅에 들어가고 못 들어가는 선별
되는 백성들의 그 운명보다도 천배 만
배 너희들이 지금 소중하고 귀한 마지
막 단계에 와 있음이니라.
20 이는 하늘에 오르고 못 오르는 것임이
니라.
21 구원을 받고 못 받으며 거듭나고 못
나는 그 마지막 단계에 왔으니,
22 여기서 내가 하늘에서 내리는 새로운
성경을 너희들이 보고 깨우치라 하여
흰 눈처럼 내려보내거늘,
23 어찌하여 이를 읽고 깨우쳐 너희들이
그 영광된 길을 보지 아니하고 구원의
길의 새로운 길에 오를 수 있는 백성
이 되지 못하며, 그 관문을 들어올 수
있는 은혜와 영광을 저버리고 등 돌리
고 가는 백성이 되며,
24 고집과 아집으로써 너희들이 그 선을
넘지 못하고 지옥 위에서 사탄이 끌어
가는 그 쇠사슬에 묶여 끌려가는 그
비참하고 처참한 길을 어찌하여 너희
들이 가고자 하는가?
25 나의 새로운 성경을 접하지 아니하고
읽지 아니하고 깨닫지 않는 자, 너희
들이 마지막 이 선에서 한 발짝도 넘
어올 수 없다는 것을 알라 그리 전하
라.

11,722 번째 하나님 말씀

2004년 6월 22일 18시 33분

1 사랑하는 나의 아들아!
2 "네, 아버님! 말씀하옵소서."
3 너희들이 이방인이라 하는 백성이요,
믿음의 길이라 하여 온 그 백성 모두
는 다 인간의 자식이요, 인간의 백성
으로서 인간의 사람으로서 삶을 살아
가며, 너희들 자신의 이름 석 자를 기
억하며 네 존재를 깨닫기 전에,
4 다음의 세상에서 나로부터 생명을 받

아 나갈 때 너희들은 나의 아들이요,
나의 딸이라는 것을 알았으며 나의 자
식이라는 걸 알고 나갔음이니, 세상에
태어난 모든 백성들은 나의 아들딸이
라 하였음이니라.
5 그러니 너희들이 믿는 자, 믿지 않는
자, 그리고 이방인이라 하는 자, 어떤
잡신을 믿든 어떤 속에 있든 그 모두
는 다 나의 아들딸이니라.
6 그러니 내가 너희들 모두에게 기회를
주고자 함이니, 내가 이제는 육의 세
상에서 너희들이 하늘에 오르는 길을
볼 수 있는 그 선을 그었음이니라.
7 그리하여 너희들이 그 선까지 왔으니,
어떠한 백성이요, 권력이 있는 자, 능
력이 있는 자, 점술가라 하는 자, 종교
집단의 우두머리라 하는 자, 대 숫자
를 거느리고 있는 자, 아무리 너희들
이 힘을 휘두르는 자요, 권좌에 앉아
있는 자라 하여도 그 선은 아무도 넘
을 수가 없음이니라.
8 오로지 그 선을 넘을 수 있는 바로 그
증표가 무엇인 줄 알겠느냐?
9 나의 새로운 성경이니라.
10 나의 새로운 성경을 너희들이 읽고 깨
우치고 또 깨우쳐 그 뜻을 알아 나에
게 정녕 감사하며, 이대로 살겠다는
마음의 각오를 가진 자가 나의 새로운
성경을 들었을 때, 그것이 너희들이
그 선을 넘을 수 있는 증표이니라.
11 그를 너희 손에 들지 아니하고 그를
읽지 아니하고 네 가슴에 묻어두지 아
니하고는 결코 누구도 그 선을 넘을
수 없다는 것을 알라.
12 그 귀중하고 소중한 것이 나의 새로운
성경이요, 새로운 이 책이거늘, '하늘
에 오르는 길'이라 명했느니라.
13 그리고 나 여호와의 성령이라 하였느
니라.
14 그러니 이것이 바로 그 선을 넘을 수
있는 증표요, 증거이거늘, 이를 너희
들의 가슴에 안지 아니하며, 이를 가
슴에 안고 정독해서 네 것으로 만들어
그 뜻대로 살아가는 삶을 살지 않는
자, 결코 그 선을 넘을 수 없음이니,
15 그 선을 넘는 자는 나의 새로운 성경
을 손에 든 자요, 가슴에 심은 자요,
그대로 살아가는 자가 그 증표요, 그
선을 넘을 수 있는 것이라는 것을 알
라.
16 그걸 갖지 아니한 자는 천사가 받아들
이지 아니하며, 천사가 문을 열어 주
지 아니하며, 그를 가진 자는 천사가
웃으며 너희들을 반겨 문을 열어 줄
것이라는 것을,
17 너희들이 그 선을 넘는 그 역사의 은
혜를 얻을 수 있다는 것을 잊지 말라
전하라.

11,723 번째 하나님 말씀

2004년 6월 22일 22시 39분

1 사랑하는 나의 아들아!
2 "네, 아버님! 말씀하옵소서."
3 너희들이 모두를 역사함에 있어서 얼
마만큼 정성을 들여서 열과 성의를 다
하여 역사하느냐에 따라서 그 변화요,
그 차이가 얼마나 무서운 것인 줄 알
겠느냐?
4 너희들이 정성을 다하여 모두를 역사

할 때는 너희들이 모든 순차적인 그 순서요, 정답을 찾아 제 역사할 수 있는 것을 다 이룰 수 있음이니라.

5 그러나 너희들이 정성을 다하지 아니하고 무엇을 이루고자 할 때, 같은 시간 속에 소비되는 시간이라 해도 너희들이 얻어지는 것이 없으며 구해지는 것이 없음이니라.

6 바로 너희들의 믿음이라는 것이 그러하니라.

7 얼마만큼 너희들이 정성껏 그 마음 자세로써 믿음을 향하여 가느냐에 따라서 너희들이 모두를 알고 모르는 그와 같은 차이가 있음이니라.

8 너희들이 정성을 다해서 믿음의 길을 가며 진실된 마음으로 믿음의 길을 갈 때, 너희들이 하늘의 지혜를 얻음이니, 이는 정도의 믿음의 길을 가는 것이요,

9 너희들이 진실된 마음이요, 정성을 다하여 믿음의 길을 가지 아니할 때 이는 비진리의 길을 가게 됨이니라.

10 그러니 그와 같이 믿음의 길을 가는 백성들로 하여금 지금 이 세상이 얼마나 험악하고 험악한 세상이 되었는지 알겠느냐?

11 믿음의 길을 가는 것, 그것이 사랑이요, 나 여호와의 본체가 사랑이라 그리하며, 너희들은 사랑을 위하여 역사하며 사랑을 베풀며 산다는 백성들이,

12 그 종파가 다르고 생각하는 것이 다르다 하여 형제지간에 교류하지 아니하며, 부모와 자식 간에 등을 돌리고 대화하지 아니하며 적처럼 생각하는 이 험악한 세상의 삶을 사는 것이니라.

13 이것이 바로 정성을 다하며 너희들의 모두를 다 바쳐 참진리의 길을 가고자 노력하지 아니한 자들이요,

14 그리하여 하늘의 지혜를 모르며 진정 참진리의 길이 무엇인가를 모르고 가는 백성 너희들로 하여금 이와 같이 사랑이 아니라 사랑을 거역하는, 사랑의 몸체 자체를 파괴시키는 그와 같은 행위를 하는 것,

15 그것이 오늘의 믿음의 길을 가는 백성들이요, 신앙의 길을 가는 백성들이니라.

16 그러니 너희들이 존재하는 한 이 세상은 하나가 될 수 없으며, 이 세상은 아름다운 세상이 될 수 없으며, 내가 나의 아들 예수를 보내어 이루고자 했던 그와 같은 세상이 될 수 없음이니라.

17 더욱이 내가 나의 아들을 통하여 160권이라는 새로운 성경을 세상에 내려보내어 내가 천 년에 걸쳐서 하늘에서 이룬 것같이 이 지상의 낙원을 이루고자 하는 것, 그것도 그 믿음의 길을 가는 백성들이 존재하는 한 결코 이는 이루어질 수가 없음이니라.

18 그러니 내가 160권이라는 새로운 성경이 세상에 나와 빛을 보기 시작함이니, 그때 내가 어떠한 형태로 어떠한 변화를 이룰 것인가, 그는 너희들이 상상을 할 수 없는 그와 같은 관계가 될 것이니라.

19 그리하여 내가 너희들에게 전하기를, 새로운 성경이요, 나의 아들을 통하여 내리는 이를 듣고 너희들이 깨우쳐 단 한 번 있는 그 기회를 얻으라 함이니라.

20 내가 나의 아들을 통하여 새로운 성경
에 기록하여 전한 것이 무엇인 줄 알
겠느냐?
21 너희들이 육의 세상에 살면서 하늘의
사회에 진입하는 그때, 너희들이 거기
를 진입할 때 그를 진입할 수 있는 증
표요, 자격증이 바로 나의 새로운 성
경이라 내가 기록하여 전한 그 의미를
알라.
22 나 여호와가 아니고 그 누가 이와 같
은 말을 할 수 있단 말이던가?
23 창조주요, 그 모두를 관장하는 나 여
호와이기에, 내가 나의 새로운 성경이
너희들이 하늘에 오르는 증표라 함이
니라.
24 지금 너희들이 그러면 구약과 신약도
나 여호와가 내렸음이니, 그도 너희들
이 증표라 그리 말할 것이니라.
25 그러나 그는 한계가 있으며 단계가 있
으며, 그 또한 너희들이 변질되고 변
질시킨 그 대목이 내가 내린 뜻보다도
더 많은 그와 같은 형국이 되었음을
너희들은 알아야 될 것이니라.
26 그리하여 구약과 신약은 그 임무가 있
으며 그 단계가 있으며 그 한계가 있
느니라.
27 그러나 그것도 너희들이 바로 가르치
고 바로 인도했다면 제3의 시대가 열
릴 이유가 없으며, 오늘같이 험악한
세상이 결코 되지 아니하였을 것이니
라.
28 그러나 너희들이 그대로 행하지 아니
하며 너희 마음대로 변질시키며 너희
뜻에 맞도록 가르치며 오늘에 이르렀
기에 오늘같이 험악한 세상이 되었으
며,
29 제3의 시대가 열리지 아니하면 아니
되는 이와 같은 형국이 되었음을 너희
들은 알아야 될 것이니라.
30 나의 아들을 따르는 제자 너희들은 들
으라.
31 나 여호와가 나의 아들을 통하여 내린
이 새로운 성경이요, 이를 너희들이
읽고 정독하여 거기에 내가 원하는 뜻
이 무엇인가, 내가 이루고자 하는 것
이 무엇인가 그를 깨달아, 거기에 어
긋나지 아니하는 삶을 살도록 그리하
라.
32 그것이 너희들이 나에게 오를 수 있으
며, 나로부터 무엇인가 너희들이 원하
는 것, 그리고 구할 수 있는 것, 그리
고 얻을 수 있는 것, 그 모두를 너희들
이 보고 얻게 될 것이며 그 은혜를 받
게 될 것이니라.

11,724 번째 하나님 말씀

2004년 6월 22일 22시 44분

1 사랑하는 나의 아들아!
2 "네, 아버님! 말씀하옵소서."
3 이제 내가 나의 아들을 통하여 너희들
에게 전했느니라.
4 내가 나의 아들을 통하여 내리는 이
새로운 성경이 너희들이 하늘에 들어
올 수 있는 길이요, 하늘에 오를 수 있
는 것이요,
5 인간 세상에서 너희들이 하늘의 세상
의 선을 넘는 그때 증표요, 그것을 근
거로 하여 그 은혜를 얻을 수 있다 하
였음이니라.

6 이와 같이 나의 아들을 통하여 전하는
그것을 지금의 믿음의 길을 가는 백성
이요, 모든 백성들이 절대 이를 믿지
아니하려 하며, 이를 들으려 하지 않
으며, 그러한 것은 결코 없을 것이라
그리 말할 것이니라.
7 그리고 이 새로운 성경이 너희들을 심
판하고 구원하는 기본이요, 근본이라
그리 말해도 너희들은 결코 이것을 믿
지 아니하며 이를 믿으려 하지 아니할
것이니라.
8 그로 인하여 너희들이 어떠한 결과를
당하는 것인지 알겠느냐?
9 너희들이 믿지 아니하며 이를 인정하
지 아니함으로 인하여 너희들은 나로
부터 얻을 수 있는 모든 영광이요, 그
은혜요, 너희들이 거듭나는 그 모두를
잃게 된다는 것을 알아야 될 것이니라.
10 내가 나의 아들을 통하여 너희들에게
전했느니라.
11 하늘의 뜻이요, 나의 성령은 오로지
나의 아들을 통하여 지상에 내려와 전
해지며, 어떠한 것이든 나의 아들의
심진이요, 나의 아들을 통하여 하늘에
상달된다 내가 그리하였음이니,
12 바로 내가 직접 내리는 새로운 성경을
너희들이 접하고 열 때 내가 너희들과
같이한다 하지 않았더냐?
13 그러니 새로운 성경이 증표요, 이를
근거로 하여 이를 갖지 아니한 자, 이
를 가슴에 심지 않은 자는 절대 나에
게 오를 수 없다는 그 무서운 사실을
절대 잊어버리지 말라.
14 내가 그리하여 너희들에게 다시 한 번
전하고 또 전하여 너희들에게 기록하
는 것이니라.
15 이를 저버리고 거부하는 자는 너희들
이 받을 수 있는 모든 영광이요, 너희
들이 거듭나는 그 모두를 다 잃어버리
며 잃는 것이라는 것을 잊지 말라.
16 구원의 영광을 얻지 못하며 이와 같은
것을 접하지 아니하고는 어떠한 것도
너희들이 얻을 수 없음이니라.
17 더욱이 이것이 사탄이요, 마귀라 하여
찢어 버리고 태우는 짓을 하는 자는
자신의 소중한 기회요, 구원을 받을
수 있는 그 모두를 알아보지 못한 그
어리석음이요,
18 이를 보지 못하게 했던 종교 집단 지
도자 그들을 너희들이 원망하며 너희
자신을 한탄할 날이 머지않았을 것이
니라.
19 그러니 너희 자신에게 온 그 기회를
놓친 것이요, 네 손에 온 것을 놓친 것
을 후회하고 한탄하기 전에 너욱이 그
를 보고 깨우치지 아니하였음이니,
20 너희들은 깨달음이 없으며, 회개함이
없으며, 거듭남의 삶을 살지 못했기
때문에 그 대가를 치르는 것이니,
21 너희들은 이래서 눈물이요, 저래서 눈
물이요, 이래서 고통이요, 저래서 고
통이라는 것을 너희 스스로 지금 만들
고 있음을 알라 전하라.
22 너희들 스스로 눈물을 만들며, 너희
스스로 고통을 만들며, 너희들 스스로
견딜 수 없는 그 지옥의 길을 만들어
지금 가고 있다 내가 전함이니, 이를
그대로 전하도록 그리하라.

11,725 번째 하나님 말씀

2004년 6월 22일 22시 49분

1 사랑하는 나의 아들아!
2 "네, 아버님! 말씀하옵소서."
3 지금의 종교 집단의 지도자들이요, 그
리고 구원을 받았다는 그 백성, 너희
들이 새로운 성경을 절대 받아들이지
아니하며, 이것이 정녕 하늘에 오르는
길이라 하여 알았다 해도 절대 이를
받아들일 수 없음이니라.
4 그는 너희들을 세뇌시켰으며 끌고 가
는 종교 집단의 지도자들이 단상에 서
서 너희들에게 설교라 하여 거짓된 행
위를 하는 자의 감언이설에 너희들의
귀가 숙달되었으며 단련되어 그러한
말은 너희들이 즐겁게 들으나,
5 진실이요, 참진리의 길이요, 정의로움
은 너희들의 귀가 들을 수 없도록 이
미 막혀졌으며, 그를 거부하는 중환자
가 되었음을 알아야 될 것이니라.
6 그리하여 너희들이 새로운 성경이요,
참진리라 하여 깨달았다 해도, 이 길
을 가지 못하며, 너희들은 절대 받아
들이지 못하며, 돌아서지 못하는 불쌍
한 백성들로 이미 전락되었음을 너희
들은 알아야 될 것이니라.
7 사랑하는 나의 아들아!
8 "네, 아버님! 말씀하옵소서."
9 지금의 종교 집단이 성경에서 나의 아
들 예수가 가르치고 전하고자 했던 그
것과는 전혀 관계없는 그와 같은 길이
요, 그와 같은 믿음으로 지금 달려오
지 아니하였더냐?
10 그들이 그와 같은 믿음의 길을 왔기에
저희들은 지금 저 자신이 만든 인간의
교리로 이끌어 왔기 때문에,
11 그들은 내가 내리는 새로운 성경이요,
너를 통하여 역사하고자 하는 것을 절
대 받아들이지 못하며, 그들은 접하지
못함이니라.
12 그들이 모르고 가고 있으며, 가르치는
자도 모르며 따라가는 자도 모르느니
라.
13 어떠한 것이 하늘의 뜻이요, 진정한
참진리의 길인지, 지금 인간적인 방법
으로써 인간의 수단으로써 저희들이
이끌려 가는 것도 그들은 모르느니라.
14 지금까지 이끌려 왔기 때문에 그들은
거기에 숙달되고 거기에 젖어 있기 때
문에, 다른 것을 받아들이지 못하며
새로운 역사의 광명의 세상을 볼 수
없음이니라.
15 그리하여 그들은 나의 뜻대로 갈 수가
없으며 나에게 올 수 없는 그와 같은
백성들로서 타락할 대로 지금 타락되
었음을 너희들은 알아야 될 것이니라.
16 그러니 그들을 어찌 구한단 말이더냐?
17 그들이 다 너희들의 같은 형제요, 너
희들의 부모요, 너희들과 하나로써 엮
어지며 '우리'라는 그 틀에 사는 것이
너희들이요,
18 나로부터 생명을 받아 나가지 아니한
백성이 없음이니, 너희가 다 하나이니
라.
19 그러니 그들이 참진리의 길이요, 내
뜻을 거역하며 그들이 그리 간다 해
도, 너희들은 포기하지 말며, 그들을
구원하고 구제하는 그와 같은 길을 가
지 아니하면 아니 되며, 그 노력을 하

지 아니하면 아니 되느니라.
20 아무리 저희들이 지금까지 기득권을
포기하지 못하며 그를 버리지 못하여
거듭나지 못한다 해도, 그들이 기득권
을 포기하지 못하며 거듭나는 자체를
가지 못한다 해도,
21 너희들은 나의 새로운 성경을 그들에
게 전해야 될 것이며, 모범된 삶으로
써 그들이 깨우칠 수 있는 일에 너희
들이 최선을 다하도록 하라.
22 사랑하는 나의 아들아!
23 절대 그들은 돌아오지 못함이니라.
24 너희들이 보통의 노력으로써 보통의
충격을 주어서 그들은 거듭날 수 없음
이니라.
25 저희들이 거듭나는 것, 새로이 역사한
다는 것은 지금까지 저희들이 가지고
역사했던 그 모든 기득권을 포기해야
되며 그를 버려야 됨이니,
26 그들은 지금까지 성경을 거역하는 행
위요, 그 성경을 거역하는 역사만을
이루어 왔기 때문에, 그들이 지금 가
지고 있는 그 소산물들을 버리지 못하
며 태워 버리지 못하며 지워 버리지
못하니라.
27 그리하여 그들은 계속 퇴색된 대로,
부패한 대로 그 길로 빠져들어 가며
흘러가는 그와 같은 형국이 되어 있는
자들이니라.
28 그래도 그들은 너희들의 형제요, 다
같은 나의 아들딸임을 너희들은 알고
있지 않으냐?
29 그러니 그들이 몰라서 그러한 자요,
몰라서 그리 가르치는 자요, 배우지
못해서 그리 가르치는 자, 그 어리석
고 불쌍한 그 백성들이 깨달을 수 있
도록 너희들이 최선의 노력을 다하도
록 그리하라.
30 그들이 눈물짓는 것, 그들의 고통에
비유한다면, 너희들이 불쌍한 그들을
구원할 것도 지금밖에 없음이니라.
31 그들이 구원을 받을 수 있는 것도 육
이 살아 있는 지금의 세상이니, 너희
들이 그들을 구원하는 것도 그들이 눈
을 뜨고 살아 있는 지금만이 가능하다
는 것을 알라, 사랑하는 나의 아들딸
들아!

11,726 번째 하나님 말씀

2004년 6월 23일 05시 51분

1 사랑하는 나의 아들아!
2 "네, 아버님! 말씀하옵소서."
3 똑같은 식물을 기름에 있어서 그 식물
에 매일 수분을 공급해 줘야 되는 그
와 같은 식물이 있는가 하면, 그렇지
아니하고 너희들이 그 물을 오랜 시간
에 한 번씩 공급해 주는 그와 같은 식
물이 있으니, 나 차이가 있음이니라.
4 그러니 매일같이 공급해 줘야 되는 그
식물에 너희들이 그 물을 공급하지 아
니한다면 그 식물은 죽을 것이요, 너
희들이 매일같이 물을 부어서는 아니
되는 그와 같은 식물에 물을 공급시킨
다면 또 그도 바로 죽는 것이 그 형국
이 아니더냐?
5 그는 결국 견디지 못하고 죽게 됨이니
라.
6 모든 게 남용하고 과용하는 그와 같은
이치가 거기에 있음이니라.

7 그러니 지금 믿음의 길을 가는 그 백
성들이요, 그리고 깨우치는 백성들 또
한 그러하니라.
8 너희들이 이를 감당치 못하는 자 떠나
게 되어 있으며, 아무리 아름다운 뜻
이요, 하늘의 뜻이요, 이치라 해도, 아
무리 부어 준다 해도 그를 받아들이며
감당치 못하는 백성은 스스로가 물러
나고 떠나가게 되어 있음이니라.
9 그러니 너희들이 그와 같은 이치를 깨
닫는다면, 오가는 백성들이요, 그 모
두에게 너무 가슴 아파하지 말라.
10 다만, 그들도 깨달을 때가 있으며 그
들도 저희 스스로 문이 열릴 때가 있
음이니라.
11 그때 또한 너희들을 찾을 것이며, 다
시 돌아올 수 있는 백성들이라는 것을
알며,
12 다만 너희들이 공급을 하는 것, 그리
고 너희들이 부어 주는 것, 나의 아들
을 통하여 내리는 강론이요, 그리고
새로운 나의 성경을 읽고 받아들이고
받아들이지 아니하는 것이 그와 같은
이치이니라.
13 너희들이 매일같이 물을 공급해 줘야
사는 식물과 공급하지 아니하고 때에
따라서 공급해야 되는 그와 같은 이치
에 따라서 너희들이 깨닫는 것도 다
다르며 받아들이는 것도 다 다름이니
라.
14 똑같은 사람이라 하여 똑같은 방법으
로 가르치고, 똑같은 방법으로 받아들
이며 똑같이 이해할 것이라는 그와 같
은 생각을 지우도록 하라.
15 그것이 다 너희들의 욕심이며, 너희들
의 부족한 생각에서 그러하니라.
16 이를 잘 조절할 줄 알며 이를 잘 다스
릴 줄 알아야 되는 것이 지도자요, 그
리고 만백성을 구하는 선생으로서 자
격이 있음을 알라, 사랑하는 나의 아
들딸들아!
17 스승이 제자를 가르치되, 칭찬으로 다
스릴 백성이 있으며, 매로 다스릴 수
있는 것이요, 말로 위협해서 다스릴
수 있는 것이요, 그 모두가 다 다름이
니라.
18 훌륭한 선생은 그를 알아 잘 다스리고
가르치느니라.
19 그러니 나의 피조물 만백성을 이끄는
지도자라 하는 너희들이요, 하늘의 선
생이라 하는 너희들이 그와 같은 이치
를 모르고 해서는 모두 다 실패함이니
라.
20 물을 줘서는 안 되는 식물에 계속 부
어 주면 그는 죽게 됨이니라.
21 과잉보호로써 죽는 것이 아니더냐?
22 그러니 이를 구분할 줄 알며 그를 잘
알아야 되는 것이 하늘의 선생으로서
자격이 있음이니라.
23 나의 피조물 만백성을 너희들이 다스
리며 전하며 깨우칠 때, 이와 같은 것
을 모르고 해서는 너희들은 모두가 다
실패할 것이니 그리 알라.
24 이와 같은 뜻을 알아 너희들이 만백성
을 지도하고 깨우치고 인도해야 됨을
알아야 될 것이니라.

11,727 번째 하나님 말씀

2004년 6월 23일 06시 00분

1 사랑하는 나의 아들아!
2 "네, 아버님! 말씀하옵소서."
3 지금의 종교 집단이 잘못된 것이 무엇
이냐?
4 너희들의 믿음은 국가와 단체의 이익
을 대변하며 그들의 이익을 위하여 사
용되어서는 아니 되는 것이 하늘의 뜻
이니라.
5 너희들이 감히 나 여호와요, 하늘의
뜻을 갖고 만백성을 영원히 사는 세상
에 거듭나는 은혜를 받을 수 있도록
인도하고 인도하지 못하는 그와 같은
일을 역사하는 자들이 아니더냐?
6 너희들이 그 모든 은혜를 입을 수 있
도록 하늘의 길을 인도하는 자들이요,
하늘에 오를 수 있도록 역사하는 그
백성이, 육의 세상의 것도 아니요, 하
늘의 뜻을 가지고 나의 피조물 만백성
을 구하는 너희들이,
7 인간 세상의 단체요, 국익을 위하여,
너희들이 소속된 곳의 이익의 관계에
의하여 이용되고 활용된다면, 과연 이
것이 나 여호와의 뜻이라 할 수 있겠
느냐?
8 이것이 오늘의 종교 집단의 지도자들
이 이끌어 온 형태요, 너희들이 서 있
는 자리이니라.
9 세속의 권력과 정치에 타협하며 이해
관계에 협조하는 그와 같은 종교 단체
가 되어서는 절대 아니 되거늘,
10 모든 종교 집단이요, 단체들이 그리
흘러가 있으며 그리 가고 있느니라.
11 그러나 지금의 종교는 국가와 국가 간
의 이익과 이해관계에서, 자국의 국익
에 대하여 너희들이 모두 이용되고 사
용되고 있으며,
12 너희들이 스스로 써 주기를 바라며 너
희들을 이용해 주기를 바라는 것이 오
늘의 종교 집단 지도자니,
13 거기서 나는 썩은 내가 하늘을 슬프게
하며 하늘을 역겹게 하고 있다는 것을
알고 있느냐?
14 사랑하는 모든 나의 백성 너희들은 들
으라.
15 위대한 하늘의 진리를 너희들이 안다
면, 이는 일개 국가의 이해관계에 악
용해서도 아니 되며, 거기에 사용해서
도 아니 되며, 너희들이 스스로 사용
되기를 바라는 그와 같은 자세가 되어
서는 아니 되는 것이니라.
16 이 모두는 너희들이 성서를 욕되게 하
는 것이며, 나의 아들 예수의 그 죽음
자체를 욕되게 하는 것이며, 나 여호
와를 욕되게 하는 것이라는 것을 알라.
17 그러니 너희들이 모두 다 무너지며 부
서지며 깨지는 것이요, 이미 내가 뭐
라 하였느냐?
18 너희들이 하고 있는 그 행위가 나와
관계없으며, 하늘에서 이를 받아 줄
수 없으며 받아들일 수 없는 짓만 하
고 있다는 나의 무서운 뜻을 너희들은
알겠느냐?
19 어떠한 이해관계에 있어도 어떠한 관
계와 어떠한 환경에 있어도, 너희들이
만백성을 깨우치는 것, 진리를 가지고
전하는 것, 그러한 것 외에 다른 용도
에 쓰이며 다른 곳에 이용해서도 아니

되며, 이용되어서도 절대 안 되는 것
이니라.
20 더욱더 너희는 이와 같은 무서운 사실
을 알아야 될 것이니라.
21 그 모두가 너희들이 나를 버리는 것이
요, 나와는 관계없는 길을 가는 백성
이라는 것을 알아야 될 것이니라.
22 그러니 서로가 서로를 악용하고 서로
가 이용하며 뒷거래하는 그와 같은 종
교 집단의 지도자들이 이 세상에 있으
니,
23 이는 나의 참진리요, 하늘의 뜻을 역
사하는 것이 아니라, 사탄의 앞잡이로
서 사탄에게 힘을 실어 주는, 바로 너
희들이 사탄의 노예가 되어 있는 자들
이라 하는 뜻이 여기에 있음을 알라
그리 전하라.

11,728 번째 하나님 말씀

2004년 6월 23일 06시 05분

1 사랑하는 나의 아들아!
2 "네, 아버님! 말씀하옵소서."
3 지금의 모든 종교 집단이 인간의 교리
때문에 모두가 근본을 잃어버렸으며
실패가 되었느니라.
4 나의 뜻과는 전혀 관계없이, 성경과는
전혀 관계없이 육의 교육일 뿐이며,
나 여호와의 뜻에 의하여 역사하는 것
이 없음이니라.
5 너희들이 지금 지도자를 육성하는 교
육기관부터 잘못되었으며, 인간 세속
의 장삿속으로써 모두가 다 기울어져
있으며, 너희들이 살아남기 위한 방법
으로써 모두를 가르침이니,
6 너희들은 사업장의 사업의 기술을 가
르치는 그와 같은 기관으로 되어 버렸
음이니, 여기에서 육성되는 종교 집단
의 지도자들이 어찌하겠는가?
7 그러니 이게 잘못되었다 함이니라.
8 하늘의 뜻을 이대로는 절대 역사할 수
없으며 내가 이루고자 하는 지상의 천
국은 이루어질 수 없으며, 지상의 천
국에서 살 수 있는 백성들의 자격을
다 상실하였으며, 거기에서 살 수 있
는 백성들의 자격을 얻을 수 있는 자
가 하나도 없다 함을 너희들은 알아야
될 것이니라.
9 나 여호와가 거둬들이는 영적인 열매
는 절대 열릴 수 없으며, 거기에서 수
확할 수 없는 것이 오늘의 종교 집단
의 지도자요, 그리고 울고불고하는 그
백성, 너희들이니라.
10 그러니 너희들은 진정한 수확의 열매
가 열리지도 못하며 찾을 수도 없고
인간의 열매로 맺고자 몸부림치고 있
으니,
11 인간의 열매로서 인간의 모습의 열매
는 나와 관계없으며, 그것은 내가 거
둬들일 수 없다는 것을 너희들은 알아
야 될 것이니라.

11,729 번째 하나님 말씀

2004년 6월 23일 06시 11분

1 사랑하는 나의 아들아!
2 "네, 아버님! 말씀하옵소서."
3 오늘의 종교 집단의 지도자들이 사랑
하는 나의 백성 너희들을 잘못 가르치
고 잘못 이끌어 왔음이니라.

4 그리하여 그들의 모든 잘못된 것이 백
일하에 드러나며 세상에 모두를 밝히
고자 하는 것이 나 여호와의 뜻이니,
5 이것이 밝혀졌을 때, 그들은 설 자리
가 없으며 그들은 얼굴을 들고 이 세
상에 살아갈 수 있는 자가 없음을 너
희들은 알아야 될 것이니라.
6 모든 종교 집단의 지도자들이 제왕적
인 위치에서 나의 백성들에게 무조건
순종이요, 무조건 바치며, 그저 '아멘,
할렐루야!'요, 박수 치고 울고불고하
는 것, 그것만 세뇌시켰으며, 맹종 맹
신하도록 끌고 온 것이 너희들이니,
그 믿음이 바로 잘못된 것이며,
7 이와 같은 방법으로써 나의 피조물 만
백성을 이끌어 온 것이요, 오로지 구
원파라는 하나의 그 구원 구원이라는
명칭 아래 너희들이 거기에 모두 현혹
되어 거기에 모든 것을 잃고 살아가는
그와 같은 백성들이 되었음이니,
8 이것이 너희들이 잘못 가르치며 잘못
이끌어 온 결과인 것을 알아야 될 것
이니라.
9 그리하여 지금 잘못된 것이요, 추하고
썩고 부패한 그 세속을 나 여호와가
도려내고 수술하며 내가 너희들에게
기회를 주며,
10 결코 거기서 수술을 받지 아니하며 도
려내지 아니하는 백성은 그 모두를 너
희들의 신도요, 그 백성들 앞에 모두
헤쳐 그들이 보고 너희들의 그 추한
모습을 깨우쳐 그들이 바로 설 수 있
는 그와 같은 기회를 만들고자 내가
새로운 성경을 너희들에게 내려보내
느니라.
11 이제 모든 종교 집단의 지도자들이 가
려진 곳, 숨겨진 곳, 그리고 너희들이
남을 기만한 그 모두가 다 벗겨지는
그와 같은 결과가 될 것이니라.
12 지금이라도 너희들이 나의 새로운 성
경을 읽고, 이는 하늘의 뜻이요, 이 길
이 구원의 길이라 하여 너희들이 자성
하고 반성하는 자는 그 비참한 꼴을
당하지 아니할 것이요,
13 그렇지 아니하고 그 악습과 폐습을 그
대로 지탱하고 이끌어 가고자 하는 자
는 너희들이 얼마만큼 고통스러움을
당하여야 될 것인가,
14 이는 너희들이 살아서도 죽어서도 그
모두를 보게 될 것이니라.
15 그러니 이를 벗기려는 자와 벗기지 아
니하려는 자, 그리고 감춰진 비밀을
보이지 아니하려는 자, 감춰진 추한
모습을 보려는 자,
16 도둑질하고 간음하고 거짓 하는 것을
다 드러내려 하는 자와 그를 감추고
가려는 자의 대립된 싸움 속에서 환란
은 반드시 오게 되어 있으며,
17 그 환란 속에서 모두가 다 세상에 드
러날 것이며, 모두가 세상의 만백성에
게 거짓이 없으며 숨길 수 없는 그와
같은 세상이 될 것이며, 그와 같은 때
가 있을 것이니라.
18 모두가 다 벗겨질 것이며, 그 벗겨짐
으로 인하여 너희들 스스로 어떠한 결
과를 초래하는 것인가, 그것은 너희
스스로 만든 것이며, 그들이 자초한
결과라는 것을 내가 미리 알려 줌이니
그리 알라.

11,730 번째 하나님 말씀

2004년 6월 23일 06시 19분

1 사랑하는 나의 아들아!
2 "네, 아버님! 말씀하옵소서."
3 진정한 믿음이 무엇이더냐?
4 그리고 나 여호와가 원하는 것이 무엇
인 줄 너희들은 아느냐?
5 나 여호와가 너희들에게 바라는 것은
나의 뜻대로 행하여 모두가 역사하며,
참진리의 믿음을 원하는 것이 나 여호
와의 뜻이니라.
6 너희들이 진정한 믿음이요, 그리고 너
희들이 내 뜻에 의해 역사하는 것, 나
의 계명을 지키고 행하는 것, 그리고
너희들이 나의 뜻과 더불어 모두 하나
가 되어 역사하는 것,
7 그리고 모두가 하나가 되어 내 뜻에
의하여 따라 행하는 것, 그것은 진정
한 믿음이요, 나 여호와가 바라는 것
이라는 것을 알아야 될 것이니라.
8 너희들이 내 뜻과 같이 하나가 되어
그 모두가 역사하는 것, 너희들이 좌
우를 보지 아니하며 오로지 앞을 보고
가는 자,
9 그리고 너희들이 타협하지 않으며 잘
못된 것을 협잡하지 아니하며, 진정한
믿음이요, 나와 하나가 되어 내 뜻에
따라 역사하고자 그 진정한 믿음의 길
을 가는 백성,
10 그것이 바로 내가 원하는 것이요, 내
가 역사하고자 하는 것이라는 것을 너
희들은 알아야 될 것이니라.
11 나와 같은 뜻을 갖지 아니하고 가는
자, 그리고 내 뜻을 거역하고 가는 자,
내 뜻을 외면하는 자, 내가 바라고 원
하는 것을 모르고 가는 백성, 나는 그
와 같은 것을 바라지 아니하며 원하지
아니함이니라.
12 그와 같은 믿음의 길을 가는 것, 그와
같은 삶을 사는 것은 너희들이 어떠한
것을 역사하든, 기적을 이루든, 그 모
두는 진정한 믿음이 아니요, 하늘에
오르는 길이 아니요, 내 뜻이 아니기
때문이니라.
13 내 뜻에 거역하는 것, 내 뜻과 같이하
지 아니하는 것은 내가 바라는 것이
아니요, 내가 원하는 것이 아니요, 역
사하고자 하는 것이 아니라는 것을 알
라, 사랑하는 나의 아들딸들아!
14 어떠한 종류의 믿음이든 어떠한 형태
로 존재한다 해도 결코 그것은 완전한
믿음이 아니며 완전한 믿음의 길을 갈
수 없기 때문이니라.
15 사랑하는 나의 아들딸들아!
16 너희들이 완전한 믿음이요, 구원의 길
이요, 완성된 믿음의 길을 간다는 것
은 바로 너희들이 내 계명이요, 내 뜻
대로 내가 역사하는 것과 하나가 되어
나의 뜻대로 가는 그 삶을 사는 것, 내
뜻대로 믿음의 길을 가는 것,
17 그것이 바로 너희들이 나에게 기쁨이
요, 나와 너희들이 더불어 하는 것이
요, 모두를 얻을 수 있으며 완성된 길
이요, 완전한 너희들의 믿음이라는 것
을 잊지 말도록 그리 전하라.

11,731 번째 하나님 말씀

2004년 6월 23일 06시 49분

1 사랑하는 나의 아들아!
2 "네, 아버님! 말씀하옵소서."
3 이제 나의 새로운 성경이 세상에 나오니, 몇천 년의 세월 속에 지금까지 이 세상을 지배한 사탄들이요, 그 모두가 지옥 불에 던져져 갇히게 될 것이니라.
4 나의 아들을 따르는 제자들이요, 나의 새로운 성경을 읽고 깨우친 백성, 그리고 지금 믿지 아니하여 이단이라 취급을 받는 백성, 그리고 잡신이요, 무당이요, 온갖 것을 다 섬기는 백성, 그리고 구원을 받았다 하며 바른 믿음의 길을 간다는 백성, 너희들은 알아야 될 것이니라.
5 내가 너희들에게 똑같이 그 기회를 줌이니,
6 지금 나의 아들을 통하여 새로운 성경이 세상에 나오니, 이는 내가 2천 년의 그 세월 속에서 구할 자와 버릴 자를 구부하여 지옥 불에 던지는 그와 같은 역사를 이룰 것이니,
7 그때 지옥 불에 들어가는 자는 영원히 나에게 올 수 없으며 나올 수 없다는 것을 알라.
8 내가 반드시 그를 가려 구분하는 것이 천 년의 역사가 이루어지는 오늘의 그 세월이니라.
9 천사와 같은 나의 백성들이 세상에 존재하게 될 것이며, 하늘과 땅이 나의 권세 아래 하나가 됨이니, 이는 누구도 막을 수 없으며 이는 누구도 거역할 수 없는 것이니라.
10 이와 같은 역사가 나의 뜻과 나의 계획대로 이루어짐이니, 그 누구도 이를 훼방할 수 없으며 이를 막을 수는 없는 것이니라.
11 나의 아들을 따르는 너희들은 알라.
12 이와 같은 모든 계획에 의하여 모두가 역사함이니라.
13 다만, 너희들이 이루는 과정에 농부가 곡식을 가꿔 그 열매를 거두는 수고로움이요, 그 노력이 있을 뿐이니,
14 오늘의 새로운 성경을 만들어 만백성에 전하는 너희들의 수고로움이요, 어려움이 있으며 거듭나려는 만백성을 핍박하며 욕하는 자, 방해하는 자가 세상에 있을 것이니라.
15 그러나 그 과정이 아무리 험난하고 환란이 강하고 크다 해도, 그 모두는 다 나의 새로운 성경 앞에 잠재워질 것이며, 더 이상 너희들이 몸부림을 칠 수 없음을 알라.
16 내가 너희들에게 그 모두를 뽑아 이제 지옥의 유황불에 던져 버릴 것이니, 그것이 천 년에 걸쳐서 모두 역사한다는 것을 알라.
17 모든 백성 너희들은 들으라.
18 아무리 너희들이 방대한 조직이요, 아무리 힘을 가지고 있는 것이라 하여도, 내가 너희들을 뽑아 버리기 시작할 때 너희들은 지탱할 수 없음이니, 그때 그 환란은 감당치 못할 것이니라.
19 모든 백성 너희들이 지금 내리는 새로운 성경을 접하여 내 뜻대로 변하는 그와 같은 삶을 살지 아니하는 자,
20 내가 모두 천 년에 걸쳐서 유황불에 던져, 너희들이 다시는 세상에 나와

빛을 보지 못하도록 그리할 것이니,
21 이 무서운 나의 뜻을 거부하는 자, 이
를 욕되게 하는 자들은 용서치 아니할
것이니라.
22 그러니 나의 계획은 역사될 것이며 내
뜻은 이루어질 것이니, 모든 백성 너
희들은 나의 새로운 성경을 읽고 깨우
쳐, 이 세상에서 아름답게 살다 너희
들이 나에게 오르는 그와 같은 영광을
얻도록 그리하라.
23 내 뜻을 거역하는 자는 모두 다 지옥
불에 내가 던져 버릴 것이니, 그때가
머지않았음을 알라 전하라.

11,732 번째 하나님 말씀

2004년 6월 23일 06시 50분

1 사랑하는 나의 아들아!
2 "네, 아버님! 말씀하옵소서."
3 네가 두 손 모아 나에게 기도를 드림
이니, 그 기도가 네 마음속으로 얼마
나 눈물을 흘리는 기도인지 나는 아느
니라.
4 네가 그러하기에 나의 아들이요, 그러
하기에 네가 만백성을 구할 수 있는
나의 아들이니라.
5 네가 두 손 모아 눈물의 기도를 드리
며 나를 찾음이니, 이는 네가 바로 가
지 못하며 바로 서지 못함을 가슴 아
파하며,
6 위로는 나 여호와에게 죄스러움을 감
당치 못하며, 아래로는 모든 백성들이
요, 너를 따르는 제자들에게 네가 천
사와 같이 부드럽고 유한 사람으로 살
지 못하며,
7 인간 세상의 성격이요, 인간 세상의
삶에서 벗어나지 못하여 네가 나에게
구원의 힘을 바라고자 두 손을 모아
눈물의 기도를 드리는 것을 나 여호와
가 알고 있음이니라.
8 사랑하는 나의 아들아! 너는 역사할
수 있으며 너는 갈 수 있음이니라.
9 네가 두 손을 모아 눈물의 그 기도를
드리는 것은 만백성을 구하는 눈물이
요, 나에게 기쁨의 눈물이니라.
10 사랑하는 나의 아들아! 두려워하지
말라.
11 네가 오늘의 두 손을 모아 나에게 눈
물의 기도를 드리며 나에게 힘을 달라
말하지 아니하나,
12 네가 남들에게 한 점의 부끄럽이 없는
삶을 살아가고자 함이니, 그것이 바로
네가 살아가고 있음이니라, 사랑하는
나의 아들아!
13 두려워하지 말라, 너는 네가 잘못 산
것에 두려워하지 말며 네가 잘못한 것
에 두려워하지 말라.
14 그 모두를 벗어던질 수 있는 길은 네
가 지금 두 손 모아 나에게 기도하는
그 정성스러운 마음처럼 그와 같은 마
음 자세로 살아감으로 모두는 다 용서
받을 것이며, 만백성이 너를 우러러보
는 그와 같은 나의 아들로서 우뚝 설
것이니라.
15 너는 눈물을 거두라, 그리고 네가 변
하고자 하는 그 마음을 그대로 행하고
실천하도록 그리하라, 사랑하는 나의
아들아!

11,733 번째 하나님 말씀

2004년 6월 23일 06시 55분

1 사랑하는 나의 아들아!
2 **"네, 아버님! 말씀하옵소서."**
3 지금의 종교 집단의 지도자, 너희들은
나의 새로운 성경이요, 이를 이단이
요, 사탄이라 말하느니라.
4 그리고 나의 아들을 너희들은 말세의
거짓 선지자요, 세상을 혼돈케 하는
자라며 나의 아들을 핍박하고 그리 욕
함이니라.
5 그러나 너희들은 알아야 될 것이니라.
6 나의 뜻을 거역하는 자요, 하늘의 뜻
을 거역하는 자요, 그리고 세상을 망
하게 할 자라 너희들이 그리 욕하고,
나의 아들을 세상에서 제거할 자라 그
리 말하며, 이는 존재해서는 아니 될
자라 하며,
7 너희들이 말하는 소위 왕사탄이 세상
에 왔음이니, '우리가 그 왕사탄을 향
하여 모든 공격이요, 모든 힘을 합쳐
이를 무너트려야 된다.' 너희들이 회
의하고 머리를 맞대고 연구하고 연구
하는 그와 같은 형국이 될 것이니라.
8 그러나 너희들은 알아야 될 것이니라.
9 너희들은 이 새로운 성경이요, 나의
아들은 하늘의 뜻이요, 성경을 거역하
는 이단이 아니라는 것을 알아야 될
것이니라.
10 너희들이 지금 나의 아들을 거짓 선지
자요, 새로운 성경을 이단이요, 사탄
이라 그리 말하나, 결국 너희들은 인
간이 만든 교리요, 그 종교 집단이요,
그와 같은 모든 것을 나의 아들이 거
역하는 것이요, 그리하여 너희들이 말
하는 이단이지,
11 나의 아들은 성경과 나 여호와의 뜻이
요, 하늘의 뜻을 이루는 그와 같은 것
을 거역하는 이단이 아님을 너희들은
알아야 될 것이니라.
12 그러니 바로 너희들은 무엇이더냐?
13 나의 아들은 하늘의 뜻이요, 성서에
대한 것을 거역하는 이단이 아니니라.
14 오로지 나의 뜻을 거역하며 하늘의 뜻
을 거역하는 것은 바로 너희들이니라.
15 인간의 길이요, 너희들의 생각으로써
나의 피조물 만백성을 거짓된 말로써
너희들이 재물을 거둬들이며 그들을
지옥으로 이끌어 가는 그와 같은 행위
를 하니,
16 너희들이야말로 성경을 위배하는 자
요, 나 여호와의 뜻을 거역하는 자요,
진정한 이단이요, 하늘의 이단이라는
것을 알라.
17 나의 아들은 하늘의 뜻을 거역하는 것
이 아니요, 나의 성경을 거역하는 것
이 아니니라.
18 나의 아들이 기적과 이적으로써 너희
들을 현혹하는 것이요, 너희들을 이끌
어 가는 것도 아님이니라.
19 조용히 물이 흐르듯이, 그저 나의 성
령을 전하며 나의 뜻을 전하는 그와
같은 길로 감이니,
20 너희들이 감히 나의 아들을 성령을 위
배하며 나의 뜻을 거역하는 이단이라
그리하지 말라.
21 나의 아들은 너희들이 만든 종파요,
거짓된 자들을 거부하며 그를 다스리
고자 하니, 너희들이 이단이라 하는

것이요, 너희들에 대한 이단이지,
22 하늘에 대한 이단의 그 성서가 아니며
나의 아들이 이단이 아님을 알라.
23 하늘의 뜻이요, 새로운 성경의 이단은
오로지 나의 아들을 이단이라 하는 너
희들이 이단이라는 것을 잊지 말라 내
가 너희들에게 깨우쳐 줌이니라.

11,734 번째 하나님 말씀

2004년 6월 23일 07시

1 사랑하는 나의 아들아!
2 "네, 아버님! 말씀하옵소서."
3 너희는 나의 새로운 성경이요, 나의
아들을 거짓된 선지자라 말하지 말라.
4 너희가 모든 것을 은밀히 비밀리에 행
하였으며, 너희들이 모든 나의 뜻을
거역하고 살아온 것, 너희들이 부패할
대로 부패하고 썩을 대로 썩은 그 모
두가 이제는 세상에 드러날 때가 되었
음이니라.
5 너희들이 참진리의 길이요, 나의 뜻대
로 역사해 왔다면, 오늘에 너희들이
말하는 인간이 인간을 두려워하며 너
희들이 도둑이요, 사탄이라 그와 같은
말을 할 수 있는 이와 같은 세상은 되
지 아니하였을 것이니라.
6 그러니 이와 같이 내 뜻을 거역하며
잘못 흘러온 이 세상이요, 나의 피조
물 만백성이 잘못 살아가도록 인도한
너희들이 있기에,
7 누군가 이를 파헤쳐 이 세상에 그 모
두를 알려야 될 것이며, 이를 바로잡
지 아니하면 아니 됨이니라.
8 사랑하는 나의 아들딸들이 육의 아름
다운 세상을 느끼며 아름다움을 보며
살다 나에게 와 구원의 길이요, 나에
게 오르라 하였거늘,
9 그 모든 길을 막았으며, 그들이 모두
다 가지 못하도록 훼방한 자, 그와 같
은 자들이 지금 이 세상에 존재하여
나의 사랑하는 백성들이 구원의 길을
알지 못하며 오지 못함이니라.
10 그리하여 지금의 그와 같은 행위를 하
는 자, 너희들의 신도요, 그 백성들은
세뇌되어 알지 못하나,
11 내가 그를 파헤쳐 세상에 드러내어 너
희들의 추하고 더러운 모습이요, 숨겨
진 그 모든 비밀리에 행하는 그것을
내가 다 알리는 그와 같은 역사는 반
드시 이루어질 수밖에 없음이니라.
12 그러니 누구를 통하여 이와 같은 역사
를 이루든, 결국 이는 나의 주관의 뜻
이며, 또한 누구를 통하든 이와 같은
일을 이루어져야 하는 것이니라.
13 그것이 바로 지금 나의 아들을 따르는
제자들이요, 나의 새로운 성경을 읽고
깨우친 백성, 그들로 하여금 내가 모
두를 역사하고자 함이니라.
14 너희 종파에 그와 같은 대명을 주어
그를 역사하도록 했다면, 너희들은 종
파와 종파 간에 힘을 겨루는 싸움으로
인하여 그 처참함은 차마 볼 수 없으
며, 그 결과는 얼마나 참혹한 것인지
알겠느냐?
15 같은 힘을 겨루는 자에게 내가 하나의
힘을 주어 너희들이 그를 바로잡고 다
스리고자 함이니, 이는 감내할 수 없
을 것이니라.
16 그리하여 내가 그 처참한 결과를 알고

있기에, 조용히 나의 아들을 통하여
물이 흐르듯이 나의 새로운 성경을 전
하며,
17 나약하고 보잘것없는 나의 아들을 따
르는 제자들을 통하여 내가 이 모두를
조용히 역사하는 것은 너희들을 사랑
하기 때문임을 알라 그리 전하라.

11,735 번째 하나님 말씀

2004년 6월 23일 07시 04분

1 사랑하는 나의 아들아!
2 "네, 아버님! 말씀하옵소서."
3 이 어리석은 백성들이요, 지금 잘못
가는 그 백성들, 함부로 너를 보고 사
탄이라 말하지 말며, 나의 새로운 성
경이 거짓된 것이요, 사탄의 장난이라
그리 말하지 말라.
4 너희들이 함부로 사탄이요, 이단이라
그와 같은 말을 하지 말아야 될 것이
니라.
5 너희들은 성경에 비유된 나의 뜻도 모
르면서 바로 가르치지도 못하는 그 백
성들이 어찌하여 나의 아들을 사탄이
라 그리 말하는가?
6 나의 아들은 구약과 신약 성서에 감춰
진 그 비밀을 다 알며, 나의 뜻을 가지
고 너희들에게 가르치는 것이거늘, 어
찌하여 나의 새로운 성경이요, 나의
아들을 이단이요, 사탄이라 말하는가?
7 너희들이 정녕 나의 아들을 사탄이요,
이단이라 말할 수 있다면, 너희들은
구약과 신약의 그 비밀을 알아야 될
것이며, 새로운 성경이 내려가 너희들
에게 전하는 것을 다 알아야 될 것이
니라.
8 성경에 대한 것도 너희들이 나의 아들
을 따를 수 없으며, 하늘의 법도요, 하
늘의 뜻을 알지 못하는 자가 감히 어
찌하여 나의 아들을 이단이요, 사탄이
라 그리 말하는가?
9 초등 학문을 배워 이제 글을 아는 자
가 고등 학문을 거쳐 세상에 나와 생
활을 하는 그와 같은 자들에게 무식하
며 미련한 자라 말한다면, 과연 누가
상식이 있고 없는 자들이냐?
10 그러니 이와 같은 어리석은 짓을 하고
있는 것이 오늘의 종교 집단의 지도자
너희들이니라.
11 감히 구약의 성서의 의미를 알며 새로
운 성경에 숨겨진 그 비밀이요, 내가
너희들에게 내리는 모든 것을 알지도
못하며 듣지도 못하는 자들이,
12 나로부터 직접 명을 받아 모든 열쇠를
가지고 있으며 모든 것을 해석하여 그
를 전하는 나의 아들에게 이단이요,
사탄이라 그리 말함이니,
13 하늘의 뜻이요, 나 여호와의 뜻을 거
역하는 것이 이단이라 하지 않더냐?
14 이 세상에 거점을 마련한 것이 나의
성전이요, 내가 누구를 통하여 하늘의
뜻을 내리는가?
15 나 여호와는 나의 아들을 통하여, 내
가 직접 사랑하는 그 아들의 가슴에
성령의 내 뜻을 심어 줘 만백성에 전
하는 그 역사를 이루거늘,
16 감히 너희들이 그러한 나의 아들을 사
탄이요, 이단이라 하여 핍박하며, 그
의 가슴에 내려 전하는 새로운 성경을
가지고 너희들이 이단이요, 사탄이라

그리 말함이니,
17 어찌하여 너희들이 그리 오만방자하
며 너희 자신을 모른단 말이더냐?
18 하늘의 뜻을 알지 못하면서, 나의 뜻
을 알고 대행하는 나의 아들이요, 새
로운 성경을 이단이요, 사탄이라 말하
는 너희들이 그와 같은 말을 하고자
한다면,
19 너희들은 하늘나라에 한 번 왔다 간
다음에나 감히 나의 아들과 대적할 수
있으며 나의 아들과 대화할 자격이
있는 것을,
20 대화할 자격도 없으며 그 뜻을 듣지
도 못하는 어리석은 백성 너희들이,
어찌하여 알지 못하는 자가 아는 나의
아들을 놓고 이단이요, 사탄이라 그리
말하는가?
21 그 어리석은 행위를 이제 중단하며 스
스로 너희들의 분수요, 너희들이 성령
의 깨달음이요, 하늘의 뜻을 알지 못
하는 자가 아는 나의 아들이요, 모두
를 받아 대행하는 나의 아들에게 어
리석고 미련한 자요, 이단이요, 사탄
이라 하는 그와 같은 못난 짓을 중단
하도록 그리하라.

11,736 번째 하나님 말씀

2004년 6월 23일 07시 07분

1 사랑하는 나의 아들아!
2 "네, 아버님! 말씀하옵소서."
3 너희들이 먼 길을 달려 목적지를 돌아
오는 경주를 함이니라.
4 열심히 훈련하고 단련된 그 선수가 앞
을 보고 달려감이니, 그 선수가 너무
나 앞서가 뒤처진 저희와 보이지 않
게 거리가 벌어졌음이니라.
5 열심히 훈련하며 열심히 노력한 선수
는 지금 앞에 달려가 보이지 아니하
니, 그 뒤에 달려가는 선수가 제가 일
등 하는 선수라 착각하는 자,
6 그리하여 그걸 모르고 손을 흔들어 주
는 백성들에게 제가 일등인 것처럼 제
가 선두주자인 것처럼 손을 흔들고 오
만한 짓을 하며 그와 같이 그 백성들
을 속이는 짓을 한다면 얼마나 웃지
못할 형국이냐?
7 오늘의 모든 종교 집단의 지도자들 너
희들이 가고 있는 짓이 그러니라.
8 앞에 가는 그 선수는 앞에 가서 보이
지 아니하며 영광의 월계관을 차지할
수 있는 자는 지금 달려가거늘,
9 그것을 모르고 먼저 간 자를 모르는
백성들이 지금 뒤뚱거리며 달려가는
너희들을 보고 우승자인 줄 알고 환호
하고 손을 흔들어 줌이니, 그것을 우
승자처럼 답례하며 환호를 받는 그와
같은 자들이니,
10 몇 분도 지나지 아니하여 그들이 속은
것을 알게 될 것이니, 지금의 모든 종
교 집단의 지도자들이 그와 같은 행위
를 하는 것이니라.
11 너희들이 나의 아들을 이단이요, 사탄
이라 말하며, 나의 새로운 성경을 이
단이요, 사탄이라 말하며, 거짓된 것
이 세상에 내려와 왕사탄이 세상에 내
려와 멸망케 한다 하여 너희들의 모두
힘을 합쳐 이를 공격하고자 하는 자들
이 바로,
12 우승자는 앞에 가 있는데 중간에서 뒤

뚱거리며 저 자신을 지탱하지도 못하
는 자가, 뭘 모르는 백성들이 우승자
라 환호하며 박수 쳐 주니,
13 그것을 제가 실토하지 아니하고 그대
로 손으로 답례를 받고 부끄러운 줄을
모르고 가는 것이 오늘의 종교 집단의
지도자요, 믿음의 길을 가는 백성 너
희들의 초라한 모습이요, 불쌍한 형태
라는 것을 내가 전함이니,
14 이미 내가 너희들의 모습을 전하며 너
희들을 벗겨서 전해도 부끄러운 줄을
모르며 깨달음이 없는 자,
15 너희들은 결국 지옥의 그 사슬로 사탄
에게 끌려가는 운명이요, 그 길밖에
없다는 것을 알라 그리 전하라.

11,737 번째 하나님 말씀

2004년 6월 23일 07시 11분

1 사랑하는 나의 아들아!
2 "네, 아버님! 말씀하옵소서."
3 이 세상에 높은 지혜를 주었으며 깨달
음을 준 나의 백성 너희들이 가장 어
리석고 미련한 백성이라는 것을 알겠
느냐?
4 너희들에게 높은 지혜를 주었기에 너
희들이 무너지며,
5 너희들에게 판단할 수 있는 자유의지
를 주었기 때문에 지금 잘못되어 가는
것이라면,
6 정녕 나 여호와가 그 모두를 거둬들이
는 것이 당연한 것이 아니더냐?
7 그러니 내가 너희에게 지혜요, 생각할
수 있는 판단이요, 그 모두를 거둬들
인다면, 너희들은 무엇이더냐?
8 너희들이 말하는 식물인간이 되고 말
것이니라.
9 내가 오늘 나의 아들을 통하여 너희들
에게 바라고 원하는 것이 무엇이냐?
10 앞을 못 보는 자가 인도하는 그와 같
은 자를 너희들이 따라가지 말라 함이
니라.
11 그러니 내가 눈으로 보고 앞을 볼 수
있으며 광명천지를 인도할 수 있는 나
의 아들을 따르라는 것이 나 여호와의
뜻이요,
12 그 아들의 삶이요, 그 아들의 행위를
따르라는 것도 아님이니라.
13 그 아들을 통하여 내리는 새로운 성경
이요, 160권의 이 성경을 읽고 깨우쳐
너희들이 구원을 받으며 나에게 오르
라 하는 나의 뜻인 것을,
14 어찌하여 너희들이 이를 보지 아니하
며 따르지 아니하며 눈먼 세상의 삶이
요, 암흑의 세상에서 앞을 보지 못하
는 자만 따라가며, 그를 따라가고자
그리 몸부림치는가?
15 사랑하는 나의 아들딸들아!
16 단 한 번이라도 너희들이 나의 새로운
성경을 읽고 들여다보고 깨우쳐 보라.
17 그러면 거기에 답이 있으며 너희들이
알 수 있는 것을, 어찌하여 고집과 아
집을 버리지 못하고 눈먼 자가 눈먼
자를 따라간다 말이더냐?
18 너희들이 하늘의 뜻을 알 수 없으며,
나로부터 음성을 들을 수 없으며, 나
로부터 너희들이 메시지를 들을 수 없
으며, 나를 만지고 보지도 못함이니,
너희들이 앞을 못 보는 백성들과 무엇
이 다르단 말이더냐?

19 육의 세상의 한계를 벗어나지 못함을
내가 너희들에게 의미함이니라.
20 그러니 육의 세상의 한계를 넘지 못하
는 자가 너희들을 구원한다며 이끄니,
그도 앞을 못 보는 자니, 제자리를 너
희들이 빙빙 돌다 마느니라.
21 그리하여 인간 세상과 하늘의 세상의
백지장보다 얇은 그 한계선을 넘지 못
하며 거기서 맴돌고 맴돌다 지치는 것
이 너희들이라 하지 아니하였더냐?
22 그러니 그 선을 넘을 수 있는 것은 너
희들이 나의 아들을 따르는 길이요,
나의 아들을 통하여 내리는 나의 성령
의 강론을 듣는 것, 그리고 새로운 성
경을 너희들이 듣고 읽는 것, 그자만
이 그 선을 넘을 수 있으며, 그 선을
넘을 수 있는 증표요,
23 그걸 갖지 아니한 자는 넘지 못한다
내가 이리 너희들에게 간곡히 간곡히
전하고 또 전하거늘,
24 어찌하여 너희들이 나의 새로운 성경
을 한번 읽어 보며 들여다보는 그것도
하지 아니하고, 오로지 너희들의 고집
과 아집으로써 지옥의 그 고통스러운
길로 가기만 원하느냐?
25 사랑하는 나의 아들딸들아!
26 내가 너희들을 사랑함이니, 다시 한
번 들여다보고 다시 한 번 생각하도록
그리하라.

11,738 번째 하나님 말씀

2004년 6월 23일 08시 37분

1 사랑하는 나의 아들아!
2 **"네, 아버님! 말씀하옵소서."**
3 인간 세상에 너희들이 살아가면서 자
식이 부모를 진노케 할 때, 그 앞에 나
타내지 못하며 피하는 것이 인간의 삶
의 도리가 아니더냐?
4 그러니 너희들이 나 여호와를 진노케
하며 어찌 나에게 오를 수 있으며 너
희들이 나를 찾을 수 있다 말할 수 있
는가?
5 지금의 모든 종교 집단의 지도자들이
하고 있는 짓이 무엇인 줄 알겠느냐?
6 자식으로서 나 여호와를 기쁘게 함이
아니요, 나를 진노케 하는 그와 같은
역사의 세월만 흐른 것이 몇천 년의
그 역사가 흘렀음이니라.
7 나의 아들 예수가 죽음으로써 너희들
을 깨우쳐 내가 너희들의 손을 놓으려
하니,
8 그 손을 놓아 재앙으로써 다스리지 아
니하도록 기회를 달라 울고불고 매달
리는 그 기도를 내가 들어 너희들에게
이와 같이 기회를 주었거늘, 너희들은
어떠한 행위를 했는가?
9 너희들은 나 여호와를 진노케 하는 그
와 같은 행위만 했음이니라.
10 내가 모든 백성 너희들에게 묻노니,
내가 너희들에게 세상을 살아갈 수 있
는 지혜를 주었으며 모두를 다 베풀어
주었거늘,
11 너희들이 나의 뜻대로 살아가는 삶을
살지 아니하며, 나 여호와를 진노케
하며 나를 진노케 한 그와 같은 길만
갔이니,
12 과연 너희들이 하늘을 진노케 하고도
살아날 수 있다 생각하며, 너희들이
천년만년 사는 것처럼 착각 속에 사는

삶이 영원히 지속될 것이라 그리 생각
하느냐?
13 지금의 모든 종교 집단 너희들이 하고
있는 그 짓은 정녕 나를 진노케 하며
하늘을 노하게 하는 그와 같은 행위만
하고 있음이니라.
14 그리하여 내가 너희들을 다 지우며 너
희들의 손을 놓으려 했으나, 지금 내
가 마지막 나의 아들을 통하여 다시
한 번 너희들에게 기회를 내리니,
15 이 무서움과 두려움을 너희들이 안다
면, 이제는 너희들이 나를 진노케 하
는 행위를 중단하라.
16 하늘을 노하게 하는 그와 같은 행위를
중단하라.
17 그와 같이 중단하지 아니할 때, 내가
너희들을 결코 용서할 수 없음이니,
너희들의 그 고통이 얼마나 무서운 것
인가를 알 날이 머지않은 것을 어찌하
여 모른단 말이더냐?
18 더욱이 아무것도 모르고 따라가는 백
성, 아무것도 모르고 이끌려 가는 백
성, 불쌍하고 가련한 그들부터 구원하
고자, 그들이라도 구원하고자 지금 나
의 아들을 통하여 다시 한 번 너희들
에게 그 기회를 주었음이니,
19 모든 백성 너희들은 이 기회를 놓치지
말며, 이를 너희들이 사탄이요, 이단
이라 하여 나를 더 진노케 하지 말라.
20 그 결과는 너희들이 상상할 수 없는
그와 같은 모든 것으로써 다스려지게
될 것이니,
21 이제는 그와 같은 행위를 중단하며 새
로운 성경을 읽고 깨우쳐 구원을 받는
그 길을 보도록 그리하라 전하라.

11,739 번째 하나님 말씀

2004년 6월 23일 08시 43분

1 사랑하는 나의 아들아!
2 "네, 아버님! 말씀하옵소서."
3 모든 종교 집단의 지도자요, 울고불고
하는 자, 그들이 너희들을 보고 사탄
이라 하며 너희들을 보고 이단이라 하
며, 나의 아들을 사탄의 왕이라 하며
나의 새로운 160권의 성경이 잘못됐
다 사탄이라 말하거든,
4 너희들이 사탄이라 말할 수 있는 자격
은 성령을 알며 하늘의 뜻을 너희들보
다 더 많이 알고 깨달은 자만이 다른
백성에게 이단이요, 사탄이라 그리 말
할 수 있다 하였음이니라.
5 그러니 내가 그들에게 명하느니, 그들
에게 전하라.
6 너희들이 나의 아들을 사탄이요, 이단
이요, 새로운 성경을 사탄의 것이요,
이단이요, 그리고 그 제자들을 사탄이
라 말하거든,
7 그와 같이 말할 수 있는 자, 너희들은
나의 아들이 지금 기록하여 전한 160
권의 성령이요, 그와 같은 성령의 뜻
을 한번 너희들이 먼저 기록하여 만들
어 놓은 다음에 너희들이 나의 아들을
사탄이라 하며 그를 따르는 제자들에
게 사탄이요, 이단이라 그리 말하라.
8 160권의 이 새로운 성경처럼 너희들
이 욕을 쓰든 무엇을 쓰든 너희들 이
름으로써 160권이라는 그 책을 써내
고 난 다음에,
9 너희들이 나의 아들을 사탄이요, 이단
이라 말하며, 그를 따르는 사랑하는

나의 아들딸에게 이단이라 그리 말하
라.
10 이것도 이루지 못하며 그것도 행하지
못하는 자 너희들은 감히 나의 아들을
사탄이요, 이단이요, 그를 따르는 자
들에게 핍박하지 말라.
11 내가 너희들에게 그 내용은 말하지 아
니할 것이니라.
12 너희들은 이는 하늘의 뜻이요, 그 내
용을 너희들은 따라올 수도 없으며 그
를 흉내 낼 수도 없음이니라.
13 다만, 너희들이 인간이 노력해서 이룰
수 있는 그 양을 가지고도 내가 너희
들을 이해할 것이니, 160권이라는 책
을 갖다 그 양을 채워서 한번 기록하
여 세상에 내보내라.
14 그리고 그것이 하늘의 진리라 너희들
이 그리 말한다면, 그와 같이 써 낸 자
는 나의 아들과 다 같을 것이니, 너희
가 나의 아들과 대적할 수 있으면 이
단이요, 사탄이라 갑론을박을 할 수
있을 것이니라.
15 그러나 내가 나의 성령이라 하여 나의
아들을 통하여 너희들이 '하늘에 오르
는 길'이요, '하나님 말씀'이라 하여
160권의 새로운 성경을 세상에 내보
내 너희들을 깨우치고 인도하는 나의
아들이 가는 그 길을, 그와 같은 것도
하지 못하는 자가 나의 아들을 이단이
요, 사탄이라 평하지 말라.
16 한 권도 역사하지도 못한 자들이, 그
내용이 무엇인지 기록하지도 못하는
자들이 어찌하여 너희들이 그와 같이
평할 수 있단 말이더냐?
17 너희들이 승자요, 패자요, 법을 어기
고 안 어기는 것은 그보다 더 많이 아
는 사람이 판결을 하는 것이니라.
18 심판이라는 것은 선수보다도 더 많이
알고 규정을 잘 알고 있기 때문에 심
판할 수 있는 것이 아니더냐?
19 그러니 너희들이 그 160권이라는 새
로운 성경에 버금가는 어떠한 내용도
기록하여 전하지도 못한 너희들이, 어
찌하여 대역사를 이룬 나의 아들을 사
탄이요, 이단이라 하며 160권을 사탄
이요, 이단이라 한단 말이더냐?
20 너희들이 이단이요, 사탄이라 나의 아
들을 평하려거든 나의 아들이 알고 있
는 상식이요, 그 하늘의 뜻을 너희들
이 더 많이 알아야 될 것이며 그보다
앞에 가는 자가 되어야 될 것이니라.
21 너희들이 나의 아들과 대적하여 과연
이길 자격이 있는가?
22 그보다 하늘의 이치요, 하늘의 뜻을
더 많이 알 수 있는 자가 있거든 나와
보라 하라.
23 그와 같이 알지 못하며 그를 능가하지
못하면, 너희들이 사탄이요, 이단이라
평하지 말고, 고개 숙여 그가 강론을
하는 것을 듣고 깨우쳐, 너희들이 죽
음에서 거듭나는 그와 같은 영광을 얻
으라.
24 너희들이 모두의 지금 가는 것은 성경
에 기록했듯이, 겉에는 화려한 것 같
으나 속에는 다 썩은 자요, 죽은 자의
회칠한 무덤이 되었느니라.
25 그러나 내가 너희들에게 말하기를 십
자가 그 자체가 무덤이요, 죽음을 의
미하는 것이니, 너희들이 무덤 속에서
울고불고 지금 광란의 짓을 하는 자들

이라 하였거늘,
26 그와 같은 자들이 감히 만백성을 구하
는 160권의 새로운 성경이요, 이 책을
가지고 사탄이요, 이단이라 그 입에
담을 수 있는 자격이 있는가?
27 너희들은 자격도 없으며 갑론을박할
기준도 없음이니라.
28 이제 내가 너희들에게 말하니, 160권
이라는 내 새로운 성경만큼 너희들이
저서를 펴냈든 무엇을 기록하여 전했
든 그와 같은 자만이 와서 말하라.
29 그와 같은 것도 이루지 못하는 자들이
어찌하여 이 대역사를 함부로 말하며,
망령되이 성령을 훼방하는 그 죄를 짓
고 살아남기를 바라는가?
30 하늘을 노하게 하고 나를 진노케 하고
너희들이 살아남을 수 있다 생각하느
냐?
31 너희들은 살아남을 수 없으며 결코 지
탱할 수 없다는 것을 알라 그들에게
전하라.
32 내가 다시 한 번 모든 백성들에게 말
하노니, 감히 너희들이 나의 아들과
그를 따르는 제자들이요, 나의 새로운
성경을 놓고 이단이요, 사탄이라 그와
같은 말을 할 수 있는 자격이 없는 자
들이니,
33 그 자격이 있는 자는 160권 이상을 쓰
고 나서 그와 같은 말을 하라 너희들
은 그리 전하며, 너의 제자들은 그와
같이 가르치라 그리 전하라.
34 너의 제자들에게 그리 전하도록 하라,
사랑하는 나의 아들아!

11,740 번째 하나님 말씀

2004년 6월 23일 08시 48분

1 사랑하는 나의 아들아!
2 "네, 아버님! 말씀하옵소서."
3 이 세상에 너희들이 살아가는 데 계절
이라는 것이 있음이니라.
4 그 계절이 있으므로 너희들이 생명을
유지하며 활력소가 되며 모두가 살아
갈 수 있는 그와 같은 역사가 이루어
지며 나 여호와의 주관하에 그 모두가
이루어졌음이니라.
5 그러니 그 계절이라는 것은 때에 따라
세월에 따라, 그가 올 때 오며 또 지나
갈 때 지나가는 그와 같은 역사가 이
루어지는 것이 아니더냐?
6 그것이 자연의 순리요, 나 여호와가
그리 만들었음이니,
7 그 절기가 지나면서 너희들이 생명을
얻으며 또한 씨앗을 뿌리고 거둬들이
는 그와 같은 역사가 이루어지는 것이
니라.
8 그러니 이는 거역할 수 없으며 이는
누구도 막을 수 없는 것이니라.
9 그러나 오늘의 종교 집단의 지도자요,
믿음의 길을 가는 그 백성들이 하고
있는 짓이 무엇이더냐?
10 이 절기의 흐름까지도 저희들이 막을
것처럼 막는 자들이라 그리 말하며 그
를 인정하지 아니하는 어리석은 백성
들이니라.
11 봄이 오면 여름이 오고, 가을이 오며
겨울이 오는 그와 같은 순리적인 절기
의 흐름도 너희들은 모두 무시하는 자
들이니라.

12 그저 봄이 오면 봄으로써 모두가 다
역사하는 것처럼 그를 붙잡고 울고불
고 매달리는 것이 오늘의 믿음의 길을
가는 종교 집단 지도자들이니, 이와
같은 백성들이 무엇을 알겠느냐?
13 그러니 선택된 백성 너희들은 이 은혜
요, 절기의 흐름이요, 계절의 흐름이
요, 그 모두를 거역하지 말며, 그를 너
희들이 막으려 하지 말며, 그 흐름 위
에 계절이요, 순리에 따라 살아가는
현명한 삶을 살도록 그리해야 될 것이
니라.
14 이를 막으려 드는 자, 지금의 종교 집
단 지도자들이니, 얼마나 그들이 무모
한 짓이며 그들이 잘못된 삶을 사는가?
15 너희들은 알아야 될 것이니라.
16 그와 같은 모든 뜻을 역사하는 것이
바로 무엇이더냐?
17 구약의 시대가 내려와 너희들이 한 시
대를 엮었으며, 그리고 신약의 시대가
또 나와 한 시대를 엮어 너희들이 모
두를 깨우치고 전하는 그 변화의 삶을
살았음이니라.
18 그리하여 지금은 새로운 시대가 역사
하는 것, 그 모두가 자연의 순리요, 나
여호와의 계획에 의하여 흘러가는 그
와 같은 뜻과 똑같은 것을,
19 너희들이 구약은 구약대로 붙잡고 몸
부림치며 신약은 신약대로 붙잡고 몸
부림치니, 이 세상이 편할 날이 없으
며 전쟁의 시비가 없어질 수 없는 그
와 같은 것이 되었느니라.
20 이제 나의 아들을 따르는 새로운 지도
자요, 새로운 역사를 이루는 백성 선
택된 너희들은 새로운 뜻이 하늘에서
내려옴이니라.
21 그러니 하늘에서 내려오는 메시지를
그들은 알지 못하며 그를 받아들이려
하지 아니하며 그를 막아 버리려 하
니, 이를 어찌한단 말이더냐?
22 여기에 너희들이 주저앉지 말며 굴복
하지 말며, 나의 메시지요, 나의 성령
을 받아 160권을 세상에 만들어 너희
들이 새로운 시대를 엮어 가는 데 주
역임을 잊지 말고, 너희들이 대명을
역사하도록 그리 최선을 다하라 전하
라.

11,741 번째 하나님 말씀

2004년 6월 23일 08시 54분

1 사랑하는 나의 아들아!
2 "네, 아버님! 말씀하옵소서."
3 인간의 세상에서 너희들이 살아가는
그 생활 속에서도 자식이 부모를 찾으
며 또한 너희들이 부모를 찾아뵙는 그
와 같은 삶을 살지 않느냐?
4 그리고 부모에게 낳아 준 은혜에 감사
하며 그 공에 은혜를 갚고자 하는 그
와 같은 마음으로 사는 백성들이 있음
이니라.
5 그리하여 자식이 부모를 찾으니, 그
부모의 기쁨이 또 말할 수 없으며 그
것보다 기쁨이 부모에게는 없음이니
라.
6 그러니 너희들은 부모는 부모대로 자
식이 찾아왔을 때 그 기쁨을 얻으며,
자식은 자식 대로 또 부모에게 예의를
갖추며 부모에게 그 도리를 다할 때,
스스로 행복하며 서로 기쁨을 같이 얻

고 살아가는 것이 인간 세상 너희들의
삶이 아니더냐?
7 너희들이 육의 세상의 삶은 그와 같이
부모와 자식 간에 그리 사랑하고 살면
서, 어찌하여 나는 수억의 그 많은 자
식들을 세상에 내보냈거늘,
8 나를 진정으로 찾고 진심으로 찾는 나
의 백성이 없으며 아들딸이 없음이니,
과연 내 마음은 어떠하겠으며 내 마음
은 얼마나 쓸쓸하겠는가?
9 과연 너희들이 이와 같은 것을 생각해
보았느냐?
10 너희들이 살면서 평소에 나를 잊어버
리며 나를 아버지라 생각하지 아니하
고 사느니라.
11 그러다 너희들이 고통스러울 때, 힘들
때, 그리고 무엇인가 원하고자 할 때,
그리고 너희들이 이루어야 될 때, 그
리고 인간의 힘으로써 절대 불가능한
그와 같은 위치에 매달렸을 때,
12 너희들은 구명줄에 매달려 그 줄을 잡
고 있는 사람의 심정보다도 더 강하고
무서운 마음으로써, 너희들이 나를 언
제 찾고 기도했느냐 하는 것은 잊어버
리며, 그와 같은 마음으로 나를 찾고
울고불고하느니라.
13 너희들이 절박할 때, 마음의 여유가
없을 때, 나를 찾고 나를 부르짖는 것
이 아니더냐?
14 그러니 너희들이 나를 찾을 때는 무엇
이더냐?
15 너희들은 온갖 요구 조건을 제시하며,
무엇을 이루어 달라, 무엇을 달라 나
에게 조건부로써 나를 찾음이니,
16 이것이 나의 백성들 너희들의 마음이
며, 오늘의 나의 처지라는 것을 알겠
느냐?
17 사랑하는 나의 아들딸들아, 너희들이
인간으로서 부모를 찾으며 서로의 기
쁨을 나누듯이, 너희들이 진정한 마음
으로 나를 찾으며 내 뜻대로 살아가는
그와 같은 삶을 살 수 없는가?
18 모든 믿음의 길을 오는 백성들이요,
나에게 온다는 그 백성들이 다 조건부
사랑이요, 조건부 믿음이니, 너희들의
마음의 상태가 그러니라.
19 그리하여 내가 뭐라 말하였느냐?
20 나에게 무엇을 달라, 이루어 달라 기
도하는 것은 나의 뜻을 거역하는 것이
요, 너희들이 나를 능멸하는 것이요,
너희들이 모두를 지배하려는 자라 하
는 뜻을 내가 일찍이 내가 나의 새로
운 성경에 기록하여 전했거늘, 너희들
은 그와 같은 것을 벗어나지 못함이니
라.
21 어찌하여 평소에는 너희들이 나를 잊
어버리며, 너희들이 절벽의 나뭇가지
에 매달려 절박할 때, 그를 놓으면 절
벽으로 떨어지는 그와 같은 긴박한 상
황에 있을 때만 나를 부르고 나를 찾
는가?
22 그와 같은 마음으로 평소에 나를 찾고
나를 부르는 자가 없음이니, 너희들이
다 거짓된 자요, 위장된 자요, 진실을
모르는 자요, 감사함을 모르는 자요,
나 여호와의 존재함을 믿지 않는 자들
이라 함이 여기 있음을 알라.
23 이제 나의 아들을 따르는 제자 너희들
은 내 뜻을 알았다면, 너희들이 어찌
행해야 되며 어찌 살아감이 나 여호와

에게 기쁨이요, 나의 아픔을 달래 주
는 길인가를 스스로 너희들이 찾아 행
하도록 그리 전하라.

11,742 번째 하나님 말씀

2004년 6월 23일 11시 05분

1 "너는 나 외에는 다른 신들을 네게 있
게 말지니라.
2 너를 위하여 새긴 우상을 만들지 말
고, 또 위로 하늘에 있는 것이나 아래
로 땅에 있는 것이나 땅 아래 물속에
있는 것의 아무 형상이든지 만들지 말
며, 그것들에게 절하지 말며 그것들을
섬기지 말라.
3 너는 너의 하나님 여호와의 이름을 망
령되이 일컫지 말라.
4 안식일을 기억하여 거룩히 지키라.
5 네 부모를 공경하라.
6 살인하지 말지니라.
7 간음하지 말지니라.
8 도적질하지 말지니라.
9 네 이웃에 대하여 거짓 증거하지 말지
니라.
10 네 이웃의 집을 탐내지 말지니라.
11 나 여호와가 존재함을 믿는 그 자체가
구원의 길에 들어서는 기본이요 근본
이며, 나의 법전을 가슴에 안고 정독
하는 자, 반석 위에 서서 하늘에 오르
는 찬란한 빛을 보게 되는 영광을 얻
게 됨이니라."
12 사랑하는 나의 아들아!
13 "네, 아버님! 말씀하옵소서."
14 지금의 모든 종교 집단의 지도자들이
강론하며 설교하며 가르치는 것이 나
여호와의 진리요, 내 뜻을 가르치는
데 모든 심혈을 기울이고 있다 생각하
느냐?
15 저희들은 그저 유머스러운 것, 웃기는
광대와 같은 짓을 하는 것이 오늘의
종교 집단의 지도자요, 배꼽 잡고 웃
게 하며 많이 웃기는 것이 유능한 종
교 지도자라 하니,
16 이에 그저 '아멘, 할렐루야!' 손뼉 치
느니라.
17 저희들에게 욕을 하는 것인지 저희들
을 지옥으로 끌고 가는 것인지 어디로
가는지 그 방향도 모르고 그저 저희들
이 배꼽 잡고 웃을 수 있으면 그저 그
것에 만족하느니라.
18 그러니 가르치는 자도 광대와 같은 짓
을 하며, 광대를 보고 웃음으로써 너
희들은 그 대가를 지불한 것으로써 만
족하다 생각하는 자들이 오늘의 종교
집단의 지도자들이니라.
19 너희들이 나의 새로운 성경이요, 나의
새로운 뜻을 세상에 전함이니, 이를
그 제자들에게 가르치고 전하는 데 과
연 너희들이 광대와 같은 짓을 하며,
웃고 즐기면서 나의 뜻을 가르치던가?
20 그들은 무엇인가 하나를 더 가르쳐 주
기 위하여 하나를 더 듣기 위하여 모
두의 심혈을 기울이고 있느니라.
21 종교 지도자가 가르치고 전하는 걸 봐
서 너희들이 종이에 메모하여 끝난 다
음에 그걸 한번 들여다보고 너희들이
훑어 보라.
22 과연 그와 같은 식으로 너희들이 공부
를 하는가?
23 수십 년 동안 교회에 다니면서 공부하

며 그 강론을 들은 백성이라면, 너희
들은 짐을 지고 일어설 수 없는 그와
같은 양의 설교집을 가지고 있었어야
될 것이니라.
24 그러니 듣고 웃고 즐기는 것으로써 모
두가 끝난 것이요, 10년, 20년, 30년,
평생을 다닌 자는 너희들이 강론이요,
설교를 들은 그 설교집을 만들어 냈더
라면 아마 몇십 권의 책을 만들어 냈
을 것이니라.
25 그러니 그와 같이 근거도 없으며 남는
것 없이 그저 웃고 즐기다 마는 것이
너희들의 교육이니라.
26 나의 아들을 따르는 제자 그들이 얼마
만큼 이 길을 가기 위하여 이것을 놓
치지 아니하려 노력하고 가는지 아는
가?
27 그들은 기록할 수 있는 것 기록하며,
기억할 수 있는 것을 기록하며, 이와
같은 삶을 살아가는 것이니라.
28 이제 광대놀음을 그만하라, 너희들은
정말 웃지 못할 형국을 더 이상 하지
말라.
29 너무나 슬프고 비참하여 웃지 못하는
나 여호와의 마음을 아느냐?
30 그러니 바른 진리요, 바른 참뜻을 가
르치는 그와 같은 교회요, 새로운 성
전이 생겨야 되는 것은 당연한 것이니
라.

11,743 번째 하나님 말씀

2004년 6월 23일 11시 08분

1 사랑하는 나의 아들아!
2 **"네, 아버님! 말씀하옵소서."**
3 종교 지도자들이 단상에 서서 무어라
하느냐?
4 울어라, 그저 울어 대라, 울도록 기도
하며 눈물이 나올 때까지 기도하라,
그리고 눈물의 기도를 하라 그리하느
니라.
5 너희들이 눈물의 기도를 하는 자, 축
복을 받기 시작하며 은혜를 받는 것이
며, 너희들이 원하는 것이 이루어지는
것이 너희들이 눈물을 흘리는 증표라
그리 말하는 것이 오늘의 종교 집단
지도자들이 아니더냐?
6 그저 매미가 날개를 치고 소리 지르듯
이, 그저 팔랑팔랑 흔들며 울라, 울고
또 울라, 그러면 눈물이 나오기 시작
하면 축복의 은혜가 있다 그리 가르치
는 것이 오늘의 단상에 서서 설교하고
강론하는 종교 지도자 너희들이 하고
있는 행위이니라.
7 그러면서 너희들은 뭐라 말하느냐?
8 눈물로써 기도하라, 나의 아들 예수도
기도하였음이니, 과연 너희들이 나의
아들 예수보다 얼마나 더 위대하고 너
희가 얼마나 더 똑똑하기에 너희들이
눈물로써 우는 기도를 하지 않느냐 너
희들이 그리 말하느니라.
9 그러면서 너희들은 뭐라 말하느냐?
10 나의 아들 예수도 십자가 앞에서 기도
를 했다 너희들은 그와 같은 말을 거
침없이 하느니라.
11 그러니 나의 아들 예수가 십자가에 기
도한 것이 어디 있으며 십자가 앞에
나의 아들이 기도한 것이 어디 있느냐?
12 너희들이 광분하여 떠들고 소리 지를
때, 그와 같은 망발을 해도 '옳소, 맞

습니다.' 그리하느니라.
13 십자가 앞에 기도하라, 십자가 앞에
눈물로써 기도하라.
14 예수도 십자가 앞에 눈물의 기도를 했
느니라 그리 말하는 자, 그래도 '옳
소!' 손뼉 치는 것이 너희들이니라.
15 나는 나의 아들에게 십자가 앞에 기도
하라 한 적이 없으며, 십자가를 세워
놓고 기도하고 경배하라는 것은 나 여
호와는 내린 적이 없음이니라.
16 그러니 너희들이 어떠한 짓을 하고 있
는지 아느냐?
17 나의 아들 예수도 십자가 앞에 기도했
으니, 너희들도 십자가 앞에 무릎 꿇
고 눈물을 흘리고 울고불고 기도하라,
그리하면 너희들이 눈물 흘릴 때 은혜
를 받는 것이라 그러니,
18 나의 아들 예수가 십자가의 우상 앞에
기도했으며 우상을 만들었고 경배했
단 말이더냐?
19 나 여호와가 그와 같이 하라 내린 것
이 없음이니, 어리석은 백성 너희들이
썩고 썩은 종교 집단의 지도자들이요,
그 말을 듣고 너희들이 구원을 받는다
고 울고불고하는 어리석은 자들이니,
그들의 입에서 나오는 말을 들어 보
라, 그들이 울부짖는 소리를 한번 들
어 보라.
20 광분하고 흥분하여 소리 지를 때 그들
의 말을 들어 보라, 무슨 말을 하고 있
는가.
21 이것이 바로 너희들이 잘못된 것이요,
기록해 놓은 것이 없으며 녹음해 놓은
것이 없으며 너희들이 그 자료를 남겨
놓은 것이 없기에,
22 그를 다시 뒤집어 보며 다시 공부하며
그 내용을 듣지 못하기에 너희들이 그
를 알지도 못하는 자들이요, 안다 하
여도 그를 찾아다니지 못하느라.
23 이미 세뇌가 되어 똑같은 부류로 너희
들이 타락되었기 때문임을 알라.

11,744 번째 하나님 말씀

2004년 6월 23일 11시 13분

1 사랑하는 나의 아들아!
2 "네, 아버님! 말씀하옵소서."
3 모든 종교 집단이요, 너희들은 입이
벌어졌다 하여 함부로 입을 놀리지 말
며 함부로 말을 하지 말라 하라.
4 내가 어디 십자가에 기도하라 하였으
며 나의 아들이 십자가에 기도했느냐?
5 나의 아들 예수가 십자가에 무릎 꿇고
기도했다 그리 말하는 지도자, 너희들
은 그 죄를 다 어찌 감당하려 하는가?
6 나의 아들 예수는 오로지 나에게만 기
도를 했느니라.
7 너희들을 재앙으로부터 구원하기 위
하여 너희들을 버리지 아니하기 위하
여 그 애절한 기도를 한 것이 나의 아
들 예수의 기도이거늘,
8 어찌하여 나의 아들 예수가 십자가를
깎아 놓고 그 앞에서 기도를 했다 너
희들이 그리 말하는가?
9 '주여, 주여!' 너희들이 구세주라 예수
를 부르고 찾으며, 예수가 십자가에
기도하고 매달렸다 그와 같은 말을 함
이니,
10 내가 다시 한 번 너희들에게 명하노
니, 나의 아들 예수는 나 이외에 기도

한 적이 없으며 나의 성령 외에 들은
적이 없거늘, 어찌하여 나의 아들 예
수가 십자가 앞에 기도했다는 그와 같
은 망발을 하는가?
11 너희들이 흥분하고 광분했다 하여 단
상에 서 있는 종교 지도자가 그와 같
은 말을 함부로 해서는 아니 되는 것
이니라.
12 너희들이 그와 같은 자이기에 내 뜻을
아는 자가 없으며 너희들 마음대로 교
리를 만들며 흥분하고 광분하면 못 할
짓이 없으며 하지 못하는 말이 없느니
라.
13 그러니 종교 지도자요, 그와 같은 자
들이 살인을 교사하며 보통 사람도 할
수 없는 험악한 짓을 주저 없이 하는
것이 아니더냐?
14 그러니 그게 어디 사랑이요, 나 여호
와의 뜻에 의해 역사하는 것이요, 어
렵고 힘든 것을 참고 인내하는 자들이
냐?
15 제 악습이요, 제 욕심의 뿌리를 뽑기
위하여 노력하고 인내한다면, 어찌하
여 너희들이 살인을 교사하며,
16 종파가 다르다 하여 같은 믿음의 길을
가는 자와 또 갈라졌다 하여 너희들이
가서 행패를 부리며,
17 그들이 예배하고 공부하는 곳에 너희
들이 새로운 신도들을 데리고 깡패요,
조직의 건달들이 하는 것처럼 그 험악
한 행위를 서슴없이 할 수 있단 말이
더냐?
18 그러고도 너희들이 종교 지도자요, 만
백성을 구하는 자라 말하느냐?
19 단상에 서서 말하는 것과 너희들이 그
와 같은 사악한 행위를 하는 짓을 보
는 나의 피조물 만백성이 너희들의 그
가증스러움에 치를 떨고 있느니라.
20 그러니 너희들이 얼마나 추하고 더러
운 짓을 마구잡이로 하는가?
21 시장에서 그저 배고파 얻어먹는 걸인
만도 못한 행위를 하는 자들이니라.
22 이것이 바로 그 추하고 더러운 종교
집단 지도자 너희들이 하는 말이니,
제 입에서 나오는 말이 무슨 말인지도
모르며, 무슨 말을 듣는지 무슨 악을
쓰는 것을 듣는지도 모르고 그저 웃고
손뼉 치고 '아멘, 할렐루야!' 하며 축
복받고 은혜 받았다 하는 어리석은 백
성들이 웃고 즐기는 그 사이에 너희들
의 영혼은 지금 서서히 시들어 감이니
라.
23 광야에서 가뭄에 의하여 물을 마시지
못하는 동식물처럼 하나하나 말라 들
어가고 있다는 것을 너희들은 어찌 모
른단 말이더냐, 가련하고 불쌍한 백성
들아!
24 너희들의 모습을 보도록 하라, 그리고
너희들 모습을 잡도록 그리하지 아니
하면 아니 될 것이니라.

11,745 번째 하나님 말씀

2004년 6월 23일 11시 16분

1 사랑하는 나의 아들아!
2 "네, 아버님! 말씀하옵소서."
3 믿음의 길을 가는 길이요, 나의 백성
들이요, 하늘에 오르는 길을 인도한다
는 그 백성들이 하는 행위는 정녕 나
여호와가 원치 아니하는 것, 내가 바

라지 아니하는 것, 그러한 일들만 골
라서 하고 있다면 너희들은 믿겠느냐?
4 그들이 하는 행위를 들여다보라.
5 그들이 얼마나 사악한 행위를 하며 얼
마나 잘못된 행위를 하는가?
6 나누며 베풀며 살라 했으며, 조건 없
이 베풀라 하였으며, 오른손이 하는
일을 왼손이 모르도록 모두를 나누고
살라 하였음이니라.
7 그리고 가지고 있는 자는 내가 너희들
에게 보관한 것이니, 임자가 와 달라
할 때, 줄 수 있는 그와 같은 마음을
가지고 살라 하였음이니, 과연 그들이
그리 살아가는가?
8 말로써는 저희들이 그리하면서 그리
살지 않는 자들이니라.
9 더욱이 이와 같은 형국이요, 이와 같
은 세상의 조류가 흘러서 이같이 되는
것은 무엇이더냐?
10 바로 나를 믿고 경배한다는 백성 너희
들이 나의 본체요, 내가 원하는 사랑
이 없기 때문이니라.
11 사랑이 전혀 없으며 메마른 자들이니
라.
12 그리하여 메말랐기에 험악한 이 세상
이 되었으며 오늘과 같이 험악한 세상
이 되었느니라.
13 너희들이 존재하는 이상, 앞으로도 이
세상은 더 어렵고 고통스러운 그와 같
은 삶이 될 것이며, 험악함은 더 험악
해질 것이니 그리 알라.
14 내가 내린 새로운 성경을 받아들이지
아니하며, 너희들이 서로 전쟁과 같은
형국으로써 이끌어 가며 이를 사탄이
요, 이단이라 말한다면,
15 이 세상은 갈수록 더 어렵고 고통스러
울 것이며 힘들 것이며 험악한 그와
같은 형국으로 될 것이니 그리 알라.
16 너희들이 그리하지 않으며 그와 같은
고통을 겪지 아니하려거든, 너희들이
나의 새로운 성경을 읽고 깨우쳐야 될
것이니라.
17 이 세상은 험악해짐이니라.
18 인간의 생명을 어떤 이해관계에 의하
여 사람의 소중함을 잊어버렸으며 생
명으로서 귀함을 모르는 자들이 되어
버렸으니,
19 먹기 위하여 그저 죽이는 그 짐승만도
못하게 인간의 생명을 그리 취급하는
험악하고 모진 사람들이 이 세상에 나
오게 될 것이니라.
20 지금도 그와 같은 자들이 수없이 있느
니라.
21 저희들의 이해관계에 의해 사람의 생
명의 존귀성을 말살시키는 사악한 자
들이 세상에 있음이니,
22 이보다 더 험악하고 더 험악한 자들이
세상에 나오니, 나의 피조물 만백성
너희들의 고통이요, 어려움은 더할 것
이니라.
23 그러니 너희들이 이곳에서 헤어나며
이와 같은 시련과 고통을 겪지 아니하
려거든,
24 나의 아들을 통하여 내리는 새로운 성
경을 보고 깨우쳐 너희들이 거듭나는
그와 같은 삶의 길을 가지 아니하면
절대 아니 될 것이니, 이를 전하도록
그리하라.

11,746 번째 하나님 말씀

2004년 6월 23일 11시 21분

1 사랑하는 나의 아들아!
2 "네, 아버님! 말씀하옵소서."
3 이 세상에 나의 피조물 만백성 너희들
이, 가지고 있는 자요, 권력이 있는 자
요, 힘 있는 자들이 낮은 자의 고통을
바라보며 그들의 고통을 위하여 살아
가는 그와 같은 세상이 되지 아니하고
는 절대 아니 됨이니라.
4 나 여호와는 너희들이 낮은 자의 고통
을 권력 있는 자요, 힘 있는 자들이 그
를 들여다보며 그들을 도울 수 있는
그와 같은 마음으로 변하는 백성이 이
세상에 존재하는 그와 같은 세상을 만
들고자 함이니라.
5 그러니 가진 자가 낮은 자를 들여다보
지 아니하며 그를 보호하지 아니하는
그와 같은 세상이 더 이상 지속될 수
없음이니라.
6 그러니 내가 이 세상에 아름다움을 찾
고자, 내가 사랑을 베푸는 세상을 만
들고자 하는 것은, 능력 있는 자, 가진
자가 베푸는 세상이 역사할 때, 이 지
상은 계속될 것이며, 너희들의 삶의
존재는 계속될 것이니라.
7 나 여호와가 원하는 것이 그것이거늘,
너희들은 내 뜻을 거역하며 그와 같은
것을 행하여 오지 아니할 때, 그 대가
는 너희 스스로 감당키 어려운 것이
될 것이니라.
8 그러니 너희들이 일찍이 그와 같은 마
음으로 살아가는 백성들로서 세상을
덮는 새로운 세상을 만드느냐,
9 그렇지 않으면 너희들이 이 모두를 거
부하며 이를 받아들이지 아니하며, 있
는 자는 있는 대로 향락을 즐기며 살
아가는 이와 같은 세상이 되어
10 낮은 자요, 가난한 자를 돌보지 않는
이와 같은 세상으로는 너희들이 결코
지속될 수 없으며, 그와 같은 백성들
은 이 세상에 존재할 수 없는 세상이
된다는 것을 알라 미리 경고함이니라.

11,747 번째 하나님 말씀

2004년 6월 23일 11시 25분

1 사랑하는 나의 아들아!
2 "네, 아버님! 말씀하옵소서."
3 과연 네가 보는 이 세상의 모든 종교
집단이요, 그들은 어떠하던가?
4 "네, 아버님! 저는 알 수는 없사옵나
이다.
5 그러나 지금의 종교 집단이요, 아버님
의 뜻에 따라 아버님의 은혜를 받고
살았다는 백성들, 그리고 만백성을 하
늘에 오르도록 인도한다는 종교 집단
의 시도자들이 아버님을 모독하며, 아
버님 이름에 욕되게 하며, 아버님의
가슴에 한이 맺히는 그와 같은 행위
만 하는 것이 아니오라,
6 그들이 그와 같은 행위를 하는 것도
부족하여 사탄들과 합세하여 아버님
의 아들딸들이 아버님의 뜻을 공격하
며 아버님의 뜻을 거역하고 있는 그와
같은 행위만 하는 것이 오늘의 그 백
성들이 살아가는 모습이라 그리 보이
옵나이다."
7 너는 그것 한 가지밖에 보지 못하느

냐, 그리하여 내 가슴이 아파 내가 마
음이 미어진다 그리하는가?
8 "아버님께서 만백성들을 보시기에 가
슴 아파하시는 것은, 그들이 아버님의
뜻을 거역하며 아버님을 모독하는 그
와 같은 것도 아니요, 사탄과 합세하
여 저희들이 힘이 하나가 되어 아버님
의 뜻을 거역하며 아버님을 욕되게 하
는 것 때문에 가슴 아픈 것이 아니오
라,
9 아버님의 사랑하는 아들딸들이 그들
과 합세하여 영혼이 죽어 가며, 다른
영혼까지도 죽이고 무너트리며, 그리
하여 저희들이 영원히 사는 거듭나는
그 영광된 은혜를 얻지 못하고 지옥
불로 떨어지는 그 백성들이 불쌍하고
가련하여, 그 영혼들을 바라보는 아버
님 마음이 아프며 저려 온다 저는 그
리 생각하며 그리 보고 있사옵나이다.
10 아버님의 고통은 거기에 있는 것이라
저는 그리 생각하옵나이다."
11 사랑하는 나의 아들아!
12 그들이 살아가는 모습이 그러하니라.
13 정녕 나를 모독하고 욕하는 것으로써
내가 너희들을 재앙에 던지고 싶지 아
니하며, 사탄과 합세하여 너희들이 그
와 같은 행위를 한다 하여 내가 너희
들을 정녕 그와 같이 버리고 싶지는
아니하니라.
14 다만, 내가 너희들을 버리지 아니하
며, 너희들이 나에게 와 심판을 받을
때 받을 상이 없는 것은, 모든 백성들
의 영혼을 죽이며 저 자신까지도 죽어
가는 그와 같은 사악한 행위를 하는
것이요,
15 그들이 지금까지 믿음이요, 하늘에 오
르는 길이라는 것은 그것밖에 한 일이
없으며 아무것도 다른 것을 한 일이
없느니라.
16 참진리가 세상에 내려올 때 그를 막으
며 전하지도 못하도록 하며 이루어지
지 못하도록 하는 것이 그들이 오늘까
지 한 일이니,
17 그들을 더 이상 볼 수 없으며 그들을
그대로 놔뒀다가는 이 세상의 나의 피
조물 만백성이 그 누구도 존재할 수
없으며,
18 구원받을 자요, 내가 새로운 역사가
이룰 수 있는 지상이 될 수 없기에, 모
두를 이제 다스려 가기 시작함이니,
바로 이것이 심판이 시작됨이니라.

11,748 번째 하나님 말씀

2004년 6월 23일 13시 13분

1 사랑하는 나의 아들아!
2 "네, 아버님! 말씀하옵소서."
3 사랑하는 나의 백성 너희들, 그리고
나의 아들을 따르는 제자 너희가, 지
금 이 세상에서 그 모두를 누가 지배
하고 누가 역사하고 있더냐?
4 사악한 자들이요, 사탄들이 이 세상을
지배하고자 저희들이 온갖 것을 다 쏟
고 있음이니라.
5 그러니 이 세상을 지금 사탄들이 장악
하여 지배하고 있는 이 지상에서 나약
한 나의 아들을 따르는 제자 너희들이
그들과 싸워 승리해야 된다 하는 것,
그것이 과연 얼마나 어렵고 힘든 길이
던가?

6 그러니 너희들이 어렵고 힘든 싸움일
수록 비싼 대가를 치러야 되며, 거기
에 너희들의 희생은 이루 말할 수 없
을 것이니라.
7 그러니 나의 아들과 더불어 너희들이
이 사악한 세상에서 모두가 하나가 되
어 너희들을 공격하는 그와 같은 자들
과 싸워 이겨야 되는 것이며 반드시
승리를 해야 될 것이니,
8 그 값을 치르는 것을 보는 나 여호와
가 내 마음이 아픔을 너희들은 알겠느
냐?
9 나약한 너희들을 지켜봐야 될 것이며,
너희들이 싸우는 그 모습을 순간순간
마음을 졸이면서 봐야 되는 나 여호와
의 마음을 너희들은 알겠느냐?
10 내 마음이 저려 옴이니, 이루 말할 수
없음이니라.
11 새로운 성경이 세상에 나와 만백성을
이끌어 주며 그들을 깨우치려 하니,
12 사탄들이 그를 더 막으려 하며 더 이
상 존재하지 못하도록 하며, 너희들이
역사하는 것을 보지 아니하려는 것이
그들이니라.
13 너희들이 세상을 덮어 장악할 때, 그
들은 결코 존재할 수 없으며 저희들이
이룰 것이 없기 때문이니라.
14 그리하여 저희들이 나의 새로운 성경
이 세상에 나가 뿌리를 내리는 것을
내리지 못하도록 온갖 기승을 다 부리
고 있음이니라.
15 더욱이 그뿐인 줄 알겠느냐?
16 사랑하는 나의 아들을 따르는 제자 그
들 사이에도 이간질하며 그들을 갈라
놓는 그와 같은 사악한 방법을 가리지
아니하며,
17 수단과 방법을 가리지 아니하고 총동
원하여 너희들과 너희들 사이에 반목
을 하며 너희들까지 흩트려 놓으며,
18 너희들이 사랑하는 마음과 믿음의 마
음을 길러 놓고 육성한 그 모두를 사
탄의 마음이요, 원수 같은 마음으로써
너희들을 돌려놓아, 서로가 너희들이
등을 돌리게 하여 나의 아들을 핍박하
며,
19 나의 새로운 성경을 들고 그들로 하여
금 잘못된 것이라 그리 공격하고자 하
는 것이 그들의 지혜임을 알라.
20 내가 일찍이 너에게 뭐라 전하였느냐?
21 지금의 믿음의 길을 가는 백성들이 그
늪에서 나와 새로운 성경을 읽고 깨우
쳐 그들이 다시 들어가 그를 무너트리
며 그들을 그곳에서 구원하는 역사를
이룬다 하지 아니하였더냐?
22 그것을 너희들이 역으로 생각하고 반
대로 생각하면 되느니라.
23 사탄들이 지금 무엇을 원하는지 알겠
느냐?
24 나의 아들을 따르는 너의 제자들과 더
불어 형제요, 같이 살아가며 사랑과
믿음으로 가는 그 백성들을 갈라놓으
며 그들을 이간질하여 그들을 사탄으
로 만들어,
25 그들로 하여금 너희들을 공격하게 하
고자 하며, 너희들을 무너트리고자 하
며, 너희들의 모든 것을 들추어내 세
상에 드러나도록 하는 것은 당연한 것
인데 어찌 너희들이 그를 모른단 말이
더냐?
26 그러니 너희들이 그와 같은 일을 역사

하는 것만 생각하지 말며, 너희들이 역으로 당하며, 사탄들이 지금 너희들을 그리 만들어, 너희들을 비참하게 이 세상에서 존재하지 못하도록 온갖 수단과 방법을 다함이니,
27 그것이 바로 너를 따르는 제자들을 이간질하며 갈라놓으며 서로가 다투는 그와 같은 형국으로 만들어 이를 쓰러트리고자 하는 것이니라.
28 그러니 그것을 보는 나 여호와의 마음이 얼마나 아프겠는가?
29 이제 내가 너희들에게 말함이니, 나의 새로운 성전에 온 백성 너희들은 나의 새로운 성경을 읽고 또 읽으라 함이 거기에 있느니라.
30 그러니 너희들이 떠나는 자, 또 남아 있는 자, 서로 미워하고 시기하는 그와 같은 싸움의 상처가 견디기 어려울 것이며, 너희들이 또한 무너지기 쉬운 것이니라.
31 그와 같은 것을 바라봐야 하는 나 여호와의 아픈 마음을 너희들이 안다면,
32 정녕 너희들이 새로운 성경을 읽고 깨우쳐 너희들의 마음을 굳건히 하여, 그와 같은 백성이 나의 아들과 더불어 가야 되는 것을 잊어서는 아니 되며,
33 그리하여 내가 너희들에게 지금 강도 높은 훈련을 시킴을 알라 그리 전하라.

11,749 번째 하나님 말씀

2004년 6월 23일 11시 17분

1 사랑하는 나의 아들아!
2 "네, 아버님! 말씀하옵소서."
3 나로부터 선택된 나의 아들을 따르는 제자 너희들은 스스로 아름답고 곱게 사는 그것으로써 모두를 다 역사하는 것이 아니니라.
4 새로운 성경을 만들어 만백성을 구원하는 길을 가면서 너희들이 나의 진리요, 나의 사랑 안에서 어긋나지 않는 그 삶을 살며,
5 또한 그를 무너트리려는 마귀와 사탄들과 싸워 너희들이 승리를 거두지 아니하면 아니 되느니라.
6 그러니 더 무겁고 무거운 짐을 지고 있는 것이 오늘 나의 아들을 따르는 제자들이요, 선택된 너희들이라는 것을 알아야 될 것이니라.
7 사랑하는 나의 아들딸들아!
8 내가 나의 아들을 통하여 내리는 새로운 성경으로써 너희들이 하나가 되어, 내가 거둘 수 있는 그 열매를 맺지 아니하면 절대 아니 됨이니라.
9 지금의 모든 사탄이요, 마귀들이 저희들이 서로 힘을 합하여 온갖 방법과 계략이요, 간교한 방법으로써 나의 피조물 만백성이 등 돌리며 떠나도록 하며,
10 형제지간에 목숨 바쳐 싸움하는 그와 같은 형국을 만들며, 그와 같은 것을 이루고자 하여 그들이 지금 발버둥치고 있음을 알며,
11 그리하여 나의 아들을 따르는 제자들을 유혹하는 그와 같은 일을 하고 있음이라 내가 전하지 않더냐?
12 그러니 너희들이 나의 새로운 성경을 읽고 정독하며 나의 아들을 통하여 내리는 그 강론을 듣고 너희들이 바로 서지 아니하면 절대 설 수 없음이니라.

13 너희들은 나 여호와를 믿으라, 그리고
내가 나의 아들을 통하여 내리는 새로
운 성경을 믿으라.
14 그리고 나의 아들을 통하여 내리는 강
론을 들었거든 그걸 잊지 말라.
15 그를 항상 기억하여 너희들이 마음을
다스리지 아니하면 아니 됨이니라.
16 사랑하는 나의 아들딸들아!
17 너희들을 무너트리고자, 너희들을 이
간질하고자 너희들을 간교한 방법으
로 계략에 빠트려 서로가 원수지간이
되도록 하고 있음이니, 거기에 너희들
이 말려들어서는 아니 됨이니라.
18 그리되면 너희들이 실망하게 되며, 너
희들이 사탄을 따르게 되며, 나의 아
들에게 침을 뱉으며 나의 새로운 성
경, 그 귀하고 소중한 것을 집어던지
고 등을 돌릴 수 있는 것이니라.
19 그러니 나의 새로운 성경을 너희들이
증거하며, 이것이 바로 영혼을 구하는
길이요, 너희들이 구원을 받는다는
것, 나 여호와가 마지막 시대에 너희
들에게 내리는 가장 큰 은혜라는 것,
그것을 너희들이 받은 자라는 것을 잊
지 말라.
20 그리하여 내가 하늘에서 이루어진 것
같이 이 땅에서 이루어지는 그 역사를
이루는 곳에 너희들이 참여하는 백성
으로서, 그 역사를 이루는 백성으로서
바로 서라.
21 내가 너희들에게 명하지 않느냐?
22 하늘과 땅 사이에 그 모든 고통을 이
루는 것은 오로지 지금 나의 아들과
나와 그리고 너희들뿐이라 하였음이
니라.
23 내가 나의 아들을 통하여 내리며 그것
을 받아 기록하는 너희들이 하나의 끈
으로 이루어진 자이니, 내 사랑 속에
있는 자들이니라.
24 그러니 너희들이 인자의 길을 갈 수
있으며 인자의 길을 역사하는 자들이
라 하지 않더냐?
25 내가 너희들을 사랑함이니라.
26 나의 아들 예수도 너희들이 가는 것을
불안해하며 초조한 마음으로 기다리
고 있으며 너희들이 바로 가기를 바라
느니라.
27 나 여호와의 마음이 그러하니라.
28 그러니 너희들이 실패하는 백성이 되
어서는 아니 되느니라.
29 나와 나의 아들과 그리고 나의 아들을
따르는 제자들이 하나의 끈으로써 연
결되어, 하늘과 땅 모두를 연결하는
그 고리로써 너희들만이 만백성을 구
하고 구원할 수 있다는 것을 잊지 말
도록 그리하라.

11,750 번째 하나님 말씀

2004년 6월 23일 13시 22분

1 사랑하는 나의 아들아!
2 "네, 아버님! 말씀하옵소서."
3 아들을 바쳤으며, 모세를 바쳤으며,
그리하여 나의 피조물 만백성 너희들
이 죄에서 벗어나 천사와 같은 삶을
살도록 하였음이니라.
4 그러나 모세가 갔던 그 시대요, 나의
아들 예수의 신약의 그 시대요, 몇천
년 동안 세월이 흐르면서 이 세상은
더 이상 내가 바라볼 수 없을 정도로

너희들의 죄가 그 한계를 넘었음이니
라.
5 그러니 내가 너희들을 더 이상 볼 수
없으며 더 이상 내가 인내할 수 없기
에,
6 나의 사랑하는 아들을 통하여 내가 내
성령을 모두를 다 세상에 내려보내 너
희들을 구원하고자 지금 이 시간에도
새로운 성경이요, 내 메시지를 내려보
내지 않더냐?
7 나의 사랑하는 아들딸 너희들을 구원
하기 위하여 내가 메시지를 내리는 것
이요, 나의 아들 하나를 구원하기 위
하여, 그를 따르는 제자 너희들 몇 명
을 구원하기 위하여 그와 같은 역사를
이룬다 생각하느냐?
8 사랑하는 아들딸들아! 이 세상을 더
이상 볼 수 없으며 기다릴 수가 없음
이니라.
9 믿음의 길을 가는 그 대집단이요, 그
리고 정녕 하늘에 오르는 길이요, 나
여호와의 뜻에 의해 역사해야 할 그
백성들이 가장 잘못 가며 잘못 이끌어
가고 있음이니, 이를 바로잡을 집단이
없으며 이를 바로잡을 선생이 없음이
니라.
10 그리하여 나의 아들을 통하여 새로운
성경으로써 너희들이 세상을 다 덮으
며 너희들로 하여금 이와 같은 역사를
이룸이니라.
11 이 세상이 도가 지나치며 행동이 지나
치며, 너희들이 눈 뜨고는 볼 수 없는
사악한 세상이라는 것을 너희들이 잘
알지 않느냐?
12 그러니 그것을 바로잡는 것이 당연하
며, 그를 바로 역사하는 것은 당연한
것이 아니더냐?
13 그러니 나의 불길이 세상을 태울 때까
지 그 불을 지피는 것, 이것은 오로지
너희들이 해야 할 일이며 너희들이 역
사해야 하는 것이라는 것을 알라.
14 아직 그 불길이 타지 아니하고 불꽃이
약하니, 그 불씨가 약함을 아느니라.
15 그리하여 그것을 물을 부어 끄려 하며
바람으로 끄려는 사탄이요, 그들에게
서 그 불씨가 활활 타올라 끄지 못할
때까지 지키고 역사하는 것이 나의 아
들을 따르는 제자들이요, 지금 같이
있는 자들이니라.
16 너희들이 아니면 그를 지킬 수 없으
며, 너희들이 아니면 그를 막을 수 없
음이니라.
17 권력 있는 자, 재물 있는 자, 제 명예
요, 제 계산 때문에 나의 불씨를 끄려
물을 부을 때, 그들은 등을 돌리고 갈
것이니라.
18 그러니 몸으로 막을 것이며, 머리로
막을 것이며, 힘을 합쳐 그를 막을 수
있는 것이 너희들이니라.
19 내가 너희들이 나약한 자요, 훈련되지
아니한 백성이라 하나, 나의 아들을
따르는 너희들이야말로 그 불씨를 살
릴 자들이요,
20 바람이 불면 너희들의 몸으로 막을 것
이며, 물을 뿌리면 너희들의 몸을 구
부려 그 불씨를 막을 수 있는 것이 너
희들이기 때문에,
21 너희들이 나로부터 선택된 자요, 대명
을 역사하는 것이니, 내가 너희들을
사랑함이니라.

22 너희들 모두가 희생물이 되어 제물이
된다 해도 너희들은 두려워하지 말며
겁먹지 말라.
23 너희들이 제물이 되어 모두가 제단 앞
에 나가 죽는다 해도, 너희들이 받을
상이요, 영광된 상은 너희들이 상상할
수 없음이니,
24 너희들은 죽는 것이 아니요, 없어지는
것이 아니며 거듭남의 영광을 얻음이
니,
25 너희들이 제물이 되는 데 감사하는 마
음으로써 당당히 나아가라.
26 네 목숨을 두려워하지 말며, 너희들이
제물이 되어 죽어 가는 것, 그것을 두
려워하지 말며 겁먹지 말라.
27 그것이 너희들이 거듭나는 영광의 은
혜를 얻게 되는 것이요, 너희들이 하
늘에 와 그 기쁨을 누릴 것이며,
28 너희들이 네 품에 와 나 여호와의 사
랑이 무엇이며, 내 품에 살아가는 것
이 무엇인가 그것을 알게 될 것이니라.
29 항상 내가 너희들과 같이하고 있음이
니, 사탄의 유혹이요, 사탄의 간교한
계략에 넘어지지 말며 흔들리지 말라.
30 떠나는 자, 무너지는 자, 그 모두가 사
탄의 마음에 무너짐이니라.
31 오늘의 고통을 영광으로 생각하라.
32 그리고 오늘의 고통을 기쁨으로 생각
하고 살아가는 굳은 마음을 갖지 아니
하면, 결코 너희들은 나의 뜻을 따라
나에게 올 수 있는 백성이 없으며, 거
듭나며 영혼의 삶을 얻을 수 없음이니
라.
33 나의 새로운 성경을 신뢰하라, 그리고
나의 새로운 성경을 믿으라.
34 그것만이 너희들이 무너지지 않는 길
일 것이니라, 사랑하는 나의 아들딸들
아!

11,751 번째 하나님 말씀

2004년 6월 23일 13시 27분

1 사랑하는 나의 아들아!
2 **"네, 아버님! 말씀하옵소서."**
3 나의 아들딸 너희들이 어떠한 삶을 살
아가는 것이 진정한 삶이라 생각하느
냐?
4 내가 나의 아들을 따르는 제자들이요,
나의 성경을 읽고 깨우친 백성, 너희
들에게 내가 진심으로 묻느니라.
5 너희들이 변하는 삶이요, 너희들이 오
늘의 생각하고 사는 것, 그와 같은 마
음으로 생각을 하고 산다면, 이 세상
은 얼마나 아름답겠느냐?
6 너희들이 생각하는 것, 너희들이 행하
는 것, 이 세상의 나의 아들딸들이 그
를 따르지 못하며 그와 같이 생각을
하지 못함이니라.
7 그리하여 이 세상이 험악하게 되었으
며 너희들 같은 마음을 가지고 사는
세상이 있으면, 이게 곧 하늘에서 이
루어진 것같이 지상의 역사가 이루어
질 것이며 얼마나 나 여호와가 기쁘고
즐겁겠느냐?
8 그러니 너희들에게 기대를 걸며, 너희
들만큼 생각하지 못하며, 너희들만큼
깨닫지 못하면서 말로 입으로써 모두
를 다 이루는 자들 속에서,
9 너희들같이 생각하는 자, 너희들같이
변하는 백성이 나의 성전을 떠나며 나

의 아들에게서 등 돌려 떠나며 나의
새로운 성경을 놓고 떠나는 그 모습을
볼 때, 내 마음이 얼마나 아프겠느냐?
10 너희들은 그러한 일이 있어서는 아니
될 것이니라.
11 사랑하는 나의 아들딸들아!
12 너희들만큼 생각하는 백성이 세상을
다 지배하고 산다면, 나는 너희들에게
이렇게 애절한 마음으로, 내가 간곡히
간곡히 나의 아들을 떠나지 말며 나의
성전이요, 나의 새로운 성경을 손에
놓지 말라 그 말을 하겠느냐?
13 나를 믿으라는 말을 내가 하겠느냐?
14 자신이 자신을 믿으라 하는 그 말을
할 때, 얼마나 그 가슴이 아프며 얼마
나 슬프겠느냐?
15 너희들이 알아서 믿고 따라오는 그와
같은 삶이라면, 나 여호와의 기쁨이
어떠하겠느냐?
16 나는 너희들에게 말하느니라.
17 모든 백성들이 너희들만큼 생각하고
사는 백성이 없어 내가 괴롭고 슬프니
라.
18 지금의 모든 나의 아들딸들이 썩어질
대로 썩어졌음이니라.
19 너희들이 육신의 오류에 물들어져 있
으며, 육신의 부귀영화요, 계산과 타
협으로써 모든 걸 다 저버리느니라.
20 너희들이 끼고 다니는 그 성경책도 육
의 세속의 삶의 타협에 의하여 모두를
집어던질 수 있으며 너희들이 버릴 수
있는 자들이니라.
21 그러니 모든 백성들이 형식적으로 지
금 믿고 있으며, 나를 찾고 있으니,
22 진심으로 나 여호와를 찾으며 내 뜻에
의하여 살아가는 백성이 이 세상에 찾
아보려야 찾아볼 수 없을 정도이니,
내 마음이 얼마나 슬프고 괴롭단 말이
더냐?
23 그러니 너희들이 모여 공부하는 나의
성전이요, 나의 아들을 따르는 제자,
너희들은 그저 이름만 들어도 얼마나
아름답게 살며 곧게 살려 하는 것인
줄 알겠느냐?
24 이제 나 여호와를 더 이상 울리지 말
며, 나를 너희들이 더 이상 괴롭히지
말라.
25 너희들로 하여금 이 세상이 아름다운
세상이요, 하늘에서 이루어진 것같이
천국을 이룰 수 있도록 너희들은 사탄
에게 넘어가지 말며, 그 유혹에 넘어
가지 말며, 그 계략과 그 계책에 떨어
지는 그와 같은 어리석은 삶을 살지
말라.
26 그리하여 사랑하는 나의 아들딸을 공
격하는 사탄이 되어 돌아와서는 아니
될 것이니 그를 전하라.

11,752 번째 하나님 말씀

2004년 6월 23일 13시 31분

1 사랑하는 나의 아들아!
2 "네, 아버님! 말씀하옵소서."
3 마귀들이 사탄들이 너희들을 쓰러트
리기 위하여 얼마나 지금 그들이 악을
쓰고 있는지 알겠느냐?
4 온갖 방법과 수단을 다하여 너희들을
무너트리려 함이니라.
5 나로부터 선택된 나의 아들딸 너희들
이 좀 더 경지가 오르며 좀 더 너희들

이 깨달음이 올라 하늘의 지혜를 얻을
때, 그들은 아무리 무너트리려 해도
무너트릴 수가 없음이니라.
6 나의 메시지를 들을 수 있는 그 경지
에 오를 때, 조금만 너희들이 더 깨우
치고 마음을 비웠을 때, 그들은 너희
들을 쓰러트릴 수가 없음이니라.
7 그리하여 나의 메시지요, 내 뜻을 세
상에 전하지 못하도록 갖은 방법을 다
동원하여 너희들을 지금 괴롭히며 너
희들을 무너트리고자 하는 것이 그들
이니라.
8 사랑하는 나의 아들을 따르는 제자 너
희들은 들어야 될 것이니라.
9 내가 너희들에게 하늘의 뜻을 뭐라 가
르쳤느냐?
10 같은 성경을 가지고 너희들이 가르친
다 해도, 사탄이 가르칠 때는 사탄의
가르침이요, 천사가 가르칠 때는 나의
뜻이라 하지 아니하였더냐?
11 이 세상의 모든 사물이요, 그 모두가
다 그와 같이 이중성이 있느니라.
12 아름답게 피는 꽃도 그러니라.
13 악의 꽃이나 천사의 꽃이나 너희들이
겉으로 보기에는 그 아름다움이 똑같
으며, 그 교활함이요, 그 화려함을 너
희들은 알지 못함이니라.
14 그러나 악의 꽃의 그 교활함은 너희들
의 영혼을 흔들어 놓으며, 너희들을
이간질시키며,
15 너희들이 나의 새로운 성경을 놓도록
하는 그 악의 꽃의 숨어 있는 미소를
너희들이 알지 못하기에, 너희들이 선
한 꽃과 아름다운 꽃을 구분하지 못함
이니라.
16 아름다운 꽃은 너희들을 유혹하지 아
니하며 묵묵히 기다리느니라.
17 너희들이 마음을 비워 성령의 아름다
운 꽃을 볼 수 있도록 기다림이니,
18 너희들의 마음까지 뺏기며 영혼까지
모두 다 팔아 버리는 것이 바로 잘못
된 꽃이요, 악의 꽃에 너희들이 사로
잡혀 모두를 버리게 되느니라.
19 사랑하는 나의 아들딸들아! 너희들이
이를 구분하지 못하면 아니 됨이니라.
20 지금은 너희들이 이를 구분하지 못하
기에 너희들이 좀 더 앞으로 전진하고
좀 더 견디고 인내하면 그것을 구분할
수 있을 것이니라.
21 모든 백성들이 그를 구분하지 못하여
지금 사탄들이 이끌어 가는 그 속에
울고불고 재물을 바치며 구원을 받았
다 자만하는 그와 같은 행위를 하고
있음이니라.
22 그들이 얼마나 교만과 탐욕스러운 속
에서 살고 있느냐?
23 그러니 교만하고 탐욕스러운 삶을 사
는 것만큼 저희들의 영혼도 그와 같이
썩어져 있으니,
24 사랑하는 나의 아들딸 너희들이 지금
존재함으로 인하여 사탄들이 이를 무
너트릴 수가 없으며, 저희들이 죽어
간다는 걸 알며 저희들이 유황불에 던
져지는 것을 아느니라.
25 그리하여 너희들의 영혼까지도 무너
트리려 하며 너희들의 모두를 다 뭉개
버리려 그들이 모든 힘을 다 동원하여
너희들을 공격함이니,
26 그 교묘하고 간교한 방법에 너희들이
마음을 빼겨서는 아니 되며 너희들의

영혼을 버려서는 절대 아니 됨이니라.
27 나 여호와가 너희들을 도와줄 것이니
라.
28 그리고 내가 너희들을 지켜 줄 것이니
라.
29 다만, 너희들의 마음이 흔들리지 않는
백성으로서 너희들 자신을 지켜야 됨
을 절대 잊지 말라 전함이니라.

11,753 번째 하나님 말씀

2004년 6월 23일 14시 37분

1 사랑하는 나의 아들아!
2 "네, 아버님! 말씀하옵소서."
3 나의 피조물 만백성 중에 너희들이 선
택된 백성이요, 너희들이 하늘의 진리
요, 나 여호와의 참뜻을 역사함이니,
4 너희들이 뿌리를 내리고 성장함으로
사탄이요, 마귀들이 이 세상에 존재할
수 없다 내가 그리하였느니라.
5 그러니 그들이 너희들을 무너트리고
너희들을 공격하기 위해 온갖 방법을
다 동원함이니,
6 그들은 서서히 한 사람씩 너희들을 무
너트리는 그와 같은 짓을 할 것이니라.
7 하나가 무너지도록 하며 다음에 또 한
사람이 무너지게 하며, 작은 것서부터
너희들이 감정을 갖게 하며, 작은 것
부터 유혹하여 그들이 무너트리는 그
와 같은 형국의 역사를 할 것이니라.
8 그러니 사랑하는 나의 아들딸 너희들
이 거기에 넘어지는 백성이 되어서는
결코 구원의 길을 올 수 없음을 알아
야 될 것이니라.
9 너희들이 나로부터 받은 그 은총이요,
그 영광된 것을 하나하나 벗겨 내기
시작하며, 그 모두를 적대시하는 마음
으로 돌아가도록 그들이 그리하느니
라.
10 나의 새로운 성경을 접한 것, 나의 아
들과 더불어 만백성을 구하는 새로운
성경을 만드는 것, 그 모두가 너희들
의 영광이요, 은총이라는 것을, 너희
들이 그를 태만하며 그를 멀리하며,
그것이 다 너희들에게 힘든 그 역사
요, 너희들만이 고생하는 것이며, 너
희들만이 억울한 삶을 사는 것처럼 너
희들을 한 사람씩 흔들어 놓기 시작할
것이니라.
11 두 사람을 한 번에 무너트리는 것도
아니요, 한 사람씩 무너트리기 시작하
여 그 영혼을 멍들게 하며 그 영혼을
죽게 만드느니라.
12 그리하여 한 번 너희들이 하늘에 오르
는 길이요, 나에게 오르는 길에서 물
러났을 때, 두 번 다시 오를 수 없는
것이 너희들이라는 것을 잊지 말라 그
리 전하라.
13 너희들이 그와 같이 무너졌을 때 이미
때는 늦음이니, 그때는 너희들이 울고
불고 아무리 애원을 해도 누구도 도와
줄 수 없으며 무엇을 어찌할 수 없는
것이 너희들의 운명임을 알라.
14 그리하여 내가 너희들에게 심판대에
서기 전까지 너희들이 모든 자세를 지
키며 모두를 다 역사하는 그와 같은
삶을 살라 하지 아니하였더냐?
15 내가 나의 아들에게 뭐라 말하였느냐?
16 네가 하루를 아름답게 살지 못하며 네
가 고운 삶을 살 수 없거든 네가 눈을

감고 하루를 누워 세상을 보내라 하지
아니하였더냐?
17 그리해서라도 마음을 다스리며 너를
다스릴 수 있는 그 길을 가라 하였음
이니, 너희들이 스스로 자신을 다스리
기가 그리 어려우니라.
18 그리고 한 점의 부끄럼이 없는 삶을
산다는 것이 그리 어렵고 힘든 것이니
라.
19 그러나 너희들은 여기서 도망가서는
안 되며 피해 가서는 아니 됨이니라.
20 너희들은 싸워야 되며 싸워서 이기는
그와 같은 자가 되어야 할 것이니라.
21 그리하여 모든 사탄이요, 마귀들이 이
세상에 발을 붙일 수 없도록 너희들이
그리 만들었을 때만이 아름다운 세상
이 존재하며, 웃음꽃이 피는, 세상에
아름다운 꽃만 피우는 그와 같은 세상
이 될 수 있음을 알아야 될 것이니라.
22 너희들은 나로부터 하늘에서 명받고
파견된 자요, 너희들이 파견된 자라는
것을 절대 잊지 말라.
23 그리하여 너희들로 하여금 모든 근거
를 만들며 너희들로 하여금 모든 역사
를 이루는 것이 시작된다는 것, 이를
절대 잊지 말도록 그리하라.

11,754 번째 하나님 말씀

2004년 6월 23일 14시 45분

1 사랑하는 나의 아들아!
2 **"네, 아버님! 말씀하옵소서."**
3 지금의 시대처럼 죄악에 물들었으며
무질서가 판을 치며 사탄이 세상을 지
배하는 이와 같은 세상은 일찍이 없었
음이니라.
4 이제 좀 더 세월이 지나며 이대로 놔
둔다 하면 온 세상은 사탄의 것이 될
것이며,
5 그 위협으로 인하여 나의 사랑하는 백
성 너희들은 구원의 길을 볼 수 없으
며 구원이라는 것은 생각도 할 수 없
으며, 나의 나라에 오를 수 있는 백성
이 존재할 수 없는 그와 같은 형국이
되게 됨이니라.
6 그러니 이와 같이 나의 피조물 만백성
을 위협하며 위험한 수위에 도달한 이
것을 어찌 물리치며 그를 바로잡을 수
있겠는가?
7 너희들이 지금 믿음의 길을 가며 회개
한다며 거듭나며 눈물을 흘리며 용서
를 비는 것, 그와 같은 마음으로써 너
희들은 천사가 될 수 없으며 하늘의
뜻을 알 수가 없음이니,
8 그 모두가 다 지금 잘못된 지도자들의
그 틀에서 너희들이 그들의 간교한 방
법에 얽매여 끌려가고 있는 이와 같은
형국이니,
9 그 아들딸로서 너희들이 그 마귀들과
싸워 이길 수 있는 능력이요, 힘이 세
상에 존재할 수 없음이니라.
10 이 세상에 살아가는 나의 피조물 만백
성이 사탄이요, 마귀의 조종을 받아
세상에 파탄을 초래하며 모두를 무너
트리며 너희들이 존재하지 못하도록
지금 극에 달한 그와 같은 형국이 되
어 있음이니라.
11 그리하여 그와 같은 것을 더 이상 방
치해 둘 수 없어 내가 나의 아들을 통
하여 이 아름다운 지상에 거점을 만들

어,
12 내 목소리요, 내 음성으로써 새로운
성경이라 하여 내려보내, 사랑이 무엇
이며 사랑을 베푸는 것이 무엇인가를
전하여, 사랑의 불꽃으로써 그 잘못된
모두를 다 태워 버리고자 하는 것이
나 여호와의 뜻이니라.
13 모든 믿음의 길을 가는 백성들이 사랑
을 실천하며 살라 그리하였거늘, 그들
은 애절한 나의 호소를 듣는 것이 아
니라, 그를 너희 것으로 만드는 것이
아니라, 그를 듣는 것이 아니라,
14 너희들은 비웃으며 모독과 모욕과 비
판의 소리요, 나의 뜻을 거역하는 그
와 같은 삶을 살도록 지금 이 세상이
이리 험악해졌음이니라.
15 이는 사탄들의 후예요, 사탄들이 세상
을 지배하기 때문에 이와 같은 세상이
되었으니,
16 나의 사랑하는 백성들의 그 영혼이 고
통 속에 죽어 가는 것을 더 이상 내가
볼 수 없으며, 너희들이 그 죄의 대가
를 치르는 것을 내가 더 이상 볼 수가
없기 때문이니라.
17 그리하여 지금까지 믿음의 길을 가는
백성 너희들이 회개하고 반성하며 그
와 같은 마음의 자리로써 너희들이 그
들과 견주어 이기고 싸울 수 있다면,
18 내가 뭐하러 오늘의 160권의 새로운
성경을 내려보내 너희들에게 이 어렵
고 힘든 길을 가라 하겠느냐?
19 누구도 그와 싸워 이길 수 있는 방법
이 없으며 그를 제거할 수 없으며 이
길 수가 없음이니라.
20 그리하여 그 모두를 다스리고자 내가
직접 나의 성령을 160권의 책으로써
엮어 너희들에게 내려보내니,
21 이를 읽고 깨우쳐 스스로 너희들이 하
나가 되어 그 방대한 힘으로써 모두를
다스리고 그들을 정리하는 그와 같은
새로운 시대를 열어 가도록 하라.
22 새로운 시대를 여는 것도 너희들 것이
요, 그 모두가 나의 것이 아니지 않더
냐?
23 오로지 너희들에게 모두 물려주는 것
이며, 너희들의 유산이니라.
24 이 세상에 하늘에서 이루어진 것같이
아름다운 지상의 낙원을 이루는 것도
너희들 것이며, 너희들이 너희 후손에
게 물려 줄 유산임이니, 너희들은 그
와 같은 삶을 살기 위하여 최선을 다
하도록 그리하라.
25 너희들이 여기서 주저앉고 여기서 포
기하면 아무것도 이룰 수 없으니, 지
금 너희들이 잘못 가고 잘못 왔던 것,
그리고 너희들이 거짓된 것, 그와 같
은 것이 지금 썩고 썩어 그 냄새가 하
늘까지 진동하며 하늘도 더 이상 견딜
수 없는 그와 같은 형국이 되어 있으
니,
26 그 모두를 수술하고 다스리는 것, 그
리고 순결하고 순수한 아름다운 꽃을
피우고, 그 꽃의 씨앗을 뿌려 그 꽃을
피우도록 하여 열매를 거두는 것,
27 그것이 너희들이 해야 할 일이며, 너
희들이 역사할 일이라는 것을 절대 잊
지 말라.
28 지금이 가장 결정적인 시대요, 결정적
인 때이니라.
29 그러니 결정적이라는 것이 무엇이냐?

30 이 고비를 넘기느냐 넘기지 못하느냐
에 달렸음이니, 가장 위험하고 힘든
시련이 있음이니라.
31 온 인류요, 만백성을 위험에서 구하느
냐 구하지 못하느냐 하는 가장 결정적
인 시기이니, 결정적인 시련 속에 나
의 사랑하는 백성들이 서 있다는 걸
알라.
32 여기서 너희들은 나의 새로운 성경을
읽고 나의 아들을 통하여 내리는 강론
을 들어 너희 것으로 만들어 다시 피
어나는 그와 같은 삶을 살지 아니하면
모두가 무너지게 됨이니 그리 알라 전
하라.

11,755 번째 하나님 말씀

2004년 6월 23일 20시 43분

1 사랑하는 나의 아들이!
2 "네, 아버님! 말씀하옵소서."
3 너희들이 떡을 익히는 자가 정성을 다
했을 때 그 떡이 정성에 의해서 익으
며, 성성을 다하지 아니할 때 그 떡이
익지 않는다는 인간 세상의 너희들의
말이 있느니라.
4 그러니 너희들은 여기서 깨닫고 그 지
혜를 얻으라.
5 너희들이 떡에 정성을 들인다 하여
그 떡이 잘 익고 안 익는가?
6 너희들이 불을 지펴 익히는 자의 마음
자세요, 그 마음의 정성인 것인지, 떡
에 너희들이 정성을 들이고 빈다 하여
익고 안 익는 것이 아니라는 것을 알
겠느냐?
7 너희들의 마음 자세요, 네 마음의 정
성이요, 생각이 어떠냐, 그 정성을 의
미함이니라.
8 내가 나의 아들을 통하여 너희들이 충
성을 다하며 목숨을 다하며 모두를 다
바치는 것이 하늘에 오르는 길이라 하
였음이니,
9 너희들이 지금까지 나의 아들 예수를
그리 받들며 나 여호와를 그리 받드는
것이 너희들이 하늘에 오르는 길이요,
구원의 길이라 그리 알고 있었으나,
10 나의 아들이 너희들에게 뭐라 말하였
느냐?
11 그것이 아니고, 너희들이 죄를 짓지
아니하며 한 점의 부끄럼이 없는 삶을
살도록, 너희들이 그와 같은 삶을 살
기 위해서 목숨을 바치며 충성을 다하
며 정성을 다하라는 그 의미를 알겠느
냐?
12 나에게 그리하라는 것이 아니라, 너희
들이 그 마음속에 죄를 짓지 아니하도
록, 죄를 지려는 그 순간에 너희들이
목숨을 바쳐 하늘을 향하여 부끄러운
행위를 하지 말라, 거기에 정성을 다
들이라 함이니, 이제 내가 너희들에게
전한 그 뜻을 알겠느냐?
13 너희들은 이를 혼동하며 이를 이해하
지 못할 것이기에, 내가 나의 아들을
통하여 너희들에게 그리 전함이니, 그
의미를 알라.
14 나의 아들 예수를 '주여, 주여!' 부르
는 것만으로 너희들이 구원을 받는 것
이 아니요,
15 나 여호와의 뜻에 의해 역사하는 것이
너희들에게 구원을 받는 길이라 새로
운 성경이요, 구약이요, 신약이요, 모

두가 그와 같은 의미가 기록되었음을
너희들은 알게 될 것이니라.
16 너희들은 여기서 알아야 될 것이니라.
17 너희들이 그러한 마음 자세가 어떠하
냐가 가장 중요한 것이며, 너희들이
행동하는 것이 얼마나 중요한 것인가
를 다시 한 번 깊이 깨우쳐야 될 것이
니라.
18 그러니 '주여, 주여!' 너희들이 찾고
나를 경배하는 그와 같은 것에 너희들
이 모두를 다하면 뭐하겠는가?
19 너희들의 생각이 다르며 계산된 마음
이요, 진실된 믿음이 아닌 상태에서
너희들이 그리한들 무엇하느냐?
20 다 그것이 부질없는 것이니라.
21 그러니 너희들이 나에게 기쁨이요, 너
희들이 나의 아들딸로서 거듭나는 그
길은, 너희들이 하늘을 향하여 한 점
의 부끄럼이 없는 그와 같은 삶을 사
는 데 목숨을 바치고 충성을 바치며
정성을 다하여 살라 함이니라.
22 그리하여 너희들을 다스리라 그리함
이니, 그것이 바로 나의 기쁨이요, 나
에게 올 수 있는 길이요, 나에게 모두
를 다 바치는 길이니,
23 그 의미를 깊이 깨우쳐 만백성에게 이
를 전하며, 너희들도 이와 같은 마음
을 가지고 살라.
24 과연 너희들이 오늘의 삶에 정성을 다
하는가?
25 그리고 네가 악한 일이요, 선하지 못
한 일을 할 때, 네 목숨을 바쳐 그를
행하지 아니하며 그를 단죄하는가?
26 이와 같은 삶을 살면 너희들이 곧 경
지에 오를 것이요, 나를 보게 될 날이
머지아니하였을 것이니 그리 알라 전
하라.

11,756 번째 하나님 말씀

2004년 6월 24일 06시 34분

1 사랑하는 나의 아들아!
2 "네, 아버님! 말씀하옵소서."
3 너희들이 모든 것을 가르치며 설교를
하며 또한 너희들이 강론을 할 때, 중
요한 것은 무엇이더냐?
4 마지막 결론을 맺을 때 어떠한 형태로
써 결론을 맺느냐 하는 것, 그것이 가
장 중요하니라.
5 그러니 지금의 모든 종교 집단의 지도
자 너희들은 나 여호와의 뜻을 전하며
나로부터 내가 원하는 그 하늘나라에
만백성을 올 수 있도록 하는 그 역사
와 봉사를 한다는 너희들은 강론이요,
설교를 하면서, 결국 너희들은 어찌
매듭짓는가?
6 나를 믿고 하늘을 향하여 너희들이 어
찌 살아가야 된다는 것을 그리 강조하
며, 그리고 인간으로서 살아가야 할
그 자세를 가지고 결론을 맺어야 될
것이니라.
7 그러나 지금의 종교 집단이요, 너희들
은 그와 같은 것으로써 결론을 맺지
않느니라.
8 교회라는 곳, 성당이요, 성막을 가지
고 있는 자, 그를 운영하기 위하여 자
금을 끌어들이는 것, 금화와 은화를
끌어들이는 것, 더 많이 내는 것, 더
많이 바치는 것, 그것이 축복이요, 영
광이라는 것으로써 너희들이 결론을

맺음이니라.
9 그는 너희들의 손으로 지어 놓은 호화
로운 교회요, 성막이요, 성당이요, 회
당을 운영하기 위하여 어쩔 수 없음이
니,
10 너희들은 설교하고 강론하는 그 순간
이 끝날 때까지 결론을 그리 맺음이
니, 결국 너희들은 그 순간순간마다
어찌하면 재물을 더 거둬들일까 하는
것만 생각하고 있는 것이 오늘의 너희
들의 가르침이니라.
11 더욱이 너희들이 초빙하여 강론을 의
뢰받은 자, 또 설교를 의뢰받은 자, 그
또한 열과 성의를 다하여 강론하고 열
성을 다하여 하느니라.
12 성서가 어떻고 예수가 어떻고 나의 뜻
이 어떻고 너희들이 그와 같은 말을
하느니라.
13 그러면서 너희들이 결론을 맺을 때 뭐
라 말하는가?
14 '너무 적다, 너무 적어.' 그러니 너희들
이 너무 적은 것은 무엇이더냐?
15 '믿음이 약한 것이다.' 하며 너희들은
그저 농담 반 진담 반으로 흘러가도록
그리 이야기하나,
16 너희들이 한 시간 동안 강론하고 떠든
것은 결국 '너무 적다, 너무 적어. 내
가 가지고 갈 것도 아무것도 없네.' 하
는 그와 같은 소리를 하는 자이니라.
17 인간 세상에서 너희들이 제 밥그릇에
더 많이 달라 하며, 더 큰 그릇에 많이
담으려 하는 자가 그리 쉽지 않으니
라.
18 그와 같은 말을 하는 것이 부끄러우
며, 그와 같은 것이 부끄러움을 아는
것이 나의 피조물 만백성의 삶이 아니
더냐?
19 더욱이 종교 지도자요, 사랑을 베푸는
자들이 제 밥그릇을 채우기 위하여,
제가 무엇을 더 가져가기 위하여,
20 제가 여기서 받아 가는 만큼 몇십 배
를 더 빼 주고 더 거둬 줘야 되는 것이
너희들의 상식이요, 도리요, 너희들이
가는 규정이기에,
21 그는 그와 같은 말을 하지 아니할 수
없기에 농담 반 진담 반으로 하면서
재물을 많이 바치라, 그리고 바치지
않는 자 구원을 받을 수 없다 그리 말
하느니라.
22 그리고 너희들이 또 하나 더 하는 것
이 무엇이더냐?
23 어찌하여 너희들은 이 교회라는 것을
부흥하지 못하며 많은 신도를 끌어들
이지 못하는가, 그것이 너희들이 무슨
자격이 있다 하느냐, 그러니 무조건
너희들은 그득히 채우라 함이니,
24 이 두 가지 결론을 가지고 모든 강론
이요, 설교요, 그와 같은 것을 하는 것
이 오늘의 교회의 단상에 선 그 종교
지도자요, 그리고 유능하다는 자, 초
청을 받아 강론하고 설교하는 자, 또
한 너희들이 모두가 다 그러하니, 이
것이 얼마나 추하고 더러운 모습인 줄
알겠느냐?
25 그리고 모든 종교 집단이요, 믿음의
길을 가는 자들이 그와 같은 형국으로
가니, 결론은 재물이니라.
26 그러니 거기에 내 뜻이 어디 있으며
하늘의 뜻이 어디 있으며 진리가 어디
있단 말이더냐?

27 이 비통하고 처참한 현실을 너희들은
아는가?
28 사랑하는 나의 아들딸들아!
29 오늘의 이러한 것을 너희들이 직접 들
여다보며 한번 너희들이 체험을 해 보
도록 그리하라.
30 그러면 너희들이 나의 새로운 성경이
요, 나의 아들을 통하여 역사하고자
하는 내 뜻이 무엇인가 그 귀함과 소
중함을 너희들이 알게 될 것이니라.

11,757 번째 하나님 말씀

2004년 6월 24일 06시 37분

1 사랑하는 나의 아들아!
2 "네, 아버님! 말씀하옵소서."
3 너희들이 마음 하나를 다스리며 생각
하나를 바꾸면 지옥과 천국을 오가는
그와 같은 무서운 변화의 역사를 이룬
다 하였음이니라.
4 이제 나의 아들을 따르는 제자들이요,
그리고 나의 새로운 성경을 읽고 깨우
친 백성, 너희들이 정녕 마음을 다스
리지 못하며 생각을 바로잡지 못하거
든, 너희들이 눈을 감고 조용히 세상
을 바라보도록 그리하라.
5 눈을 감고 바라보는 세상이 네 눈앞에
무엇이 보이는가?
6 아무것도 보이지 않지 않더냐?
7 그와 같이 너희들이 눈을 감고 생각하
는 마음을 가지라.
8 보이지 않는 것, 너희들이 생각할 수
없는 그것이 바로 너희들이 마음을 비
움이요, 그와 같은 마음 자세로써 거
듭날 때, 모두를 다 이룰 수 있음이니
라.
9 네 성격을 다스릴 수 있으며, 네 마음
을 다스릴 수 있으며, 너희들의 곱지
못한 생각이요, 바르지 못한 생각이
요, 그 모두를 다스릴 수 있음이니,
10 너의 제자들은 시간이 날 때, 그리고
마음이 흔들릴 때, 눈을 감고 조용히
생각해 보도록 그리하라.
11 눈을 감고 생각하면 세상의 아무것도
보이지 아니함이니, 그리고 평온함을
얻을 것이니라.
12 그 보이지 아니하고 평온한 마음, 그
것이 바로 너희들이 마음을 비운 것이
요, 너희들이 가지고 가야 할 자세요,
삶의 기본이라는 것을 그리 전하라,
사랑하는 나의 아들아!
13 그럴 때 너희들은 세상의 이치를 알며
모두를 놓을 수 있으며 모두를 버릴
수 있으며 지울 수 있다는 것을 알라.

11,758 번째 하나님 말씀

2004년 6월 24일 06시 43분

1 사랑하는 나의 아들아!
2 "네, 아버님! 말씀하옵소서."
3 너를 따르는 지금의 제자들이요, 그리
고 이를 읽고 깨우친 백성 너희들이
썩을 대로 썩고 부패하고 부패한 속에
새로운 하나의 새싹을 틔우고자 함이
니,
4 그는 어렵고 힘든 것이며 썩어져 있는
자들이 그를 받아들일 수가 없음이니
라.
5 그리하여 모든 백성들이 너희들을 핍
박하고 저주한다 해도 너희들은 나 여

호와가 항상 너희들과 같이 있다는 것
을 잊지 말며, 내가 너희들과 같이 있
음을 알라 그리 전하지 아니하였더냐?
6 그러니 너희들이 어떠한 시련과 고통
이 있다 해도, 결국 너희들이 승자가
된다 내가 나의 새로운 성경에 기록하
여 전했음이니,
7 너희들이 그 한고비를 넘고 넘는 그것
까지만 너희들이 할 수 있는 일이라는
것을 알아야 될 것이니라.
8 너희들이 인내할 수 있으며 견딜 수
있는 그 한계까지 도달했을 때, 그다
음에 모든 역사하는 것은 나 여호와가
이룰 것이며, 기적과 같은 그 역사가
이루어질 것이니라.
9 그러니 너희들은 한고비를 오를 때까
지, 너희들이 한 경지에 올라 너희 스
스로 한 점의 부끄럼이 없는 나의 선
택된 백성들로서 살아갈 수 있는 그것
은 너희들의 노력으로써 이루어져야
되는 것이니라.
10 그리고 나의 새로운 성경이 세상을 덮
으며, 너희들의 입에서 나오는 그 아
름다운 가르침으로써 만백성을 깨우
쳐 구원을 하고 아니 하는 것, 그 모든
역사는 나 여호와의 주관하에 이루어
짐이니라.
11 다만, 너희들이 설 수 있는 자리까지
오를 수 있는 자리까지 오르는 것은
너희들이니라.
12 그러니 거기에는 무엇이 있느냐?
13 참고 인내하는 것밖에 없음이니라.
14 너희들이 오늘의 핍박과 고통과 힘들
고 어려운 길을 참고 인내하는 것만큼
그 상이 반드시 나에게 있음이니,
15 너희들이 거듭나는 상이요, 새 생명을
얻는 그와 같은 상으로써 너희들이 이
를 받는다면, 그보다 더한 공이 어디
있으며 그보다 더한 것이 어디 있느냐?
16 이 세상에 가장 위대한 봉사요, 남을
돕는 것이 무엇이 있겠느냐?
17 물론 재물을 주는 것, 그리고 어려움
을 도와주는 것, 그 모두도 봉사와 희
생이니라.
18 그러나 너희들이 죽어 가는 사람의 생
명을 살릴 수 있으며 그 생명을 연장
해 줄 수 있다면, 그보다 더 큰 은혜
요, 사랑이요, 베풂이 어디 있으며, 그
보다 더 큰 공덕이 어디 있겠느냐?
19 너희들이 생명을 하나 구원해 주는 그
것보다 더 큰 은혜가 없는 것이니라.
20 그러니 바로 너희들이 천사와 같은 마
음으로 변화되며, 오늘의 핍박과 모두
를 견디고 스스로 성장해서 만백성을
구하는 지도자로 섰을 때, 너희들이
얼마나 많은 생명을 구하는가?
21 그러니 그보다 더 큰 봉사요, 희생이
요, 그보다 더 은혜를 내리는 것이 없
지 않으냐?
22 죽을 자를 살리는 것, 생명을 연장해
줄 수 있는 그것보다 더 큰 은혜요, 영
광은 없음이니,
23 너희들은 수많은 백성들을 그것도 영
원히 사는 세상으로 그들을 거듭나게
하는 그와 같은 역사를 이룸이니, 너
희들이 그만큼 상이요, 은혜를 받지
아니할 수 있겠는가?
24 모든 그 대가요, 그 상을 그만큼 나로
부터 받는다는 것을 잊지 말라.
25 사랑하는 나의 아들딸들아!

26 나의 새로운 성경에 바르게 살라, 곧
게 살라, 그리고 정의롭게 살라, 세상
의 물질에 얽매이지 말라, 그리고 너
희들은 내가 준 것을 가지고 있으니,
너희들도 주는 데 주저하지 말라.
27 이와 같은 가르침이 무엇이 잘못되었
으며, 그와 같은 가르침이요, 그와 같
이 행하고 사는 것, 너희들이 그 하나
를 지키고 산다 해도 너희들은 결코
잃는 것보다는 얻는 것이 많을 것이니,
28 주옥같은 나의 새로운 성령이요, 성경
의 가르침을 듣고 듣는 너희들이 얼마
나 축복이요, 영광된 백성들이더냐?
29 그러니 너희들은 항상 나에게 감사하
는 마음을 가지고, 나를 항상 생각하
는 마음을 가지고 살라.
30 사랑하는 나의 아들딸들아!
31 너희들이 나에게 축복을 받을 수 있는
것은 무엇이더냐?
32 축복을 받을 수 있는 자격을 가진 자
만이 그 모든 축복을 받을 수 있음이
니라.
33 너희들이 나에게 은혜를 받을 수 있는
것은 무엇이더냐?
34 은혜를 받을 수 있는 자만이 은혜를
받을 수 있다는 것을 너희들은 알라.
35 자격이 갖추어지지 아니하고 준비되
지 아니한 자는 아무것도 내릴 수가
없으며 아무것도 역사할 수 없음이니
라.
36 너희들은 '악은 악을 낳으며 선은 선
을 낳는다.'는 말을 알고 있지 않으냐?
37 악한 마음을 가지고 있으면 너희들이
계속 악을 낳게 되며 악이 더해짐이니
라.
38 그러나 너희들이 선한 마음을 가지고
선하게 산다면 그 선한 것이 더 얹어
지게 된다는 그 의미의 뜻을 알겠느냐?
39 결국 악한 마음을 가지고 있으면 악이
쫓아와 악이 모아지는 것이요, 그리하
여 악은 악을 더 낳게 된다 하는 말이
아니더냐?
40 선한 자에게는 선만이 모여드는 것이
아니더냐?
41 그러니 너희들이 나에게 은혜를 받을
수 있는 그와 같은 자격을 가지고 있
는 자, 하늘의 은혜를 수없이 너희들
에게 내릴 것이요, 너희들이 나로부터
복 받을 수 있는 일을 하는 자는 복만
거기에 있음이니라.
42 '하늘은 스스로 돕는 자를 돕는다.' 하
였음이니, 너희들이 어떠한 마음이요,
어떠한 상태로써 서 있고 살아가느냐
에 따라서 그와 같은 것이 하늘에서
내려 줌이니라.
43 악한 마음을 가졌으면 너희들이 악한
마음이 더해지듯이, 선한 마음을 가지
면 너희들이 선한 마음이 더해지듯이,
너희들이 나에게 감사하는 마음을 가
지고 사는 자는 감사하는 마음이 하늘
에서 더해질 것이니,
44 감사하는 그 마음이 하늘과 땅의 것이
하나가 되니, 그것이 바로 너희들이
감사하는 것이니라.
45 은혜를 받는 것 또한 너희들이 그러하
니라.
46 은혜요, 너희들이 영광을 얻을 수 있
는 그와 같은 마음 자세로써 살고 행
해졌을 때, 하늘의 은혜요, 영광이 너
희들에게 내려짐이니, 너희들은 더하

고 빼는 그 원리를 잘 알라.
47 너희들이 선 앞에는 선을 더하며, 악 앞에는 악을 더하는 것이라는 걸 잊지 말도록 그리 전하라.

11,759 번째 하나님 말씀

2004년 6월 24일 06시 49분

1 사랑하는 나의 아들아!
2 "네, 아버님! 말씀하옵소서."
3 지금처럼 말할 수 없는 각종 종파요, 교파들이 이와 같이 우글거리는 세상은 없었음이니라.
4 그러니 각종 종파요, 종교의 믿음이요, 그와 같은 천국이 지금 되어 버렸느니라.
5 그러니 모두가 다 믿음으로써 이 세상을 덮으며, 그 믿음마다 선하고 아름답게 산다, 그리고 그리 살아야 된다 하니,
6 너희들은 지금 종파요, 믿음의 천국이 되어 버렸으며, 모두가 구원 속에 구원받을 수 있는 자격 있는 자들만이 이 세상에 존재하는 것이요, 그와 같이 지금 세뇌되어 너희들 자신이 그리 인식하고 살고 있느니라.
7 그러나 너희들은 그와 같은 환상이요, 착각에서 벗어나야 될 것이니라.
8 너희는 나 여호와의 사랑을 행함은 결코 없느니라.
9 다만, 너희들이 말로써 모두를 역사하는 것이요, 너희들이 행함이 없음이니, 너희들 말대로 행함이 없는 것은 곧 죽음이라는 것을 잘 알고 있지 않으냐?
10 그리고 너희들이 그와 같이 말을 하지 아니하는가?
11 바로 너희들이 그와 같은 오늘의 믿음이요, 그러니 무덤 속에 믿음인 것이 오늘의 종교 집단의 지도자요, 모든 종파들의 형태라는 것을 알라.
12 그리고 너희들은 사랑이라는 것을 행하고 나누는 것을 행하고 살라는 것을 행하지 아니하며, 타산적인 백성만이 이 세상에 존재하도록 되어 있으며, 그들만이 존재하고 있음이니라.
13 너희들의 마음이 다 타산적으로 변화되어 있느니라.
14 저희들이 타산적이고 계산적으로 인간의 상식으로 생각하니, 나의 아들이 지금 160권의 새로운 성경으로써 전하는 그 내용을 들여다보면, 너희들은 이는 지킬 수 없으며 인간으로서는 할 수 없는 자요,
15 그러니 이와 같이 말하는 지, 이와 같이 살라는 자는 정신 이상자요, 미친 자요, 저 자신을 알지 못하는 자라 나의 아들을 그리 핍박하고 욕할 것이니라.
16 그러나 그 제자들 또한 너희들이 잘못된 자라 말하며, 너희들 것만이 바르고 옳은 것이요, 모두가 다 잘못되었다 그리하며, 나의 아들을 통하여 내리는 160권을 들여다보지도 아니하며 읽으려 하지도 아니하느니라.
17 그러나 너희들은 여기서 들으라.
18 과연 정신 이상자요, 미친 자요, 바보 같은 자가 160권의 새로운 성경이라 하여 이 위대한 나의 뜻을 전할 수 있는가?

19 너희들은 과연 이를 쓸 수 있는가, 내
가 너희들에게 물어보고자 하느니라.
20 그러니 모든 종교 집단의 지도자요,
믿음의 길을 가는 너희들은 들으라.
21 나의 아들에게 미친 자요, 정신 이상
자요, 그를 매도하지 말라.
22 너희들이 160권의 어떠한 책이든 어
떠한 말씀이든 전하여 기록할 수 있는
능력이 있거든 말하라.
23 너희들은 그와 같은 능력이 없으며 그
를 역사할 수 없는 자들이 160권이라
는 새로운 성경이요, 대장정의 그 역
사를 이룬 나의 아들이 어찌하여 정신
이상자요, 미친 자더냐?
24 너희들이 그를 따를 수 있으며 그 흉
내라도 낼 수 있는가?
25 그러니 너희들이 얼마나 어리석은 짓
을 하고 있으며 얼마나 미련한 짓을
하고 있느냐?
26 제 것만이 소중하며 그저 타산적이고
이기적이기 때문에 제 것을 지키려는
자들, 그리하여 너희들이 위대한 새로
운 성경이요, 위대한 하늘의 뜻이요,
위대한 너희들이 말하는 전지전능한
아버지가 내리는 그 소중한 것을 알지
못하며,
27 그를 사탄이요, 이단이라 하며 그를
받아쓰는 자를 저주받은 자라 너희들
이 감히 그와 같은 말을 함이니,
28 어리석고 불쌍한 백성 너희들을 위하
여 과연 160권의 새로운 성경을 세상
에 내보내, 이게 하얀 눈처럼 세상을
덮어 너희들이 과연 깨우쳐야 될 것인
지,
29 너희들의 그 무서운 환란과 재앙으로
써 너희들을 다스리고 말아야 될 것인
지,
30 나 여호와의 마음에 너희들이 상처를
주지 말라.

11,760 번째 하나님 말씀

2004년 6월 24일 06시 58분

1 사랑하는 나의 아들아!
2 "네, 아버님! 말씀하옵소서."
3 너희들은 믿는 것 그 자체로써 구원을
받았다 생각하지 말라 하였느니라.
4 말로써 모두가 이루어지는 것이 아니
라 너희들의 행함으로써 모두가 이루
어진다 하였음이니라.
5 그러나 지금의 믿음의 길을 가는 종교
집단의 지도자 너희들이 얼마나 오류
를 범하고 있는가?
6 인간의 생각이요, 인간의 삶은 중요하
지 아니하며, 그저 너희들은 나의 아
들 예수를 믿으며 나를 부르짖고 울고
불고하면 모든 것이 다 이루어지는 것
처럼 그리 가르치고 있으니,
7 여기서 나의 사랑하는 백성들이 지금
나에게 오르는 길을 오지 못하며, 너
희들이 가로막는 그와 같은 훼방하는
것으로써 그들의 모두가 다 지금 지옥
의 벼랑으로 떨어지는 그와 같은 슬픈
일이 이루어지고 있다 함이니라.
8 사랑하는 나의 아들아!
9 "네, 아버님! 말씀하옵소서."
10 너의 제자들에게 깨우쳐 줘야 될 것이
니라.
11 너희들이 가장 소중한 삶은, 바른 생
각을 가지고 사는 것이 가장 중하고

귀한 것이라는 것을 깨우쳐 주며,
12 너희들이 바른 정신 자세요, 그리고
바른 행동을 하는 것, 그것만이 너희
들이 나에게 오를 수 있는 기본이요,
근본이라 함을 전하라.
13 너희들은 바른 마음으로 무엇을 가지
며 바른 마음을 가진 자, 정의로움을
선택할 수 있는 그와 같은 능력이 있
음을 알아야 될 것이니라.
14 그리고 너희들은 바른 마음이 무엇이
더냐?
15 바른 인격체로써 너희들이 형성될 수
있기 때문에 바른 마음이 중요하니라.
16 너희들이 곧고 바른 마음은 바른 행동
에서 이루어지며 너희들이 진실된 길
을 갈 수 있음을 알라.
17 사랑하는 나의 아들딸들아!
18 하늘에 오르는 길이요, 나 여호와의
성령을 받아 이루고 역사하는 그와 같
은 백성 너희들이 진실되고 바르지 않
은 그 바탕이 다스려지지 않은 곳에는
나의 새로운 성령이 부어질 수 없으
며, 진정한 믿음의 길을 갈 수가 없기
때문이니라, 사랑하는 나의 아들딸들
아!
19 바탕이 되고 기본이 된 바르고 고운
마음으로 사는 그와 같은 기초가 된
너희들 위에 진실된 믿음의 길을 갈
수 있기 때문이요, 거기에 성령이 부
어지기 때문이니라, 사랑하는 나의 아
들딸들아!
20 이것을 모르고 가는 백성 너희들이야
말로 마음이나 행동이 무너지며, 너희
들이 질서가 없는 그와 같은 생각 속
에서 나의 새로운 성령이 임하며, 너
희들이 구원의 길을 갈 수 있으며 나
의 아들딸로서 거듭날 수 있다 하나,
너희들은 여기에서 깨우쳐야 될 것이
니라.
21 그는 결코 그리 이루어질 수 없음이니
라.
22 마음을 다스려 주며 생각을 다스리며
너희들이 정확한 마음을 가지고 살
때, 너희들은 거기에서 무엇인가를 이
룰 수 있음이니라.
23 정확하지 못하며 질서가 없으며 뿌리
가 없는 흔들리는 그와 같은 마음 자
세요, 너희들의 삶에 의한 행동에는
나의 새로운 성령이 임할 수가 없으
며, 나는 그에게 그를 부어 줄 수 없는
것이 하늘의 법도요, 뜻임을 알라, 사
랑하는 나의 아들딸들아!
24 너희들이 악하고 악습을 버리지 못하
는 것도 무엇인 줄 알겠느냐?
25 바른 마음으로써 너희들이 바른 생각
을 하고 삶으로 인하여 모든 악한 마
음도 바로잡을 수 있는 길이 여기 있
으며, 악습을 버릴 수 있는 것이 여기
에 길이 있음이니라.
26 악한 마음을 버리지 못하며 너희들이
악습을 버리지 못하고 살아간다면, 너
희들은 나를 향하여 부끄러움이 있는
그와 같은 삶을 산다면,
27 거기에 수정보다도 더 맑은 하늘의 생
명수가 어찌 부어지며 어찌 너희들에
게 임할 수 있다 생각하느냐?
28 누가 뭐라 해도 나의 아들을 따르는
제자 너희들은 바른 마음이요, 바른
생각으로 살아가도록 그리하라.
29 바른 마음이 정의로움을 선택하며, 바

른 마음이 바른 인격체를 형성하며,
너희들이 마음을 비울 수 있는 진정한
자세가 이루어질 수 있는 것이 바르고
곧은 마음을 가지고 사는 것이니라.
30 이 모두는 인간 너희들의 자유의지에
의하여 노력하여 너희들이 이루고 못
이루는 것, 바로 이것이 너희들이 노
력하여 이룰 수 있는 정상의 한계이며
그를 이루지 아니하면 아니 됨이니라.
31 너 자신이 한 점의 부끄럼이 없는 천
국의 삶을 살 때, 너희들의 영혼이 영
원한 천국이요, 그 모두는 다 너희들
것이며, 절대적인 것이 너희들 것이라
는 것,
32 그 누구도 거기에 임할 수 없으며 그
누구도 그를 차지할 수 없으며 그 누
구도 그 속에 와 살 수가 없음이니라.
33 영혼의 영원한 구원은 결국 너희들이
아름다운 삶이요, 한 점의 부끄럼이
없는 마음 자세로 살아가는 것, 그리
고 그와 같은 것으로써 행동에 옮기고
살아가는 것,
34 인간의 기본이요, 인간의 질서를 지키
지 아니하면 절대 너희들은 나로부터
얻을 수 없으며, 나로부터 은혜를 받
을 수 없으며, 너희들이 이루고자 하
여도 아무것도 이룰 수 없다는 그 간
단한 이치를 너희들은 지키라.
35 그 이치를 알며 그 뜻을 알면서도 너
희들이 그리 행하기 힘들고 어렵기에
너희들이 지키지 아니하며 행하지 아
니하며 모르는 체하고 넘어가는 것이
니라.
36 너희들이 오늘에 힘들다 하여 모르는
체하고 그대로 넘어가며 그대로 덮어
가는 것이, 너희들이 막상 심판대에
서서 누구에게 도움을 청할 수가 없으
며 도움을 받을 수가 없으며 다시 한
번 기회도 없는 그때 가서 너희들이
얼마나 그것이 고통이며 괴로운 것인
가를 너희들은 알라.
37 사랑하는 나의 아들딸들아! 내가 너
희들에게 뭐라 말하였느냐?
38 한 발짝 한 발짝 뗄 때마다 가시밭길
을 걷는다 생각하라 하였음이니, 이는
바른 자세요, 곧은 자세로써 너희들에
게 살아가라 함이요,
39 말 한마디를 해도 너희들의 입에 밤송
이요, 가시를 물고 말하는 것처럼 너
희들이 그리 말을 아끼며 귀하고 소중
한 말만 하라 하였으니,
40 이것은 바른 마음이요, 바른 정신이
요, 바른 행동으로써 살아갈 수 있도
록 하라 함이니라, 사랑하는 나의 아
들딸들아!
41 내가 명한 것을 지키고 행하여야 너희
것이 됨이니라.
42 그리고 너희들은 나에게 올 수 있으며
구원을 받을 수 있음이니라.
43 내가 뭐라 했느냐?
44 모르고 하는 그 백성은 매를 내가 무
섭게 때리지 않을 것이요, 알고 행하
지 않는 자는 무서운 매를 맞을 것이
라 그리하였음이니,
45 너희들이야말로 하늘의 뜻을 모두를
아는 백성들이니, 가장 무서운 매를
맞을 자들이니,
46 너희들은 내가 새로운 성경에 기록하
여 전하고 내린 것을 읽고 또 읽어 너
희 것으로 만들어 행동하는 데 차질이

없도록 그리하여 나로부터 무서운 매
를 맞지 않도록 그리하라, 사랑하는
나의 아들딸들아!
47 결국 무서운 매는 무엇이더냐?
48 너희들이 무서운 죄의 대가를 치름이
니, 나와 멀어지는 그와 같은 인연이
된다는 것을 너희들은 명심하라.

11,761 번째 하나님 말씀

2004년 6월 24일 07시 04분

1 사랑하는 나의 아들아!
2 "네, 아버님! 말씀하옵소서."
3 진정한 참진리요, 하늘의 뜻은 무엇이
더냐?
4 기적과 이적이요, 광란하는 것, 광신
하는 그와 같은 믿음으로 가는 것이
아니라, 조용히 가는 백성으로서 너희
들이 그리 흘러감이니라.
5 그러니 나로부터 선택된 너희들은 나
의 새로운 성경을 가지고 물이 위에서
아래로 흐르듯이, 조용히 순리를 따라
만백성을 구하면 되는 것이며, 그 백
성들만이 구할 수 있는 지이니라.
6 그와 같은 믿음을 전하는 자만이 만백
성을 구할 수 있음이니라.
7 지금처럼 너희들이 광분하고 광신도
의 자세로써는 아무것도 이룰 수 없으
며 거둘 수 없는 자들이요, 모두를 다
파괴하는 자요, 무너트리는 그와 같은
자들이니라.
8 사랑하는 나의 아들을 따르는 제자 너
희들은 들으라.
9 바람이요, 공기와 산소가 너희들에게
얼마나 귀하고 소중하더냐?
10 그가 표를 내지 아니하고 조용히 흘러
갈 때, 너희들의 살결을 스치고 가는
미풍으로 불어올 때, 그 모두는 너희
들의 생명이 존재할 수 있는 생명의
주인의 역할을 하지 않더냐?
11 그러나 조용히 불어 가고 스쳐 가는
그 바람이, 너희들을 구원하고 너희들
의 생명의 주인이 될 수 있는 그와 같
은 바람이 비바람을 몰아치는 태풍으
로서 변화된다면 무서운 재앙을 남기
게 될 것이며, 너희들에게 그를 감당
키 어려운 그와 같은 형국으로 될 것
이니라.
12 사랑하는 나의 아들딸들아!
13 조용히 위에서 밑으로 흐르는 물의 순
리에 따른다면 결국 어떠한 결론이 되
느냐?
14 모든 동식물의 생명수가 되며 모두를
지탱하고 살아갈 수 있는 위대한 물이
되느니라.
15 그러나 폭풍과 더불어 폭우가 쏟아지
며 그 물이 모인 힘이 급류가 되어 몰
아붙인다면, 과연 그 급류를 감내할
수 없는 그 주변의 모두는 다 어떠하
던가?
16 형용할 수 없는 재앙이요, 재난으로써
주도하는 주범이 되는 것이 그 순수하
고 조용히 흐르는 물이니라.
17 그러니 바로 지금 내가 너희들에게 말
하고자 함이 이것이니라.
18 너희들은 나의 아들을 통하여 내가 내
리는 새로운 성경 160권을 가지고 폭
풍이 되어서도 아니 되며, 비바람이
되어서도 아니 되며, 급류가 되어서도
아니 된다는 것을 명심하라.

19 지금 너희들이 급류같이 몰아붙이기
를 바라며, 태풍같이 몰아붙이기를 바
라나, 그 역사를 이루지 아니함이니,
나 여호와의 뜻이 아니요, 나의 아들
이 나로부터 선택된 자가 아니라 그리
말하나,
20 너희들은 그를 명심해야 될 것이니라.
21 조용히 부는 바람은 생명을 구원하는
자가 되나, 태풍이 되어 몰아칠 때 모
두의 재난이 된다고 했으며, 물이 급
류로 변하여 쏟아져 흘러내릴 때 재난
의 주범이라 하지 아니하였더냐?
22 오늘의 믿음의 길을 가는 모든 종교
집단의 지도자들이 그와 같은 형국으
로 지금 가고 있음이니라.
23 그러니 그들은 진실이 거기 없으며 참
된 사랑이 없다 함을 알겠느냐?
24 너희들이 그와 같은 신앙이요, 그와
같은 것을 벗어나지 못하고, 오늘의
종교 집단처럼 너희들이 막을 수 없는
급류와 같은 믿음으로써 나의 160권
의 새로운 성경이 전해지며 역사하기
를 바라지 말라.
25 그것은 진정한 나 여호와의 뜻이 아니
요, 하늘의 법도가 아니니라.
26 내가 너희들에게 뭐라 전했느냐?
27 내가 지금까지 역사하고 복음을 전한
방법으로 하지 아니한다 하였음이니
라.
28 급류와 같이 태풍과 같이 그리 몰아쳐
서 나의 피조물 만백성을 모으며, 그
리하여 숫자 놀음을 하며 숫자 싸움을
하며 그리 모아 놓았으니,
29 그를 유지하기 위하여 재물을 거둬들
이지 아니하면 아니 되니 그 속에는
사업적이요, 사업장으로 변했으며 서
로가 이해관계가 얽히고설킨 자들이
니라.
30 너희들이 바치면서 무엇을 얻고자 하
는 자, 그리고 무엇을 주는 듯하면서
거둬들이는 자, 너희들이 똑같은 인간
들이 되었음이니라.
31 그러니 나의 아들을 따르는 제자 너희
들은 마음 자세요, 행동의 자세를 다
시 굳건히 하라.
32 너희들은 조용히 부는 미풍처럼, 조용
히 흐르는 물처럼 순리를 거역하지 아
니하며 제자리를 지키며, 그와 같이
복음을 전하며 너희들이 나의 피조물
만백성들을 구원하는 것이 나 여호와
의 뜻이요,
33 결국 너희들은 조용히 부는 바람의
감사함을 알며, 조용히 흐르는 물에
대한 감사함을 알며, 그것이 생명수라
는 것을, 생명의 주인이라는 것을 알
날이 머지아니하였음이니라, 사랑하
는 나의 아들딸들아!

11,762 번째 하나님 말씀

2004년 6월 24일 07시 11분

1 사랑하는 나의 아들아!
2 "네, 아버님! 말씀하옵소서."
3 수천 년 동안 흘러오며 내가 너희들에
게 바로 살고 바로 가기를 수천 년 동
안 인내하고 기다렸다 하지 않더냐?
4 그리고 나를 믿고 따르는 그 백성 너
희들이 정녕 하늘의 뜻이요, 하늘의
사랑의 의미를 알고 그 사랑을 베풀고
지키고 사는 백성들이더냐?

5 너희들은 그리 살지 못하느니라.
6 그리하여 나 여호와는 너희들이 그와
같은 사랑의 의미를 알며 사랑을 실천
하는 백성으로 거듭나기를 수천 년 동
안 기다리고 인내했다 하지 않더냐?
7 그 인내하는 나의 고충을 너희들이 알
겠는가?
8 그러나 너희들은 그를 거역하는 행위
만 지금 일삼고 있음이니라.
9 이대로 너희들을 둘 수는 없으며 그대
로 다스릴 수는 없음이니라.
10 너희들의 종교 집단의 지도자들이 잘
못 가르치며 그 사악한 자들로 하여금
사랑하는 나의 아들딸들이 죽음으로
써 끌려가는 것을 더 이상 볼 수가 없
는 것이 나 여호와의 뜻이니라.
11 지금의 지상에 과연 천국이 이루어질
수 있는가?
12 하늘에서 이루어진 것같이 이 지상에
이루어질 수 있다 생각하느냐?
13 너희들은 오늘의 믿음이요, 오늘의 상
태로써 하늘의 뜻에 따라 지상에서 이
루어질 수 없으며 그는 결코 있을 수
없는 그와 같은 형국이 되었음이니라.
14 나 여호와는 하늘의 권세요, 지상의
권세의 그 모두를 너희들에게 똑같은
세상을 만들며 똑같이 너희들이 존재
할 수 있는 것을 바라는 것이 나 여호
와의 뜻이니라.
15 그리하여 구약의 시대를 역사했으며
신약의 시대를 역사했으니, 신약의 시
대는 내가 얼마나 아픔을 겪고 인내했
는가, 그리고 너희들에게 기회를 주었
는가를 알아야 될 것이니라.
16 사랑하는 나의 아들을 따르는 제자들
이요, 나의 새로운 성경을 읽고 깨우
친 만백성 너희들은 들으라.
17 이와 같이 너희들이 봐도 알 수 있으
며 들어서도 알 수 있는 잘못된 믿음
이요, 잘못된 것을 그대로 놔두고 갈
수는 없지 않으냐?
18 그러니 이를 바로잡아야 되며 이를 새
로운 변화로써 모두를 역사해야 함이
니, 이것이 바로 나의 아들을 통하여
160권의 새로운 성경을 내려보내어
개혁이요, 변화를 이루는 것이요, 혁
명을 이루는 것이라는 것을 너희들은
알라.
19 하늘의 뜻이요, 전지전능한 나 여호와
라 해도, 이를 이루고 역사하는 것은
바로 인간 세상에서 이루어짐이니,
20 하늘과 지상의 법도가 엄연히 달라,
내가 지상에서 너희들에게 이룰 수 있
는 것은 너희들을 통하여 모두가 이루
어져야 됨이니라.
21 그리하여 내가 너희들을 선택하여 오
늘의 이 길을 가고 있음을 너희들은
알아야 될 것이니,
22 바로 너희들이 하늘의 전사요, 하늘의
명받은 선생이라 함을 알라.
23 그러니 하늘의 선생이요, 하늘로써 명
받은 전사로서, 바르고 고운 한 점의
부끄러움이 없는 삶을 살아가는 데 너
희들은 정녕 얼마나 노력하며 모두를
다 바치는가?
24 나의 아들을 통하여 내가 너희들에게
하늘의 뜻을 전했느니라.
25 너희들이 나에게 충성하며 나에게 목
숨을 바치며 나에게 모든 정성을 다하
는 그와 같은 믿음이요, 그와 같은 길

을 가지 말며,
26 너희들이 나에게 한 점의 부끄러움이
없는 행위를 하는 데 충성하며 목숨을
바치며 정성을 다하며 모두를 다하여
역사하라 하지 아니하였더냐?
27 그 뜻을 알겠느냐?
28 너희들은 하늘의 선생이요, 하늘의 전
사이기 때문에 그러니라, 사랑하는 나
의 아들딸들아!
29 너희들은 알 수 있을 것이니라.
30 말로써 모두를 역사하고 행위는 없는
오늘의 그 믿음의 길을 가는 백성들,
말로써는 당할 자가 없으며 말로써는
세상 것을 다 준다 하느니라.
31 그러나 정녕 제 것을 손실을 보며 제
것을 손해를 보면서 베풀고 행하는 행
위는 절대로 하지 않는 자들이 그들이
니라.
32 그러니 그들을 깨우치고 바로잡아야
된다는 것을, 그대로 둬서는 아니 된
다는 것을 너희들이 더 알고 있을 것
이니라.
33 사랑하는 나의 아들딸들아! 내가 너
희들에게 뭐라 말하였느냐?
34 너희들이 노력하고 노력하여 가꾸었
을 때, 내가 성령으로 임한 너희들의
그 열매를 거둔다 하였음이니,
35 성령으로써 다져지고 굳어져 성장한
나의 백성 너희들만 내가 천국에 받아
들이고 거둬들인다는 말이 아니더냐?
36 그러니 지금의 백성들이요, 그들이 가
는 믿음으로써는 열매를 맺을 수가 없
음이니, 내가 그를 거둬들일 수가 없
음이니,
37 마지막 시대에 내가 너희들을 거둬들
이지 못한다면 그는 버려짐이니, 내가
가라지를 버릴 때 어디다 버린다 했느
냐?
38 끓는 유황불 속에 던지며 기름 가마
속에 던진다 하지 아니하였더냐?
39 그러니 너희들이 이와 같은 의미를 안
다면, 그 열매를 맺지 못하는 백성들
을 잘 가꾸고 다스려 열매가 열 수 있
도록 하는 것이 지금 선택된 나의 아
들딸이요,
40 그는 바로 너희들의 은혜요, 너희들의
축복의 영광과 더불어 역사한다는 것
을 알라, 사랑하는 나의 아들딸들아!

11,763 번째 하나님 말씀

2004년 6월 24일 07시 17분

1 사랑하는 나의 아들아!
2 "네, 아버님! 말씀하옵소서."
3 모든 종교 집단의 지도자에게 너희들
은 전하고 깨우쳐야 될 것이니라.
4 모든 종교 집단의 지도자, 나의 백성
을 이끌어 하늘로 인도한다는 그와 같
은 자들, 단상에 서서 세 치 혓바닥으
로 나의 피조물 만백성을 감언이설로
지옥의 벼랑으로 밀어 넣는 것,
5 너희들의 지금까지 믿음이요, 나에게
오른다는 그 종교 집단이요, 종파들이
허위와 위장된 행위로써 스스로 너희
들이 지금 나의 피조물 만백성을 지옥
으로 이끌며, 너희들 자신도 거듭나지
못하며 두 번 다시 나올 수 없는 누구
도 상상할 수 없는 그 고통의 길을 달
려가고 있음이니라.
6 그러면서 너희들은 지금 위장된 행위

를 하고 있음이니라.
7 그러니 너희가 허위와 위장된 그것을
스스로 벗어던지고 깨어나 거듭나는
삶을 살지 아니하면 아니 될 것이니라.
8 이제 모든 종교 집단의 지도자 너희들
이 허위와 거짓으로써 이끌어 왔던 그
모두를 당장 중단하며 깨우치라.
9 그리고 완전한 것이 세상에 내려옴이
니, 나의 성령이요, 하늘의 뜻이요, 구
원을 받는 모든 기본이요, 근본이 기
록되어 있는 완벽하고 완전한 나의 새
로운 성경이 세상에 내려오니,
10 너희들이 이제 모든 부분적인 것을 다
폐하고 이를 읽고 깨우쳐 거듭나는 역
사를 이루지 아니하면 아니 될 것이니
라.
11 너희들은 지금 어떠한 행위를 하고 있
는지 알겠느냐?
12 하늘로는 창조주 너희들이 전지전능
한 아버지라 하는 나를 속이고 있으
며, 아래로는 사랑하는 나의 피조물
만백성을 속이고 있음이니라.
13 가장 두렵고 무서운 것은, 이와 같은
문제를 일고 있는 자, 알면서도 이끌고
이끌어 가는 자들이 있음이니, 이것이
가장 큰 죄악이요,
14 더러는 모르고 가는 자들도 있음이니
라.
15 모르고 가는 자 또한 그것이 문제요,
문제점이라는 것을 너희들은 알아야
될 것이니라.
16 내가 너희들에게 묻노라.
17 모든 종교 집단의 지도자요, 목자라
하는 자, 기름 부음을 받은 자라 하는
자, 정녕 너희가 나로부터 선택된 목
자라 말할 수 있는가?
18 너희들이 무엇으로써 나로부터 선택
된 목자요, 지도자라 증명할 수 있는
가?
19 그 증명함을 너희들은 내보이도록 그
리하라.
20 너희들은 그리 물을 때 말할 것이니라.
21 너희들은 성경책을 가지고 성경을 공
부했으며, 인간이 가르치는 교육의 과
정을 이수했으며 거기서 공부했다 그
리 말할 것이니라.
22 그래서 너희들이 나의 목자가 되었다
말할 것이니라.
23 그러니 너희들이 스스로 성경을 가지
고 그 의미를 모르고 공부하고 수박
겉핥듯이 흘러온 그 세월, 그리고 인
간의 사업장을 육성하는 곳에서 교육
을 받은 것으로써 나의 목자라 말하지
말며, 나로부터 기름 부음을 받은 자
요, 명받은 종교 지도자라 말하지 말
라.
24 나는 그와 같은 것이 관계없으니, 내
가 쓰고자 하는 자를 쓰는 것이며, 내
가 역사하고자 하는 것을 역사할 수
있으니, 다만 너희들은 알라.
25 나로부터 성령의 명을 직접 받지 못
한다면 너희들은 나로부터 선택된 목
자요, 지도자가 아니라는 것을 알라.
26 나 여호와는 나의 성령의 뜻을 직접
전함이니, 그 이유와 그 뜻이 무엇인
지 알겠느냐?
27 나로부터 선택된 종교 지도자요, 그
목자가 잘못 가르치고 잘못 지도한다
면, 이는 얼마나 많은 오류요, 얼마나
무서운 착오를 만들겠는가?

28 그러니 나의 종교 집단의 지도자는 참
진리요, 하늘의 뜻이요, 그것은 불변
이기 때문에 내가 직접 너희들에게 그
뜻을 내리며 그를 명함이니라.
29 그리하여 모두를 역사하는 것이 나의
뜻이니라.
30 그러니 지금 내가 세상에서 모두를
역사하는 것은, 하늘에서 하나의 빛을
내려 지상에 한 거점을 만들어 거기를
통하여 모두를 역사한다는 말을 알겠
느냐?
31 지금은 나의 아들을 통하여 새로운 성
경으로써 너희들에게 빛과 소금이 됨
이니라.
32 이것은 두 사람이 받아서도 아니 되며
세 사람이 받아서는 더욱 아니 됨이니
라.
33 그리되었을 때 너희들은 서로가 반목
하며 서로가 의사 충돌이 되며, 이것
이 진리요, 아니요, 그리 말하기 때문
에,
34 참진리는 결국 한 사람을 통하여 내가
직접 관리하고 통제하느니라.
35 그리고 너희들이 깨달음을 얻는 자,
그리고 선생으로서 거듭나는 자, 지도
자로서 거듭나는 자, 너희들은 내가
직접 부음이니라.
36 그렇지 아니하면 너희들이 내 진리를
가르칠 수 없으며 내 뜻을 알아들을
수가 없기 때문이니라.
37 한 사람을 통하고 두 사람을 통하여
전해지고 깨우칠 때, 그 모두는 다 희
석되며 너희들 뜻대로 가미되어 오늘
의 성경처럼 그리되며, 오늘의 믿음의
길을 가는 백성들처럼 타락하고 타락
하게 되어 있음이니라.
38 나의 아들을 통하여 새로운 성경 160
권을 내려보내 너희들을 깨우치니, 이
깨우침은 너희들이 하늘에 오르는 길
을 볼 수 있는 눈을 연다 하였음이니,
39 이는 하늘의 지혜를 받아들일 수 있으
며 나의 성령을 받아들일 수 있는 기
초요, 기본이니라.
40 이리 훈련이 되었을 때 내가 너희들을
지도자요, 선생으로서 역사할 때는 모
두가 나의 성령으로써 직접 임하여 내
뜻을 바로 전함이니,
41 이것이 오류가 생기지 않는 것이요,
내 뜻을 그대로 전하는 것이요,
42 하늘에서 이루어진 것같이 지상에서
낙원의 세상을 이루는 방법이 그리 이
룸이니 그리 알라, 사랑하는 나의 아
들딸들아!

11,764 번째 하나님 말씀

2004년 6월 24일 07시 24분

1 사랑하는 나의 아들아!
2 **"네, 아버님! 말씀하옵소서."**
3 너를 따르는 제자들이요, 나의 새로운
성경을 읽고 깨우친 백성, 너희들이
지금까지 왔던 길에서 새로운 길을 감
이니, 너희들의 고통이요, 시련이요,
힘듦을 내가 안다 하였음이니라.
4 그리하여 내가 진실로 진실로 너희들
에게 전함이니, 이는 나 여호와의 뜻
이요, 새로운 성령이니, 너희들이 인
내하고 참고 견뎌 승자가 되라 내가
간곡히 그리 전한 뜻이 무엇이더냐?
5 오늘의 모든 종교 집단의 지도자들이

썩을 대로 썩고 부패하고 부패한 속에
서 새로운 씨앗으로써 새로운 싹의 기
틀을 잡는 것은, 그 씨앗을 심는 것은
바로 너희들로서 모두가 역사하지 아
니하면 아니 되기 때문이니라.
6 오늘의 모든 종교 집단의 지도자요,
그 방대한 조직이요, 방대한 힘을 가
지고 있는 그들이 바로 가르치고 바로
깨우쳤다면,
7 이 세상은 남에게 나눠 주기 위하여
가난한 자를 찾으며, 가진 자가 불쌍
한 자를 찾는 그와 같은 세상이 됨이
니,
8 받을 자가 없어 줄 자가 없으며 받으
려 하는 자가 없는 그와 같은 세상이
나 여호와의 뜻이요, 믿음의 길을 가
는 백성이라 하지 아니하였더냐?
9 그러니 그 방대한 조직이요, 방대한
인원을 가지고 있는 자, 재물을 가지
고 있는 자, 능력을 가지고 있는 자들
이 저희들이 창고를 걸어 잠그며 그
창고의 문을 닫아 버렸으니, 거기에
사랑이요 베풂이 없지 않은가?
10 쌓아 놓은 자들이 베풀기 위하여 가난
한 자를 찾아 나서 그를 들고 전하면
되는 것이거늘, 지금 그들은 그와 같
은 행위를 하지 아니하며 그들이 역으
로 뭐라 말하느냐?
11 감사하는 자 너희들이 감사함을 얻을
것이니라.
12 그러니 감사함으로 많이 바치라, 감사
헌금을 많이 바치는 자 더 얻을 것이
니라,
13 감사 헌금이 적으니라, 적어서 너희들
이 복을 받지 못하느니라, 적은 자는
너희들이 부흥할 수 없는 것이니라,
감사 헌금을 적게 바치는 자는 나 여
호와의 뜻이 아니니, 내 뜻을 전하며
역사하는 자격이 없는 자이니라.
14 그러니 너희들이 감사하는 마음으로
써 거둬들이고 또 거둬들이도록 하여
'바쳐라, 바쳐라, 바치는 것이 하늘에
오르는 길이라' 이러한 행동을 서슴없
이 하고 있는 것이 종교 집단의 지도
자들이 오늘에 하고 있는 행위이니,
이를 보는 나 여호와의 마음이 오죽하
겠는가?
15 그리고 그와 같은 것을 듣고 보는 너
희들은 과연 이것이 하늘에 오르는 길
이요, 나 여호와의 뜻에 의하여 역사
하는 것이라 생각하느냐?
16 사랑하는 나의 아들딸들아! 그 썩고
부패한 속에서는 어떠한 새로운 싹을
심을 수도 없으며 새싹을 틔울 수도
없음이니라.
17 오로지 지금 변화되기 위하여 발버둥
치는 너희들, 그리고 하늘의 뜻이요,
나 여호와의 뜻을 깨닫고 깨우쳐 가고
자 하는 백성 너희들, 너희들로부터
모두의 새로운 역사요, 새 시대를 열
어 가기에,
18 내가 너희들에게 물러서지 말라, 그리
고 도망가지 말라, 버리고 떠나지 말
라 말하며,
19 이는 하늘의 뜻이요, 나 여호와가 역
사하는 것이요, 반드시 너희들이 승자
가 되어 진실로 진실로 믿으라 하는
나의 뜻을 너희들은 알겠는가?
20 사랑하는 나의 아들딸들아! 이 세상
에 종교 집단의 지도자들이 가는 것,

그리고 인간 세상의 살아가는 모습을
보라.
21 과연 그와 같은 종교 집단이요, 믿음
이요, 이와 같은 백성들의 마음을 가
지고 하늘에 오를 수 있다 생각하는가?
22 너희들이 금화와 은화를 베풀어야 되
는 것을, 금화와 은화를 생명을 바쳐
제 창고에 쌓아 놓고자 하며, 제 주머
니에 쩔렁거리고 다니고 싶어 하는
자, 그러한 모든 마음을 가지고 사는
그 백성들의 세상 속에서,
23 있는 것 나눠 주며, 가진 것 나눠 주려
는 순수한 마음을 가지고 있는 백성이
너희들만큼 아름다우며 그만큼 행할
수 있는 자들이 있느냐?
24 그러기에 내가 너희들이 소중하다 함
이니 알라.
25 너희들이 터를 닦아야 될 것이며, 너
희들이 기초를 닦아 놓아야 거기서부
터 모두가 퍼져 나가기 때문이니, 너
희들이 기초요, 주춧돌의 역할을 하는
백성이라는 걸 알라.
26 터를 닦고 주춧돌을 세워 놓아야 너희
들이 집을 지을 수 있듯이, 바로 너희
들이 집을 지을 수 있는 주춧돌의 역
할을 함이니,
27 그 주춧돌이 눌리고 눌리는 그 힘이
요, 그것이 얼마나 고통스럽고 힘들겠
는가?
28 그러나 그 무게와 그 어려움을 겪고
견딜 때,
29 아름다운 집이 설 수 있도록 너희들이
어렵고 힘들어도 그 무게를 지탱하며
그와 같이 인내하는 마음으로 이루어
졌을 때,
30 지금의 부패하고 부패해지고 썩을 대
로 썩은 종교 집단의 지도자가 거듭날
수 있으며, 만백성이 구원의 길을 갈
수 있다는 것을 잊지 말라, 사랑하는
나의 아들딸들아!
31 터를 닦고 모두를 감내하고 지탱하고
버텨야 할 주춧돌의 역할을 너희들이
하느니라.
32 그래야만 그 위에 모두의 아름다운 집
을 지을 수 있으며, 만백성이 그 안에
살 수 있음이니라, 사랑하는 나의 아
들딸들아!

11,765 번째 하나님 말씀

2004년 6월 24일 07시 56분

1 사랑하는 나의 아들아!
2 "네, 아버님! 말씀하옵소서."
3 너희들의 생각과 살아가는 그 방향이
얼마나 잘못되었던가?
4 더욱이 잘못 가르치는 종교 집단의 지
도자들이 기본이요, 근본이 되어 있지
아니하며, 자연의 순리와 이치를 모르
며, 하늘의 뜻을 모르고 나의 피조물
만백성을 이끌어 간다 함이니, 그리하
여 오늘에 이와 같이 불행한 세상이
되었음이니라.
5 나 여호와가 모두를 취하여 먹고살 수
있도록 내려 준 이 자연의 아름다운
세상이요, 그 오묘함이요, 오묘하게
살아가는 그 이치요, 그 모두를 너희
들이 바라보면서 즐기고 살도록 하여
세상에 나갈 때,
6 너희들이 가지고 나갔던 마음 그대로
아름답게 살며, 욕심부리지 말며 시기

하고 질투하지 말며 욕망을 갖지 말고
그저 순수하게 아름답게 살다 나에게
오르라 하였거늘,
7 너희들이 어찌하여 이와 같이 험악한
백성으로서 전락되었으며, 너희들의
그 모습과 그 형태로써 결코 천사들이
사는 하늘나라에 올 수 없는 그와 같
은 험악한 모습이요, 험악한 형태로
변화되었단 말이더냐?
8 사랑하는 나의 아들딸들아! 모두가
다 잘못 가르쳤기 때문이니라.
9 너희들이 마음을 악하게 먹고 살며 악
한 행동을 하면서, 너희들이 선한 행
동을 할 수 있던가?
10 악한 마음을 먹고 악한 생각을 하고
사는 자는 결코 선한 일이요, 선한 행
동을 할 수 없음이니라.
11 악한 행동을 하면서 선한 생각을 할
수 있는가?
12 정녕 악한 행동을 하면서 너희들이 선
한 생각을 할 수 없음이니라.
13 그러나 오늘의 종교 집단 지도자들이
어찌 가르치는지 알겠느냐?
14 악한 생각을 하면서도 선한 행동을 할
수 있다 하느니라.
15 그것이 오늘의 너희들이 잘못된 것이
요, 잘못 가르침이니라.
16 그러니 너희들이 그와 같이 할 수 있
다는 역사의 현장이 되어 버렸기 때문
에, 오늘에 이와 같이 험악한 세상이
되었느니라.
17 사랑하는 나의 아들딸들아! 너희들이
선한 생각을 하고 선한 마음을 가지고
사는 자, 선한 행동을 할 수 있는 것이
아니더냐?
18 그러니 먼저 이와 같은 순리요, 이치
를 깨우치고 가르쳐야만 너희들이 오
늘의 이 험악한 세상에서 거듭날 수
있음이니라.
19 가르치는 자가 그와 같이 행할 수 없
으며 진리에 어긋나는 행위를 옳다 가
르침이니 먼저 그들을 깨우쳐야 될 것
이며,
20 그들이 깨우치고 나서 나의 피조물 만
백성을 가르치는 지도자로 저희들이
단상에 서서 설교하고 강론해야 될 것
이니라.
21 악한 생각을 하면서 선한 행동이요,
선한 생각을 할 수가 없는 것처럼, 너
희들이 선한 생각을 하면서 선한 마음
을 가지고 악행을 할 수 없듯이, 너희
들이 마음 자세부터 다스려야 되는 것
이니라.
22 그러나 종교 집단의 지도자들은 악한
사가 선한 일을 할 수 있으며, 악한 생
각을 하면서 선한 일을 할 수 있다는
것, 바로 이것이 무엇이더냐?
23 너희들이 인간의 삶을 사는 것은 중요
하지 아니하며, 하늘의 뜻이요, 나를
믿기만 하면, 나의 아들 예수를 구세
주로 부르기만 하면 구원을 받는다는
그와 같은 생각, 그 모두가 너희들이
순리를 역행하는 자니,
24 바로 너희들이 악한 자가 선한 일을
할 수 있다는 것은 하늘의 순리를 어
기는 행위요, 그 행위나 똑같은 자이
니라.
25 그와 같은 자들이 세상을 지배하고 다
스리고 있기 때문에 오늘과 같이 너희
들이 아름다운 세상이요, 자연의 위대

함이요, 그를 느끼지 못하며 그 감사
함을 모르고 사는 것이니라.
26 그러니 하늘에서 이루어진 것같이 이
지상에 이루고자 모든 기초요, 기반을
다져 놓은 이 세상이 지금 이와 같이
험악하고 무서운 세상이 되었음이니,
27 이건 인간 너희들이 잘못 가르치는 지
도자요, 더욱이 그중에 가장 그 죄를
면치 못할 것은 종교 집단이요, 방대
한 조직을 가지고 선하고 아름답게 사
랑을 베풀며 살아가야 된다 말로 가르
치며,
28 행동은 그리하지 아니하여도 구원을
받는다 말하고 가르치는 그들이 있기
때문이니, 이게 잘못되었음을 알라 그
리 전하라.

11,766 번째 하나님 말씀

2004년 6월 24일 08시 01분

1 사랑하는 나의 아들아!
2 "네, 아버님! 말씀하옵소서."
3 아무리 높고 험준한 산이라 하여도 그
를 정복하기 위하여 오르고 또 오르는
사람이 있으며 그 백성이 있다면,
4 결국 움직이지 못하는 산은 움직이는
백성 너희들이 나약한 자나 너희들에
게 결국 정복당하게 되어 있느니라.
5 사랑하는 나의 아들딸들아! 너희들이
새로운 성경을 만들고 역사하는 것,
네가 나로부터 새로운 성령을 받아 그
를 책으로 만드는 이와 같은 역사는
아무리 너희들이 어렵고 힘들다 하여
도 결국 이는 만들어질 것이니라.
6 그리고 너희들이 세상에 전해지는 것
이 아무리 어렵고 힘들다 하여도 너희
들이 노력하고 또 노력하는 한 결국
세상에는 나의 새로운 성경이 덮을 것
이니라.
7 그리하여 만백성이 이를 보고 깨우치
는 것, 그리고 너희들이 지금은 나의
새로운 성경에 하늘에서 이루어진 것
같이 지상의 천국을 이룬다 하나,
8 너희들이 지금 생각할 때 앞이 캄캄하
며 그 짐이 무거우며, 과연 그러할 것
인가, 너희들이 될까 안 될까 불안한
마음을 갖는 자,
9 그러나 노력하고 노력하는 너희들이
있다면, 이 지상의 천국은 하늘에서
이루어진 것같이 반드시 이루어진다
는 것, 되지 아니하는 것이 없다는 것
을 알라.
10 다만, 너희들이 이 세상에 나의 새로
운 성경으로 덮어 만백성들의 험악한
마음을 씻고 또 씻어 너희들이 하늘에
서 이루어진 것같이 이 지상의 천국이
이루어지며,
11 자연의 아름다움이요, 나 여호와가 내
리는 그 모두를 소중한 것을 감사하며
모두에 감사하는 마음으로 살아가는
마음으로 변하는 것,
12 지금은 너희들이 감당키 어려우며 그
는 생각할 수도 없으며 감히 그와 같
은 것이 이루어질 거라 너희 자신도
생각하지 못할 것이니라.
13 그러나 아무리 높고 높은 산도 나약한
너희들이 정복하고자 하는 자가 있을
때 정복당한다 했지 않더냐?
14 그와 마찬가지니라.
15 모두는 계속 걷고 전진하는 자에게 굴

복당하게 되어 있음이니라.
16 멀고 먼 목적지도 그러하니라.
17 모두가 다 걷고 또 걷고 전진하고 전
진할 때, 결국 그 모두는 너희들에게
굴복당하며 승자는 너희들이 되는 것
이니라.
18 사랑하는 나의 아들딸들아! 쉬지 않
고 전진하는 자 앞에 견딜 수 없음이
니라.
19 그러니 새로운 성경이 나오는 것도 너
희들이 오늘 힘들다 하여 중단하면 무
엇이 이루어지겠느냐?
20 계속 전진하고 또 노력하는 과정에서
나의 새로운 성경 160권이 세상에 나
오는 것이니, 나의 아들 너 또한 주저
하지 말라.
21 그리고 새로운 성경이 세상을 덮어 만
백성을 깨우치는 그와 같은 역사를 이
루어, 하늘에서 이루어진 것같이 이
지상의 천국을 이루는 것, 그것은 반
드시 이루어짐이니라.
22 그러나 그와 같은 역사를 이루기 위해
서는 누군가가 첫발을 디디는 자가 있
으며 시작하는 자가 있으며 도전하는
자가 있어야 될 것이니라.
23 그게 바로 너희들이니라.
24 너희들이 첫걸음부터 시작하는 자요,
도전하는 자요, 기틀을 만들어 놓는
것이 너희들이니, 너희들이 쉬지 않고
계속할 때, 세상은 나의 새로운 성경
으로 모두가 다 굴복당할 것이니라.
25 그러니 그와 같이 역사하는 백성, 선
택된 너희들이 이를 이루는 과정에서
아름다운 마음이요, 정의로운 마음이
요, 하늘을 향하여 한 점의 부끄럼이
없는 모습으로써 살아갈 때,
26 정녕 그것이 빛과 소금이 되어 만백성
을 구하는 길의 역사를 이룰 수 있다
는 것을 가슴 깊이 간직하고, 쉬지 말
고 노력하라, 사랑하는 나의 아들딸들
아!
27 주저하지 말라, 그리고 계속 전진하라.
28 그러면 모두가 다 굴복하게 되어 있는
것이 세상의 이치이니라.
29 그리고 나 여호와가 너희들과 같이하
며 너희들을 이끌고 도와주는 나 여호
와가 있지 않더냐?
30 그러니 두려워하지 말라.

11,767 번째 하나님 말씀

2004년 6월 24일 08시 05분

1 사랑하는 나의 아들아!
2 "네, 아버님! 말씀하옵소서."
3 나로부터 선택되어 모두를 역사하는
것, 선지자요, 예언자요, 그와 같은 역
사를 이루는 것은 특별한 사람이 나에
게 선택되는 것이라는 개념을 버리며
그와 같은 생각을 버리라.
4 나 여호와가 창조주라 하지 않느냐?
5 창조주 나 여호와는 너희들이 어떠한
생각을 가지고 있든 어떠한 형태를 가
지고 있든 그것은 나와 관계가 없느니
라.
6 너희들이 인간 상식의 지식이 있으며
배움이 있다 하여 그와 같은 것으로써
내가 선택하고 선택하지 아니함은 아
무런 관계가 없음이니라.
7 나 여호와가 모세를 통하여 하나의 지
팡이로 모두를 역사했으며 모든 기적

을 보였듯이, 나 여호와는 내가 쓰고
자 한다면 누구든지 쓸 수 있으며 누
구든지 기적의 역사를 이룰 수 있는
것이니라.
8 그러니 너희들은 지금 어떠한 형태든
간에, 지난날의 예언자요, 지난날의
선지자요, 그와 같은 형태의 그림이
요, 그 마음에서 특별한 것처럼, 특별
히 선택된 것처럼 그리 생각하지 말라.
9 그들도 모두 그 생활 속에서 평범한
백성 중에서 나 여호와가 선택하여 역
사하고 썼음을 너희들은 알라.
10 지금 나의 아들은 미리 준비된 자이니
라.
11 그리고 내가 이 역사를 하기 위하여
준비된 나의 아들을 세상에 내려보냈
음이니라.
12 이것이 지금의 시대에 사는 백성 너희
들의 축복이요, 영광이라 함이니라.
13 다만, 너희들이 이를 모를 뿐이요, 이
를 알지 못하기 때문이니라.
14 그러니 너희들이 옛날의 선지자요, 예
언자요, 그들과 지금 나의 아들을 견
주어, 무엇인가 약점을 찾으며 잘잘못
을 시비하려 하는 너희들은 그 생각을
버리라.
15 그들이나 나의 아들이나 지금 무엇이
틀리고 무엇이 다르단 말이더냐?
16 너희들은 여기서 알아야 될 것이니라.
17 오늘의 나의 아들은 지금 나의 새로운
성령을 직접 받아, 너희들이 읽고 쓰
고 깨우칠 수 있는 책으로써 만들어
내려보내지 않더냐?
18 '하늘에 오르는 길'이요, '하나님! 말
씀하옵소서.' 라는 160권의 새로운 성
경이요, 이를 글로써 너희들의 문자로
써 세상에 만들어 보내니,
19 지금까지 이 세상에 기적의 역사를
이룬 것은 이것보다 새로운 역사요,
새로운 기적이 없음을 알며, 이보다
더 위대한 영광이요, 위대한 기적의
역사가 없다는 것을 깨우치고 다시 한
번 너희들의 마음 자세를 들여다보며,
20 오늘의 너희들이 생각해야 되는 것,
너희들이 생각하고 있는 것, 그리고
너희들이 가야 할 방향이요, 역사할
것이요, 너희들이 마음 자세요, 생각
하는 마음이요, 행동에 옮겨야 되는
것이요, 그 모두를 재정비하고 다시
다스려 너희들을 추스르지 아니하면
결코 아니 될 것이니라.
21 너희들이 과거에 연연해 지금의 나의
아들과 무엇을 비교하며, 과거의 선지
자와 나의 아들이 가는 역사를 무엇을
비교한단 말이더냐?
22 그들은 책으로써 글로써 대장정의 역
사를 이룬 것이 없음이니라.
23 다만, 전해 들은 것으로써 그가 이루
었다 기록하였느니라.
24 그러나 지금 나의 아들은 살아 있는
그 제자들이 나의 아들이 살아 있을
때 160권의 새로운 성경을 직접 기록
하고 만들어 전하니,
25 이보다 더 큰 역사의 은혜요, 영광이
없으며, 곧 이는 나로부터 준비된 나
의 아들이요, 예비된 아들이라는 것을
너희들은 알아야 될 것이니라.

11,768 번째 하나님 말씀

2004년 6월 24일 08시 11분

1 사랑하는 나의 아들아!
2 "네, 아버님! 말씀하옵소서."
3 나 여호와가 나의 아들을 통하여 너희
들에게 전했느니라.
4 아이들이요, 모든 백성의 인성의 문제
요, 그가 바로 서고 잘못 가는 것, 그
것은 어디서부터 시작한다 하였느냐?
5 인성의 문제는 잘못되고 잘못 역사하
는 것, 바로 설 수 있는 것은 어머니의
태교부터 시작한다 내가 하지 않았느
냐?
6 너희들이 태교가 잘못되었을 때, 바른
인성을 가지고 백성이 태어날 수가 없
는 그 무서운 현실이라 하였느니라.
7 그러니 모두가 사랑으로써 이루어야
할 여성들이요, 그리고 사랑으로써 이
세상의 모두를 가슴에 안아야 할 여인
들의 그 마음이 흔들리며 복잡할 때,
8 그 복잡한 속에서 태어나는 그 아이가
바로 태교요, 기초가 잘못 다스려져서
세상에 태어난다면 어떠한 아이가 태
어나겠느냐?
9 그러니 그 아이는 이 세상에 태어날
때부터 불안정한 정서 속에서 불안정
한 생각으로써 세상에 태어나는 그와
같은 결과가 되지 않겠느냐?
10 그리하여 나의 사랑하는 백성들이요,
모든 인성을 다스리며 천사와 같이 아
름다운 마음으로 살아갈 수 있는 것은
여인의 태교부터 이루어진다 함을 너
희들은 명심해야 될 것이니라.
11 그때부터 불안하며 정서가 흔들린다
면 결코 그는 바로잡을 수 없는 것이
니라.
12 내가 왜 이 예를 들어 너희들에게 가
르치겠느냐?
13 모든 백성들이 믿음을 시작하는 것,
너희들이 하늘에 오르는 길을 선택하
는 것, 그것이 바로 처음서부터 잘못
잡히며 기초부터 잘못되면, 아무것도
이루어질 수 없으며 역사할 수 없기
때문이니라.
14 사랑하는 나의 아들딸들아! 지금의
너희들은 모두가 잘못되었음이니라.
15 너희들은 기초가 잘못되었으며, 그리
하여 기초가 잘못된 곳에서 믿음이요,
신앙의 길을 갔기에 이를 바로잡을 수
가 없으며 바로잡기가 이리 어렵고 힘
드느니라.
16 그리하여 내가 그것을 바로잡고 새로
역사하기 위하여 오늘의 이 대장정의
역사를 이루고 있음을 알겠는가?
17 이제 모든 종교 집단의 지도자요, 그
리고 믿음의 길을 선택하는 백성, 너
희들은 깨달아야 될 것이니라.
18 너희들이 지금이라도 구원의 길이요,
나에게 오르고자 한다면, 너희들은 기
초의 교육을 바로 시작하며, 기초를
바로 깨우쳐야 되며, 기초가 다져진
믿음의 길을 가지 아니하면 아니 되느
니라.
19 바른 기초 위에 너희들이 모두를 역사
할 수 있음이니, 종교를 선택하는 것
이 가장 기초의 기본이니, 선택함을
신중히 해야 될 것이며, 생각을 거듭
하고 또 노력을 거듭하여 너희들이 그
길을 선택하도록 그리해야 될 것이니

라.
20 지금의 모든 종교 집단이요, 믿음이
바로 기초부터 잘못되었음이니라.
21 처음에 기초가 잘못되어 첫 단추를 잘
못 끼운 것처럼, 너희들이 어머니의
태교가 잘못된 것처럼 오늘의 종교 집
단이요, 그들이 다 잘못되었으니,
22 그곳에 몸을 던지는 자, 발을 들여놓
는 자, 너희들은 기초가 잘못되며 모
두가 무너지는 신앙생활을 한다는 것
을 내가 나의 새로운 성경에 기록하여
전함이니, 이를 명심하도록 그리하라.
23 믿음의 길을 가는 백성, 믿음의 길을
가지 않는 백성, 너희들은 처음부터
다시 시작하는 깨달음을 얻어야 될 것
이니라.
24 그러니 너희들이 처음부터 시작할 기
초의 기본인 교과서가 없기에, 내가
너희들에게 160권의 새로운 성경을
내려보냄이니라.
25 그리하여 이를 깨우치고 너희들이 읽
고 정독한다면 기초의 모든 틀이 여기
있으며, 너희들이 바로 설 수 있는 그
모두가 여기에 다 있음이니라.
26 그리고 너희들은 지금의 형국으로써
바로 세울 수 없으며 거듭날 수 없다
는 것을 명심하고 또 명심하여, 지금
기초부터 새로 내리는 새로운 성경
160권을 접하고 읽고 깨우쳐 거듭나
는 어렵고 힘든 삶의 길을 가도록 선
택하는 데 주저하지 말도록 그리 전하
고 깨우치라.
27 160권의 이 새로운 성경 외에는 기초
가 없으며, 너희들이 기초를 다질 수
가 없으며, 거듭날 수 있는 기회가 없
으며, 거듭날 수 있는 방법이 없다 함
을 그들의 머릿속에 깊이 심어 주고
그리 꼭 전하도록 하라.

11,769 번째 하나님 말씀

2004년 6월 24일 08시 13분

1 사랑하는 나의 아들아!
2 "네, 아버님! 말씀하옵소서."
3 이 세상에서 가장 현명하며, 지혜가
있으며, 동물의 제왕이라 하는 너희
들, 너희들이 가장 영리한 것이며 현
명하게 살아가는 그와 같은 삶을 사는
줄 아느니라.
4 과학의 변화로 너희들의 머리로써 만
들어 내지 못하는 것이 없음이니, 그
리하여 가장 위대하고 현명한 백성이
라 생각하느니라.
5 그러나 내가 보는 너희들은 가장 어리
석은 백성들이요, 가장 미련한 백성이
라는 것을 알라.
6 너희들이 나로부터 누리고 얻을 것이
요, 나로부터 받을 은혜가 얼마나 위
대한 것인 줄 아느냐?
7 너희들이 인간 세상에서 과학이요, 문
명을 아무리 발전시키고 변화시킨다
해도, 내가 세상에 내려 준 자연의 순
리 속에서 너희들이 거두고 취하고 살
수 있는 그 위대하고 소중함을 너희들
은 인간의 욕심 때문에 모름이니라.
8 나 여호와가 너희들이 살아가는 방법
을 내리는 것, 그것을 너희들이 느끼
고 체험할 때, 거기에 그보다 더 큰 행
복이요, 영광이 없다 한 나의 성경에
기록한 뜻을 아느냐?

9 가장 어리석은 백성들이니라.
10 그러나 너희들이 지금이라도 욕심을
버리며 욕망을 버리는 순수한 마음으
로 다시 태어나지 아니하면, 너희들은
정녕 인간의 삶이요, 본연의 삶을 모
르고 사는 어리석은 백성들이니라.
11 너희들이 과학의 문명이요, 시대의 변
화에 좇아가는 것만이 위대하고 현명
한 것이요, 그것으로써 모든 자연과
동식물을 통제할 수 있으니, 너희들이
진정한 제왕이라 그리하나,
12 무력으로써 다스리는 자와 인자함으
로써 사랑으로 다스리는 자와 그 차이
점은 유사시에 알게 될 것이니라.
13 그와 마찬가지로 현명하지 못한 것이
나의 백성들이요, 자연의 순리요, 아
름다움 속에 너희들이 느끼고 살아갈
수 있는 그 모두를 하나도 느끼지 못
하며 보지 못하며 얻지 못하고 살아가
는 너희들이기에,
14 내가 가장 어리석고 미련한 백성이요,
불쌍한 백성이라 하는 뜻을 알라, 사
랑하는 나의 아들딸들아!

11,770 번째 하나님 말씀

2004년 6월 24일 09시 28분

1 사랑하는 나의 아들아!
2 "네, 아버님! 말씀하옵소서."
3 종교 지도자요, 만백성을 이끄는 너희
들은 나로부터 종이요, 만백성의 종이
라 하였음이니라.
4 그러니 바로 너희들이 살아갈 자세의
그 형태를 무엇이라 표현했던 것이냐?
5 가장 낮은 자세로써 살아가며 낮은 자
가 되라 함이니, 너희들이 하늘에는
창조주 나 여호와의 종이요, 지상에는
나의 피조물 만백성의 종인 지도자이
니, 너희들보다 더 낮은 자가 어디 있
느냐?
6 그러니 너희들은 높은 자가 아니며 높
은 자가 될 수 없다는 것이 나 여호와
의 뜻이요, 내 가르침이 아니더냐?
7 그와 같은 이치를 너희들이 안다면,
과연 어찌 살아가야 되겠는가?
8 지금 모든 종교 집단의 지도자 너희들
이 내가 하늘의 종이요, 만백성의 종
이라 한 뜻을 이해하며 그를 아는 백
성이 있는가?
9 그렇다면 과연 너희들이 그 깨달음이
있다면, 오늘의 종교 집단의 지도자가
이끌어 가는 그 형태요, 그걸 보고 과
연 그와 같이 종이 된 자라 할 수 있겠
느냐?
10 그러니 너희들은 기본적으로 내 뜻과
는 관계없으며 내가 역사하는 좁고 힘
들고 어려운 길은 가지 아니하려 하며
그는 다 접어 둔 자들이니라.
11 그러니 너희들은 내 뜻대로 가르치는
자가 아니요, 내 뜻대로 역사하는 종
교 집단의 지도자가 아니라 함이니,
나에게 오를 자가 없으며 구원받을 자
가 없다 함을 알겠느냐?
12 사랑하는 나의 아들아!
13 "네, 아버님! 말씀하옵소서."
14 이제 너를 따르는 제자들이요, 나의
새로운 성경을 읽고 깨우친 백성, 그
리고 모든 나의 아들딸 너희들은 들으
라.
15 자신을 녹이지 아니하고 낮추지 아니

하고는 낮은 자의 그 위대함을 너희들
이 알 수 없으며,
16 낮은 자 속에서 깨닫는 진정한 참진리
요, 하늘의 뜻을 결코 알 수가 없음이
니라.
17 나의 아들 예수가 세상에 태어날 때
어떠한 자세로 태어났더냐?
18 그가 부귀영화를 누리는 고대광실에
서 태어났느냐? 아님이니라.
19 그는 가장 초라한 곳에서 가장 가난한
자 속에서, 가장 어려운 속에서 그는
태어났음이니라.
20 그리하여 그는 그와 같은 낮은 자요,
그 어려운 자의 모두를 알 수 있었던
것이 아니더냐?
21 그러니 그가 살아왔던 어렵고 힘든 삶
을, 그 속에 들어 있는 참진리의 깨달
음을 너희들이 얻지 아니하면 아니 됨
이니라.
22 그러니 너희들이 나의 아들 예수가 깨
우치고자 전하고자 했던 그 진리를
알아 너희 것으로 만드는 지혜를 얻고
자 한다면,
23 너희들이 그보다 더 낮은 자세의 형태
로 살아가야만 나의 아들이 낮은 자세
에서 모든 진리를 가르치고 전한 그
뜻을 알 수 있을 것이니라.
24 그러니 너희들은 그 위대한 지혜를
얻을 수 있는 그와 같은 길을 내가 가
라 하여 너희들은 하늘의 종이요, 만
백성의 종인 종교 지도자라 내가 그리
하였거늘,
25 너희들이 지금 가고 있는 행위요, 살
아가는 형태가 제왕적인 상태이니, 내
뜻을 모두 거역하는 자들이니,
26 참진리요, 하늘에 오르는 길이요, 나
의 아들 예수를 통하여 역사하고자 했
던 그 깨달음이요, 그 진리는 너희들
이 흉내도 내지 못하며 그 근처도 가
지 못하게 되어 있다는 것을 알라.
27 이제 나의 아들을 따르는 제자 너희들
은 들으라.
28 너희 자신을 녹여야 되고 가장 낮은
자의 자세로 거듭나는 삶의 길을 가라.
29 그것이 선택된 너희들이 가야 할 길이
니라.
30 누가 뭐라 해도 어떤 종파요, 어떤 집
단이 어찌 가든 너희들은 그것을 개의
치 말라.
31 그 모두는 다 나와는 관계없는 것이
요, 내 뜻과는 관계없으니, 내가 이룬
지상의 낙원에 살 자격이 없는 자들이
니, 내가 그 가라지를 다 뽑아 유황불
에 던진다는 그 의미를 알겠느냐?
32 나의 새로운 성령이요, 새로운 나의
백성들이 세상을 이끌어 가며 천사와
같은 백성이 이 세상에 존재하는 삶을
위하여 내가 그들을 다 쓸어버릴 것이
며 그들을 뽑아 태워 버릴 것이니,
33 그날이 머지않았음을 너희들은 알게
될 것이니라, 사랑하는 나의 아들딸들
아!

11,771 번째 하나님 말씀

2004년 6월 24일 09시 32분

1 사랑하는 나의 아들아!
2 "네, 아버님! 말씀하옵소서."
3 너를 따르는 제자들이요, 그리고 깨우
침을 얻은 백성, 너희들은 알아야 될

것이니라.
4 너희들이 변화되고 거듭나고 새로운
역사의 삶을 산다 하나,
5 너희들이 인간 세상에서 살아가는 부
귀영화를 탐하며 그를 버리지 못하며
그에 연연하는 그와 같은 삶을 살며,
6 너희들이 전대의 지전을 따지며 동전
의 소리를 따지며 그 양을 가지고 무
엇인가를 이루고 무엇인가를 얻고자
한다면,
7 너희들은 깨우침이 하나도 없는 것이
요, 변화된 것이 하나도 없는 백성임
을 알아야 될 것이니라.
8 다른 백성들은 내가 탓하지 아니할 것
이니라.
9 그러나 나의 아들을 통하여 내리는 새
로운 성경을 읽고 그 강론을 듣고 거
듭나고자 공부하고 있는 백성, 깨우쳐
내가 쓰고자 하는 선생이요, 전사로서
그 길을 가는 너희들이
10 그와 같이 부귀영화요, 속된 것을 버
리지 못하며, 그를 그리워하며 그를
동경하며 그와 같은 것으로써 잠시라
도 머릿속에 그림을 그린다 하면,
11 너희들은 죄 속에 살아가는 백성들이
요, 깨달음이요, 광명천지를 위해서
가는 자가 아니요, 만백성을 구하는
지도자의 자세가 아님이니라.
12 그러니 너희들이 행함과 생각이 중요
함을 이제는 알겠느냐?
13 너희들이 부귀영화를 생각하는 것, 너
희들이 그를 위해 노력하고 역사하는
것, 그 모두가 다 나에게 오를 수 있는
길을 막는 것이요, 그 길을 훼방하는
것이라는 것을 알라.
14 사랑하는 나의 아들딸들아!
15 '내가 날짐승에게도 먹이를 주었으며,
들에 있는 꽃이요, 풀도 길쌈하지 아
니하고 다스리지 아니하여도 먹고살
수 있는 것을 다 주었다.' 하는 것은
무엇이더냐?
16 그들이 창고에 쌓아 놓고 풍요롭게 사
느냐?
17 그들도 살아가는 것이며 모두가 사느
니, 너희들은 다 나로부터 생명을 받
은 것이요, 인간이기 때문에 더 많은
것을 가졌으니, 너희들이 먹고살 수
있는 것을 걱정하지 말라 그와 같은
깨달음도 있으나,
18 너희들은 그 새들과 풀잎이요, 꽃들이
쌓아 놓지 아니하고 저장하지 아니하
는 것을 먼저 배워야 될 것이니라.
19 저장해 놓고 쌓아 놓는 것은 바로 욕
심이 아니더냐?
20 그러니 그들은 욕심이 없다는 것을 너
희들이 먼저 배우며, 그들에게도 내가
먹이를 줌이니 너희들에게 먹을 것을
주지 않겠느냐는 그와 같은 믿음으로
써 너희들이 깨닫음을 얻도록 그리하
라.
21 내가 들풀이요, 모든 날짐승에게도 먹
이를 주었으니, 너희들에게 먹을 것을
주지 아니하겠느냐 하는 그것만을 깨
우치지 말고,
22 그들은 쌓아 놓지 아니하며 욕심부리
지 아니하며 거둬들이지 아니함이니
라, 사랑하는 나의 아들딸들아!
23 그들은 창고가 없음이니라. 그래도 먹
고살지 않느냐? 그리고 그들은 지탱
함이니라.

24 그와 같은 참진리의 이치의 깨달음을
얻으라, 그들과 같이 살아가라.
25 그들과 같지 아니하고 너희들이 인간
의 생각으로써 쌓아 놓고자, 모아 놓
고자 하는 생각을 갖는다면,
26 결코 너희들은 변화되지 아니한 백성
이요, 죄 속에서 허덕이는 삶을 사는
어리석고 가련한 백성들의 대표적인
자라는 걸,
27 모든 동식물보다도 높은 지혜를 가진
자가 가장 어리석고 미련하게 사는 너
희들이라 하는 의미가 여기 있음이니
라.

11,772 번째 하나님 말씀

2004년 6월 24일 09시 40분

1 사랑하는 나의 아들아!
2 "네, 아버님! 말씀하옵소서."
3 나 여호와가 나의 아들 예수를 통하여
성경에 기록하여 전하기를, 나는 아브
라함의 하나님이요, 이삭의 하나님이
요, 야곱의 하나님이라 한 것을 너희
들은 읽어 보지 아니하였더냐?
4 그리고 나 여호와가 너희들에게 뭐라
말하였느냐?
5 나 여호와는 죽은 자의 하나님이 아니
요, 산 자의 하나님이라 하였음이니라.
6 너희들은 이 대목을 어찌 깨우치는가?
7 너희들은 이 대목의 무서운 그 의미를
모르는가?
8 이 내용이 무엇이더냐?
9 너희들이 죽어 왔을 때 내가 너희들의
하나님이 아니요, 너희들이 지금 육이
존재하며 살아 있을 때만이 내가 너희
들의 하나님이라 함이니, 곧 이 대목
의 두렵고 무서운 의미를 알아야 될
것이니라.
10 이 의미가 무엇을 상징하는가?
11 너희들이 죽어 나에게 왔을 때는 내가
너희들의 아버지가 아니요, 너희들이
육의 세상에 살아 있을 때만이 내가
너희들의 아버지라 한 그 의미를 깨달
으라.
12 너희들을 깨닫게 하기 위해 내가 나의
아들을 통하여 새로 내리는 성경에 그
리 기록하여 전했느니라.
13 너희들이 세상에 살아가면서 나를 아
버지라 부르며 나에게 용서를 구하는
것, 그리고 거듭나는 회개의 몸부림을
치는 것, 그 모두는 너희들이 죽어 나
에게 와 심판을 받을 때가 아니라,
14 심판을 받기 전까지 그때까지 너희들
이 나를 아버지라 부를 수 있으며, 어
떠한 것이든지 역사할 수 있으며 기회
를 얻을 수 있다 한 그 뜻을 알겠느냐?
15 그러니 나 여호와가 살아 있는 자의
아버지요, 죽은 백성의 아버지가 아니
라는 것, 너희들은 그 의미를 내가 새
로운 성경에 기록한 그 무서운 뜻을
알라.
16 나는 너희가 죽은 뒤의 하나님 아버지
가 아니며 너희들의 아버지가 아니니
라.
17 너희가 살아 있을 때 너희 아버지라
하였음이니, 너희들은 들으라.
18 창조주 나 여호와의 아들딸이라면 너
희들이 육의 세상에서 살아서 존재할
때만이 나의 아들딸이니,
19 과연 너희들이 나의 아들딸로서 육의

세상에서 어떠한 삶을 살아야 되며 어
찌 살아가야 되는 것인가, 얼마나 귀
하고 소중한 것인 줄 알겠느냐?
20 그것만이 너희들의 모든 관심이 되는
것, 그리고 그 관심 속에서 모두가 역
사한다는 것을 알아야 될 것이니라.
21 어찌하여 너희들이 그와 같은 관심을
저버리며 그와 같은 두려움을 저버린
단 말이더냐?
22 너희들이 살아 있을 때만이 나의 아들
딸이라는 그 무서움을 알라.
23 그것을 모르는 백성들이 지금 어찌하
느냐?
24 너희들이 그저 살아가는 것, 그것으로
써 모두가 다 구원을 받고 안 받는 것
이 아니라 함이니,
25 너희들은 거듭나는 것이요, 그리고 새
로 태어나는 것, 그리고 너희들이 구
원을 받고 못 받는 이 모두를 다 너희
들이 지금 잘못 깨닫고 잘못 가고 있
음이니라.
26 나 여호와요, 창조주는 너희에게 말하
기를, 너희가 살아 있을 때만 내가 너
희들의 아버지니, 너희들이 살아 있을
때만 나의 아들딸이라 그리하는 그 의
미를 어찌 새기든 너희들은 그 깨달음
을 스스로 얻도록 하라.
27 그러면서 너희들이 나에게 오르고 구
원의 길을 간다는 자들이 얼마나 잘못
가고 있는지 알겠느냐?
28 나의 아들 예수의 보혈로써 구원을 받
았다 하며, 나의 아들 예수의 그 고통
스러운 죽음이 속죄의 너희들의 죄를
다 씻어 주었다 말을 하니, 이제는 두
번 다시 너희들이 그와 같은 행위를
하지 말라.
29 너희들이 죽어 왔을 때는 나에게 아버
지라 부를 수가 없음이니, 너희들이
살아 있는 한 나의 아들 예수가 너희
죄를 씻어 준 것이 아니요, 그 보혈로
써 너희를 구원해 준 것이 아니니라.
30 다만, 너희들이 내 뜻을 알며 사랑의
뜻을 알며, 그리고 내가 너희에게 재
앙을 내리지 아니하며, 너희들이 회개
하고 반성하고 거듭날 수 있는 기회를
얻게 하기 위해 나의 아들이 그 고통
스러운 죽음의 길을 갔다는 것을 내가
일찍이 기록하여 전했으니, 그 뜻을
알라.
31 그러니 예수의 보혈로써 구원을 받았
다 하지 말라, 구원을 받을 수 있다 하
지 말라.
32 너희가 살아 있는 동안, 육의 세상에
사는 여기에서만 나의 아들딸이니, 여
기서 너희들의 행함이 중요한 것을 먼
저 깨우치도록 하라.
33 너희들은 이를 뒤엎을 것이며, 이를
믿으려 하지 아니할 것이며, 이를 사
탄의 말이라 그리할 것이니라, 너희들
이 두려울 것이니라.
34 그러나 너희들이 더 이상 항변하지 못
하며 더 이상 이유를 달지 못하며 나
의 아들을 핍박하지 못하도록, 그리고
나의 새로운 성경을 이단이요, 사탄이
라 말하지 못하도록, 내가 너희들에게
말하지 아니하였느냐?
35 나는 죽은 자의 아버지가 아니요, 산
자의 아버지라는 것을 너희들은 명심
하고 또 명심해야 될 것이니라.
36 '나 여호와는 죽은 자의 하나님이 아

니요, 산 자의 하나님이라' 한 자도 빼
고 더하지도 말라 하는 성경에 기록되
어 있는 그 내용을 너희들이 읽고 깨
우쳤다면,
37 감히 지금 나의 아들을 통하여 내리는
이 구절을 가지고 시시비비하지 못할
것이니라.
38 나 여호와가 너희들이 죽어서 왔을 때
아버지라 할 수 없으며 부를 수 없다
하지 않았더냐?
39 그러니 너희가 죽어서 나에게 오기 전
까지만, 너희가 살아 있을 때 나를 아
버지라 부를 수 있으며, 지금의 삶 속
에서 너희들이 회개하고 반성하며 깨
닫는 그와 같은 모든 자유로운 행동을
할 수 있다 하지 않았더냐?
40 내가 구속하지 아니하며 누구도 구속
하지 아니하고 너희가 스스로 거듭날
수 있는 모든 자유로운 시간과 공간과
그 모두를 다 주었다 하였음이니라.
41 그러니 너희들이 지금의 삶과 행동과
생각과 이와 같은 마음 자세로 어찌
살아야 되는 것인가를 깨우쳐 전하도
록 그리하라.
42 그리고 그들이 깨우쳐서 바로 설 수
있는 길을 그들에게 보여 주라.
43 너희들은 효도함과 공경함을 다하는
것, 그것뿐이니라.
44 너희들이 인간 세상에 살아가면서 부
모에게 효도하며 효자로서 거듭나고
자 하나, 그 부모가 기다려 주지 아니
하고 명이 다하여 죽으니,
45 그 부모 앞에서 하지 못하여 후회하고
통곡하는 그와 같은 삶을 사는 것이
너희들이 아니더냐?
46 이는 또한 너희들이 반대로 생각해야
될 것이니라.
47 너희들은 죽어서 나에게 와 통곡하고
울고불고하지 말라.
48 너희들이 네 부모에게 살아서 공경을
다 하듯이, 지금 너희 부모가 살아 있
을 때 네 부모에게 공경과 효도를 다
하는 것이 인간 세상의 법도인 것처럼,
49 이제는 너희들이 육의 세상에서 살아
있을 때 나 여호와에게 효도하며 효성
스러운 자요, 그리고 부모를 공경하는
자식으로서 지금 삶을 살지 아니하면,
50 너희들이 죽어 나를 아버지라 부를 수
없으며 나를 만날 수 없다는 하늘과
지상의 그 이치를 잘 음미해서 깨닫도
록 그리하라.
51 하늘의 뜻이요, 하늘의 법도를 나의
아들이 있기에 그를 통해서 내려보내
며, 나의 새로운 성경이 세상에 내려
가기 때문에 이 모두를 기록하여 너희
들에게 전하노라.

11,773 번째 하나님 말씀

2004년 6월 24일 09시 46분

1 사랑하는 나의 아들아!
2 "네, 아버님! 말씀하옵소서."
3 내가 성경에 기록하여 전하기를, '여
기 있는 자 중에 하늘의 뜻이요, 모두
를 역사하는 것을 다 볼 수 있을 것이
며, 체험할 수 있는 백성이 있을 것이
라' 내가 너희들에게 기록하여 전한
그 뜻을 알겠는가?
4 내가 새로운 성경에 또한 나의 아들을
통하여 너희들에게 뭐라 전했느냐?

5 나 여호와의 뜻이요, 새로운 성경이
세상에 너희들을 모두 구하는 그 역사
를 이룰 것이며,
6 그리고 하얀 눈이 세상을 덮듯이 이
모두를 다 덮어 이를 읽고 깨우치지
아니하면 결코 견딜 수 없는 그와 같
은 형국이 될 것이며,
7 모든 백성들이 깨우쳐 구름 떼처럼 모
여드는 그와 같은 역사를 죽기 전에
너희들이 볼 수 있다 하지 아니하였느
냐?
8 이 죽기 전에 너희들이 볼 수 있다 하
는 것은 무엇이며, 너희들이 죽기 전
에 모두의 역사할 수 있는 것을 너희
들이 체험하게 할 것이라는 그 성서의
가르침이 무엇이더냐?
9 그것은 너희들이 살아 있는 이 세상에
서 하늘의 진리를 깨달아 구원을 받아
야 한다는 뜻임을 알아야 될 것이니라.
10 너희들이 살아 있는 이 세상에서 깨우
쳐 구원을 받으라는 그 의미이니라.
11 구원을 받는 자, 거듭나는 자만이 모
두를 보고 역사할 수 있기 때문이니라.
12 너희가 지금 살아 있을 때 하늘의 이
치를 깨닫고 구원을 얻도록 나에게 오
르는 길을 찾으라.
13 그러면 너희들이 모두를 얻고 찾을 것
이며, 지금 헛된 삶이요, 부질없는 삶
이요, 사탄의 명에 의하여 움직이는
그와 같은 삶을 산다면, 너희들이 아
무리 구하고 찾고 얻으려 해도 아무것
도 얻을 수 없음을 알라.
14 내가 새로운 성경에 모두를 다 기록하
여 역사하는 것을 너희들이 볼 수 있
다 함은, 너희들이 그만큼 변화되는
삶을 살라는 뜻이요, 변화되는 자만이
모두를 얻을 수 있다는 것임을 너희들
은 알라.
15 사랑하는 나의 아들딸들아! 지금의
삶을 바로 살라.
16 그리고 지금의 모두를 이루고 역사함
을 너희들은 전하라, 지금의 너희들이
행하지 아니하면 아니 된다는 것을.
17 너희들이 아무리 구원을 받기 위해 나
의 아들 예수의 보혈로써 구원을 받았
다, 그리고 그를 '주여, 주여!' 찬양하
는 것으로써 구원을 받았다, 구원을
받을 수 있다 울부짖는 것이 다 부질
없는 것이라면, 과연 너희들은 어찌하
겠느냐?
18 내가 그리하여 나의 아들을 통하여 그
리 말하였느니라.
19 파도가 바위에 부딪쳐 나는 그 소리만
도 못하며, 개구리가 울어 대는 그 소
리만도 못하며, 풀벌레가 울어 대는
소리만도 못한 것이 너희들의 찬송이
요, 그리고 기도요, 설교요, 울고불고
광란의 짓을 하는 것이라 하였음이니
라.
20 너희들이 그와 같은 광란의 짓이요,
울고불고하는 그 삶을 왜 내가 잘못되
었으며 거짓된 것이라 하느냐?
21 너희들이 오늘의 육의 삶은 아무것도
아니며 그저 믿기만 하면 구원을 받는
다 가르침이니, 너희들은 여기서 얼마
나 무서운 오류를 범하느냐?
22 나는 성경에 기록하여 전했느니라.
23 살아 있는 자의 아버지요, 죽은 자의
아버지라 아니하였으며, 내가 너희들
에게 모두를 역사할 수 있을 때가 있

다 가르친 그 모두를 너희들이 듣고
한번 깨우쳐 보라.
24 내가 나의 아들에게 말하지 않았더냐?
25 너희들이 죽어 나를 부를 수 없으며
찾을 수 없으며, 단 1초도 회개할 수
있는 기회가 없다는 것은, 오로지 여
기서 모두를 다 얻고 이루지 아니하면
아니 된다는 것이니,
26 종교 집단의 지도자들이 재물을 거둬
들이며 저희들이 부귀영화요, 권좌와
그 모든 영광을 독차지하고 누리기 위
하여 진실한 가르침이요, 진정한 깨달
음을 보려 하지 아니하니,
27 너희들이 알 수 없으며 그 지혜를 얻
을 수가 없어 나의 피조물 만백성을
지옥으로 이끌어 가는 자니, 나와 관
계없다 함을 알아야 될 것이니라.
28 너희가 거듭나는 영광을 얻게 되는 것
은 오늘의 삶이 중요하며, 살아 있을
때 나를 아버지라 부를 수 있으며 나
의 아들딸의 자격이 있다는 것, 이것
하나만 깨달아도 너희들이 어떠한 영
광이요, 축복의 은혜를 받을 것인가
알 것이니라.
29 그를 믿으라, 그대로 행하라, 그리 살
아오라.
30 그리하여 너희들이 손해 볼 것이 없으
며 잃을 것이 없지 않더냐?
31 착하고 아름답게 살라는 것이 무엇이
죄더냐?
32 지금 내가 나의 아들을 통하여 너희들
이 육의 세상에 착하고 아름답게 살라
는 것이 정답이요,
33 모든 종교 집단 지도자들이 육의 삶은
별것 아니라 그리 강론하는 자, 너희
들은 강아지 짖는 소리만도 못하며,
풀벌레 울음소리만도 못한 짓을 하고
있는 불쌍한 자들이니,
34 거기에 재물을 바쳐 모든 인생을 걸고
살아가지 말라, 어리석은 나의 아들딸
들아!

11,774 번째 하나님 말씀

2004년 6월 24일 09시 51분

1 사랑하는 나의 아들아!
2 "네, 아버님! 말씀하옵소서."
3 인간의 생활 속에서 너희들이 살면서
남에게 베풀고 나눠 주는 그와 같은
마음을 가지고 사는 것, 너희들은 반
드시 반사작용이요, 반대급부가 있으
니, 바라는 마음을 가지고 살며 그를
지울 수 없는 것이 인간의 삶이 아니
더냐?
4 그러니 이와 같은 마음을 지우라, 버
리라는 것이 나 여호와의 뜻이요, 최
소한도 나의 아들을 따르는 제자들이
요, 나의 새로운 성경을 읽고 깨우친
만백성, 너희들은 베풀고 나눠 줘도
반사작용을 바라지 말도록 그리하라.
5 지금의 믿음의 길을 가는 그 백성들이
반사작용을 바라는 것은 당연한 것이
며, 그리고 그들은 때로는 순수한 마
음으로써 베풀고 나눠 줄 때도 있음이
니라.
6 그리하여 저희들은 인간에게 반사작
용이요, 반대급부를 바라지 아니한다
해도 오늘의 믿음의 길을 가는 종교
집단이요, 그들은 어떠한 생각을 하고
그들이 베푸는지 아느냐?

7 그들은 마음속에 이를 생각하느니라.
8 저희들이 인간에게 베풀어서 반대급부가 없다 해도, '하늘에 계신 창조주요, 아버지는 이를 보고 있을 것이며, 머리끝까지, 발끝까지, 머리 숫자까지 세 보시는 아버님께서 과연 내가 이와 같은 것을 행한 것을 나를 보지 않으실까, 다 알고 계실 것이다.'
9 너희들이 나로부터 기억될 것이며, 내가 너희들을 영원히 사랑할 것이며, 그리고 그 대가의 상을 너희들은 나로부터 받을 수 있는 반대급부라는 그 마음까지도 너희들이 지우지 못하고,
10 첫 번째 지웠을 때, 두 번째 그와 같이 나로부터 받는다는 기대를 버리지 못하는 것이 너희들이니, 이것이 오늘의 종교 집단의 지도자들이니라.
11 그러니 항상 상을 기다리며 그 반대의 얻을 것을 생각하는 것이니라.
12 그러니 그 베풂이 죄악이요, 너희들의 베풂이 잘못된 것이라 함이니라.
13 내가 그리하여 지금의 종교 집단에서 믿음의 길을 가는 너희들이 구원을 받기는 어려우며,
14 너희들이 말하는 이방인이요, 나를 찾지 아니하고 믿지 않는다는 그 백성들, 그들이 너희들보다 더 구원을 받을 수 있으며 나에게 오를 수 있는 기회가 있다 내가 하지 아니하였더냐?
15 나를 모르는 백성들이요, 나를 찾지 아니하고 살아가는 백성, 그들이 이웃에게 베풀고 남에게 베풀었을 때 저희들은 인간적인 반대급부를 얻을 것이라 생각하나, 그들은 그것을 포기했을 때 두 번째 다음의 생각을 하지 않느니라.
16 나 여호와요, 하나님이 기억하며 너희들이 받을 상을 그만큼 상을 내릴 것이라는 그와 같은 기대심리가 없이 그들이 베풂이니, 너희들보다 얼마나 아름답고 유한 자들이더냐?
17 그러니 너희들보다 구원받기가, 나에게 오르기가 쉽다 함이 여기 있음이니, 너희들 자신이 깨달아야 될 것이니라.
18 지금의 너희들 자신을 들여다보라.
19 과연 너희들이 어떠한 형태로, 어떠한 마음으로 믿음의 길을 가고 있는가?
20 너희들이 나로부터 상을 받을 것, 반대급부로 얻으려 하는 것, 그것이 다 부질없는 것이요, 욕심의 근본이요, 욕심의 뿌리이니, 너희들이 그와 같은 생각으로 어떠한 일도 하지 말라.
21 그것이 나 여호와의 뜻이 아니요, 내가 바라는 것이 아님이니라.
22 모두를 욕되게 하는 행위이니라.

11,775 번째 하나님 말씀

2004년 6월 24일 09시 55분

1 사랑하는 나의 아들아!
2 "네, 아버님! 말씀하옵소서."
3 너를 따르는 제자들이요, 선택된 너희들은 어떠한 형태로 어떠한 방법으로 베풀든 너희들은 받을 것을 생각하지 말라.
4 너희들이 베풀어라, 그리고 그와 같이 베푸는 마음을 가지고 살도록 그리하라.
5 너희들이 베푸는 것도 어떠한 대상에

게 베풀며 어떠한 마음을 가지고 베푸
느냐가 중요하니라.
6 너희들이 아름답게 쓸 수 있는 것, 소
중하게 쓸 수 있는 귀한 백성들에게
아름다운 마음으로 전하는 것은 아름
다운 한 송이의 꽃을 피우는 것이니라.
7 그러나 너희들이 무엇을 이루고자, 무
엇을 얻고자, 능력 있고 힘 있는 자 앞
에 가서 노동력으로써 베풀며 재물로
써 대 주며 귀한 것으로써 바치는 그
와 같은 것은 결국 무엇이더냐?
8 아부라 하는 그 무서운 죄를 너희들이
하나 더 짓는 것이라 내가 그리하지
아니하였더냐?
9 이제 사랑하는 나의 아들딸 너희들은
들으라.
10 진심으로 아름다운 마음으로써 꼭 필
요한 자에게, 가난하고 어려운 자에게
베풀라.
11 가난하고 어려운 자에게 너희들이 베
풀며, 병든 자에게 베풀며, 죄지어 지
금 자유롭지 못한 자들에게 베풀며,
불구의 몸으로써 어렵게 살아가는 그
와 같은 백성들에게 베풀라, 그리고
네 이웃의 어렵고 힘들게 살아가는 그
와 같은 백성들에게 베풀라.
12 너희들이 그러한 사람들에게 베풀면
되돌아오는 것이 없으며 되돌려 받는
것은 결코 없음이니라.
13 그러나 너희들이 되돌려 받지 못하는
것, 되돌아오지 않는 것, 그것이 행복
이요, 사랑임을 알라.
14 그것이야말로 참사랑이니라.
15 그리고 참사랑을 행함이니, 그 백성이
야말로 참진리의 길을 보게 될 것이
며, 하늘의 지혜를 얻는 상을 받을 것
이니라.
16 그와 같이 사는 사람이야말로 너희들
이 인간의 도리를 다하며, 인간의 행
할 것을 다 하는 자요, 더욱이 위로는
나 여호와가 행하고자 하며 나를 대신
하여 너희들이 모두가 행하고 역사하
는 백성이라는 것을 너희들은 알아야
될 것이니라.
17 있는 자에게 너희들이 아부의 죄를 짓
지 말며, 가난하고 불쌍한 자에게 돌
아올 것이 없는 그들에게 기대할 수
없고 반대급부가 없는 자들에게 베풀
고 행하는 것은 곧 너희들이 나 여호
와의 뜻을 행하는 것이요, 나를 대신
하여서 행하는 것이니,
18 그게 바로 너희들이 나에게 받을 수
있는 그 은혜와 축복과 영광이 있을
것이니라.

11,776 번째 하나님 말씀

2004년 6월 24일 10시 01분

1 사랑하는 나의 아들아!
2 "네, 아버님! 말씀하옵소서."
3 너의 제자들이요, 그리고 새로운 성경
을 읽고 깨우친 만백성, 너희들은 나
와 더불어 누구도 갈 수 없는 그 험난
하고 어려운 길을 같이 가야 될 것이
니라.
4 너희들이 이 깨달음이요, 참진리의 길
에 서는 것, 그리고 나 여호와의 뜻에
의해 역사하는 너희들은 가면 갈수록
더 어렵고 힘들며, 그와 같은 역경이
너희들을 기다림이니라.

5 어린아이들이 눈 위에 눈사람을 만들
어 그 덩어리를 키우듯이, 굴리고 굴
리면 그 덩어리는 더욱 커지지 않더
냐? 그와 같은 것이니라.
6 너희들이 참진리요, 나 여호와의 뜻에
의해 모두를 역사하고자 하는 것, 만
백성을 구하고자 이 좁고 험난한 길을
가는 너희들은 깨우치면 깨우칠수록
그 깨우침이 더 늘고 또 늘어야 됨이
니, 편안하고 가벼운 짐이 아니니라.
7 더 무겁고 무거운 짐만이 너희들을 기
다리며 더 크고 더 큰 위대한 것만이
너희들을 기다리니,
8 오늘의 너희들이 작은 것을 행하고 실
천하여 그를 깨우쳤다 말하나, 그를
깨우치고 또 한 걸음 나가면 더 무서
운 힘이, 더 무서운 것이 너희들을 기
다리고 있으며, 그를 깨우치기를 바라
는 것이니라.
9 그리하여 그 모든 것에 부닥칠 때마다
너희들이 싸워서 이겨야 되는 것이니
라.
10 사탄들은 그를 바라고 있느니라.
11 너희들이 오늘 열이라는 것을 깨우쳤
으니, 내일은 또 스물이요, 다음은 서
른이요, 이와 같이 더 크고 무거운 것
을 깨우쳐 가는 것이 너희들 앞에 있
음이니라.
12 그러니 그때마다 너희들이 힘들고 어
렵고 벅차면 너희들이 무너지기를 바
라는 것이 사탄이요,
13 너희들이 무너지기를 바라며 너희들
이 무너질 때 가차없이 쇠사슬로써 지
옥으로 이끌어 가는 것이 사탄이요,
그 마귀들이 기다리고 행하는 행위라
하지 않느냐?
14 사랑하는 나의 아들딸들아! 내가 너
희들의 손을 잡을 것이니라.
15 이제 내가 너희들의 손을 잡고 같이
갈 것이니라.
16 너희들이 노력할 만큼 왔으며, 너희들
이 여기서 한 발짝만 더 앞으로 나가
며 한 가지씩만 더 깨닫는 그와 같은
삶을 살라.
17 너희들이 한 발짝만 더 하면 내가 손
을 잡을 수 있으며, 너희들이 내 손을
잡을 수 있음이니,
18 내가 손을 잡아 주며 너희들이 내 손
을 잡는 그와 같은 역사가 이루어질
때, 너희들은 흔들리지 아니하며 무너
지지 아니할 것이니라.
19 나와 더불어 가는 그 영광을 얻기 위
하여 너희들이 좀 더 참으라, 좀 더 인
내하라, 그리고 좀 더 마음이 흔들리
지 말라.
20 너희들이 마음이 흔들리며 계산을 둘
때마다 미끄러짐은 이루 말할 수 없음
이니라.
21 오를 때는 빙산을 너희들의 손의 열기
로 녹여서 발판을 만들어 올라오는 것
보다도 더 힘든 길이나, 내려갈 때는
미끄럼을 타듯이 그저 내려감이니,
22 그 어렵고 힘든 역사를 반복하지 아니
하려거든 마음의 동요를 갖지 말며,
계산을 두지 말며, 마음이 흔들려서는
아니 됨이니라.
23 너희들이 나에게 오고자 기도하는 것
은 천 번을 하나, 너희들이 나를 의심
하며 떠나고자 하는 마음을 한 번 가
졌을 때 만 가지를 잃게 된다는 그 무

서운 사실을,
24 그러기에 하늘에 오르는 길이 어려우
며, 너희들이 내 손을 잡기가 어려우
며, 내미는 손을 너희들이 잡기가 그
리 어렵고 힘든 것이니라.
25 사랑하는 나의 아들딸들아! 오로지
눈을 감고 세상을 보듯이, 아무것도
생각하지 말며, 나의 새로운 성경을
읽고 깨우치며, 그대로 행하고 실천하
는 것이며,
26 나의 아들을 통하여 내리는 강론을 듣
고 너희들이 깨달음을 얻은 대로 그대
로 지키고 살아가라.
27 그것만이 너희들이 승자가 될 수 있는
길이요, 나에게 오를 수 있는 길이요,
영원히 사는 영광을 얻게 된다는 것을
절대 잊지 말라.
28 사랑하는 나의 아들딸들아! 너희들은
깨달음이 있을수록 편하고 쉬운 길이
아니니라.
29 인간 세상에서 너희들이 노력을 하면
얻어지는 것이 있으니, 거기에는 반대
급부로써 편안한 길도 있는 것이 너희
들이니라.
30 그러나 하늘의 진리요, 나에게 오르는
그 뜻은 끝이 없음이니라.
31 너희들이 변하고 변해야 되는 것이 끝
이 없기 때문이니라.
32 너희들이 천사와 같이 변했다면 그와
같은 것이 역사할 수 없으나, 너희들
은 네 가슴에 안고 있는 죄요, 네 가슴
에 있는 모든 생각을 지우고 또 지우
고, 씻고 또 씻고 깨끗하게 씻는 것이
끝이 없기 때문에,
33 씻어진 뒤에도 계속 씻는 그와 같은
것이 하늘에 오르는 길이요, 참진리의
길을 가는 것이요, 나에게 선택된 백
성 너희들이니라.
34 그러나 그것이 길지 아니함이니라.
35 그것이 영원히 지속되지 아니함이니
라.
36 너희들이 정해진 시간 속에 그와 같이
닦고 쓸고 씻고 씻어 냄을 계속하다
보면 너희들이 나에게 오를 수 있음이
니,
37 나에게 왔을 때 그때는 그와 같은 역
사를 행하지 아니해도 됨이니, 오로지
너희들이 편안한 쉼터요, 안식처가 있
음을 알라, 사랑하는 나의 아들딸들아!
38 그 고비를 넘겨 그곳에 오도록 그리하
라.
39 너희들의 쉼터요, 쉼의 공간에 네 자
리를 차지하지 못한다면, 너희들이 지
옥에서 그를 바라봄이 얼마나 통탄하
고 슬퍼하고 괴로워하는지 알겠느냐?
40 그는 결코 참지 못하며 인내하지 못할
것이니라.
41 네가 앉을 자리에 알지 못하는 자가
관계도 없는 자가 와서 앉아 있다면,
네 마음이 얼마나 고통스럽겠느냐?
42 그는 결코 바뀔 수가 없는 것이 너희
들의 운명이니라.

11,777 번째 하나님 말씀

2004년 6월 24일 17시 59분

1 사랑하는 나의 아들아!
2 "네, 아버님! 말씀하옵소서."
3 나의 아들 예수가 너희들에게 뭐라 말
하였느냐?

4 우리는 높고 낮은 자가 없으며 다 똑
같은 형제라 그리하였느니라.
5 그러나 지금의 종교 집단이요, 그 속
에 있는 너희들은 과연 어찌하는가?
6 너희들은 직함이라는 것을 돈을 주고
삼이니라.
7 너희들이 지금 이 세상에서 목사요,
그리고 장로요, 권사요, 전도사요, 집
사라 하는 재물을 주고 명칭을 산 것,
너희들은 그것을 그리 쉽게 사며 명예
로운 것인 줄 알고 있을 것이니라.
8 그러나 너희들이 참진리요, 나 여호와
의 뜻에 의하여 가는 길이 아니라, 내
뜻을 거역하는 자, 너희들이 죽어 나
에게 와 심판을 받을 때 그 직급을 높
이 가진 것만큼 고통이요, 대가를 치
른다는 것을 절대 잊지 말라.
9 나 여호와가 너희들을 사랑하며 너희
들에게 마지막 기회를 주기 위하여 하
늘의 이와 같은 이치요, 하늘의 뜻을
나의 아들을 통하여 내려보냄이니, 너
희들은 명심하도록 그리하라.
10 목사라 하는 자, 그 높은 직함을 가진
자, 그리고 지도자가 된 자, 그리고 만
백성의 집단의 우두머리가 된 자, 너
희들은 높은 자리에 있는 것만큼 고통
을 받을 것이며 그 대가를 치른다는
것을 절대 잊지 말라.
11 우두머리는 우두머리대로 그 대가를
치를 것이며, 그 대가 또한 너희들이
인내하기 고통스러울 것이니라.
12 육의 세상에서 제왕 같은 생활이요,
편안한 생활을 했으며, 나의 피조물
만백성을 우롱한 자, 너희들이 그 대
가를 치르는 것이 얼마나 무서운지 감
히 상상할 수 없을 것이니라.
13 또한, 장로라 하는 자, 돈을 주고 직함
을 사 높은 자리에 앉고자 하여 몸부
림친 자,
14 너희들은 나의 아들 예수가 말하기를,
모두 같은 형제요, 똑같다 하였으나,
15 너희들이 그와 같은 것을 벗어나고자
하는 것, 더 높고자 하는 것, 권위적인
자리를 지키려는 것, 너희들은 그만큼
대가가 무섭다는 걸 알라.
16 너희들은 권사요, 또한 전도사요, 집
사라는 모든 명칭을 받은 자, 그 명칭
에 따라 그만큼 잘못된 짓을 역사했으
며, 앞에서 이끌었으며 사악한 행위를
했기 때문에,
17 너희들이 그 죄의 대가를 그대로 받는
다는 것, 다 차별화되어 받게 된다는
것을 내가 나의 아들을 통하여 너희들
에게 전함이니 그리 알라.
18 이제 나의 아들을 따르는 제자 너희들
도 그러하니라.
19 나의 아들을 따르는 자, 너희들이 같
이 있는 자, 높이 있는 자, 책임이 무
거운 자, 그와 같은 백성들이 자기 직
분을 다하지 못했을 때, 너희들은 그
체벌이요, 그 죄가 또한 무서움을 알
아야 될 것이니라.
20 이를 모르면 안 될 것이니 그리 알라
전함이니라.

11,778 번째 하나님 말씀

2004년 6월 24일 18시 01분

1 사랑하는 나의 아들아!
2 "네, 아버님! 말씀하옵소서."

3 지금의 종교 지도자, 그리고 모든 백
성, 너희들은 들으라.
4 지도자들이 잔칫집의 상석에 앉기를
원하며, 그 상석을 내주지 아니할 때
너희들은 어떠한 마음 자세인가?
5 그러니 절대적인 상석을 차지하며 회
당에서 상좌에 앉기를 그리 바라며,
그와 같은 자리에 앉지 않았을 때 불
편한 관계를 가지는 것이 너희들이니
라.
6 그러니 너희들이 얼마나 미련한 백성
들인가?
7 그리고 나의 백성들로부터 너희들이
문안을 받으며 예우를 받기를 바라는
것이니라.
8 더욱이 많은 사람들로부터 랍비라는
칭함을 받고자 했던 그와 같은 백성
들이 잘못된 것이라 내가 성경에 기록
하여 전하지 아니하였더냐?
9 너희들은 그와 같은 행위를 지금 철저
히 하고 있음이니라.
10 그러니 상좌요, 상석에 앉고자 너희들
이 대우를 받고자 하는 것, 그리고 그
직함을 높이 받고자 하는 것, 너희들
이 이와 같은 행위를 하고 있음이니라.
11 나는 나의 아들을 통하여 너희들에게
전했느니라.
12 선생은 하나요, 너희들을 가르치는 자
는 하나라 했음이니라.
13 그리하여 너희들은 다 형제라 하였음
이니, 예수가 형제라 칭함을 종교 지
도자요, 모든 자는 깨우쳐야 될 것이
며,
14 그리하면 너희들이 어떠한 것을 거역
하며, 어떠한 것을 잘못 가며 잘못 깨
닫고 가는 것인가를 알아야 될 것이니
라.
15 너희들이 이를 모르고는 나의 피조물
만백성을 인도하는 지도자라 말하지
말라.
16 너희들로 하여금 나의 백성들이 하늘
에 오르는 길을 막고 있으며, 너희들
이 그 모든 길을 막아 그들이 그 길을
보지 못하도록 하는 그와 같은 행위를
하고 있다는 것을 알아야 될 것이니라.

11,779 번째 하나님 말씀

2004년 6월 24일 18시 10분

1 사랑하는 나의 아들아!
2 "네, 아버님! 말씀하옵소서."
3 하늘의 은혜요, 영광이요, 이 모두는
너희가 육의 삶을 마치고 죽은 다음에
모두 이루어지며, 하늘나라에서 모두
이루어진다 그리 생각하며 그와 같은
믿음으로 가느니라.
4 그와 같은 깨달음이요, 너희들이 성서
의 뜻을 모르며, 나 여호와의 뜻을 모
르며, 하늘의 이치를 모르는 백성들이
기 때문에 그리 행함이니라.
5 너희들은 들어야 될 것이니라.
6 영광이요, 그 모든 은혜요, 이루어지
는 것, 그를 받는 것은 죽어 나에게 와
서 그리 이루어지고 역사하는 것이라
는 생각부터 먼저 지우라.
7 모두는 너희 육이 존재하는 이 세상에
서 다 이루어져야 되며 역사해야 된다
는 것을 알아야 될 것이니라.
8 너희들이 죽어 왔을 때는 나를 아버지
라 부를 수 없다 내가 새로운 성경에

기록한 그 뜻을 너희들은 깊이 깨우치
며 그 의미를 알아야 될 것이니라.
9 너희들은 육에서 얼마나 다스렸으며,
너희들이 어떻게 살아왔느냐에 따라
서 천국의 잔치에 부름을 받고 참석하
고 참석하지 못함이니라.
10 부름을 받는다 하여도 참석하지 못하
는 것은 너희들이 더러운 삶을 살았으
며 잘못 살아온 것이기 때문에, 너희
들이 부름을 받아도 그 자리에 참석하
지 못하는 그와 같은 삶이라는 것을
알라.
11 너희들은 참석할 자격이 있다 해도 결
코 그 잔치에 참석할 수 없는 것, 그와
같은 삶을 살아서는 절대 안 됨이니라.
12 사랑하는 나의 아들딸들아! 너희들이
하늘나라의 잔치에 참석하는 것은 하
늘을 향하여 한 점의 부끄럼이 없는
삶을 살며, 너희들이 하늘의 뜻에 따
라 깨달음을 얻고 진리대로 살아가는
그와 같은 삶을 살지 아니하면 아니
됨이니라.
13 나 여호와의 뜻에 의하여 삶을 사는
백성들, 너희들은 하늘의 잔치에 참석
할 수 있으며 너희들의 자리가 비어
있음을 알아야 될 것이니라.
14 그러니 이제 모든 백성 너희들은 들으
라.
15 구원을 받으며 하늘의 잔치에 참석하
는 모든 영광을 얻는 것은 너희들이
죽어서 이루어지는 것이요, 죽어서 받
고 못 받는다 그리 생각하지 말라.
16 육의 세상에서 너희들이 어찌 살았느
냐, 어찌 역사했느냐에 따라서 너희들
이 참석할 수 있고 못 참석하는 답이
거기에 있음이니,
17 너희들이 죽어서 나를 부를 수 없으며
심판대에서 나를 아버지라 찾을 수 없
다 하지 아니하였더냐?
18 그러니 너희들이 나를 찾을 수 없으며
부를 수 없는 그 인연이 끝나는 데서
는 아무것도 이루어지고 역사함이 없
음이니라.
19 너희들은 나를 아버지라 부를 수 있는
이 세상의 삶에서 모두를 바쳐 모두를
이루도록 그리하라.
20 욕심의 늪에 빠져서 스스로 삶을 잘못
가는 그와 같은 백성들은 내가 너희들
을 초대하려 해도 너희들은 그 자리에
앉을 수가 없으며 지킬 수가 없는 그
무서운 현실을 알라.
21 사랑하는 나의 아들딸들아! 내가 다
시 너희들에게 명함이니,
22 너희들이 죽어 영광을 받고 못 받고
그것을 생각하기 전에 은혜를 받고 못
받는 것을 생각하지 말라.
23 다만, 여기서 너희들이 나로부터 초대
받을 수 있는 그와 같은 삶을 살라.
24 나를 아버지라 부를 수 있으며, 너희
들이 많은 자유를 누릴 수 있으며, 너
희들이 행동으로써 이루고 못 이루는
그와 같은 삶을 살 수 있는 이 육의 세
상에서 모두를 이루고 못 이루는 답이
거기 있다는 것을 명심하도록 그리 전
하라.

11,780 번째 하나님 말씀

2004년 6월 24일 18시 15분

1 사랑하는 나의 아들아!

2 "네, 아버님! 말씀하옵소서."
3 이 세상에 많은 백성들이 있으며 수억
의 헤아릴 수 없는 백성들이 세상에
나와 살다 갔음이니라.
4 그러나 너희들은 나로부터 부름을 받
은 백성이 없으며 내 곁에 온 자가 없
다 하였음이니, 너희들은 이를 어찌
받아들이는가?
5 너희는 알아야 될 것이니라.
6 모든 구원의 길이요, 하늘에 오르는
길로 인도한다는 내 뜻을 알며 나를
안다는 그 종교 집단에 속해 있는 백
성들이 구원을 받지 못하며 나에게 오
지 못하는 그와 같은 현실이 되어 버
렸으니,
7 너희들이 나에게 오르는 모든 백성들
의 앞길까지 막는 그와 같은 행위로써
역사했기에 아무도 내 곁에 온 자가
없다 함이니라.
8 그러니 너희들이 가장 나로부터 부름
을 받을 수 없는 백성은 바로 무엇이
며, 부름을 받을 수 있는 백성은 무엇
이더냐?
9 나로부터 부름을 받으며 영광을 얻을
수 있는 백성은 지금 나를 찾으며, 나
의 아들 예수를 찾으며, 믿음의 길을
가는 백성 너희들이 참진리의 길이요,
그 길을 갔을 때, 나로부터 부름을 받
으며 은혜를 받을 수 있을 것이니라.
10 그러나 그 모두를 포기한 자들이요,
그 모두를 버린 자들이니, 그러니 그
와 같이 나에게 부름을 받을 수 있는
자의 자격을 박탈했음이니, 자격을 상
실한 너희들이 또한 어떻더냐?
11 나에게 가장 올 수 없는 자들이요, 내
가 부를 수 없는 백성이 바로 너희들
이 그리되었다 함을 알아야 될 것이니
라.
12 너희들에게 거짓된 자요, 위선자요,
참진리가 아니요, 비진리를 가지고 깨
우치는 자, 그들을 받들며 그들을 따
라가며,
13 그 지도자에게 너희들이 맹신하고 맹
종하며 이끌려 가고 있기 때문에 너희
들은 나로부터 구원을 받을 수 있는
백성이 없다 함이니라.
14 너희들이 교회에 나가 나의 아들 예수
의 이름을 부르고 찾고 울고불고하는
것, 그것으로써 구원을 받는다 하는
것,
15 그 거짓된 자들이 나의 사랑하는 백성
들에게 세례를 내리며, 세례를 받는
그와 같은 의식을 하는 자는 나에게
뽑힌 줄 알며 나로부터 은혜 받은 자
요, 나에게 올 수 있는 백성이라 지금
알고 있으니,
16 이 모두가 잘못되었으며 이 모두가 다
너희들이 거꾸로 돌아가는 세상을 만
들었음이니라.
17 나의 아들 예수를 찾고 구원받고 은혜
받았다 하는 그와 같은 생각을 너희들
이 바꾸지 아니하면 아니 됨이니라.
18 너희들의 문제는 너희들이 스스로 해
결하는 것이니라.
19 누구도 너희들의 구원을 대신해 줄 수
없으며 대신 역사할 수 없듯이, 누구
도 너희들의 죄를 용서해 주며 대신
그 죄를 감면해 줄 자가 없느니라.
20 다만, 너희들이 나를 아버지라 부를
수 있는 그 위대한 영광이요, 그 축복

이요, 그리고 그 은혜 속에 있는 것,
21 그 무엇과도 바꿀 수 없는 창조주 나
를 아버지라 부르며, 나에게 회개하며
너희들이 기도하며 눈물로써 매달릴
수 있으며, 너희들의 잘못을 나에게
회개하며, 그리고 그를 열배 백배 더
아름다운 삶으로써 변화되는 무서운
길을 갈 수 있는 백성,
22 그와 같은 삶이 바로 너희들이 거듭나
는 은혜요, 거듭날 수 있는 영광이 있
다는 것, 그것 외에는 절대 너희들이
나를 볼 수 없으며, 나의 아들딸로서
거듭나는 은혜를 얻을 수 없다는 걸
알라, 사랑하는 나의 아들딸들아!
23 너희들이 지금 지옥의 늪으로 계속 떨
어지고 떨어져 감이니라.
24 그리하여 그를 보기가 내가 불쌍하고
가련하여, 나의 아들을 통하여 너희들
을 구하는 마지막 나의 새로운 성경을
내려보내거늘,
25 너희들이 이를 보지 아니하면 아니 됨
이라는 것을 내가 수만 번 나의 새로
운 성경에 기록하여 전하고 또 전하니,
26 나의 아들의 입을 통하여 책에 기록하
여 그 많이 전하는 그 뜻을 너희들이
소홀히 듣지 말라.

11,781 번째 하나님 말씀

2004년 6월 24일 18시 20분

1 사랑하는 나의 아들아!
2 "네, 아버님! 말씀하옵소서."
3 이제 시간이 없으며 너희들에게 기다
려 줄 시간이 그리 없음이니라.
4 2천 년이라는 육의 세상에 길고 긴 세
월을 인내하며 나 여호와가 기다렸으
면 될 것이니라.
5 그러니 너희가 구원의 은혜를 받고자
한다면, 너희들이 지금의 육의 세상에
살아 있을 때 모두를 역사한다는 것을
알라.
6 이를 받아들이지 아니하는 자, 너희들
은 결코 나에게 올 수 없음이니라.
7 너희들이 육의 세상에서 존재하는 기
간만이 나를 아버지라 부를 수 있으
며, 너희들이 지상의 삶에 참진리의
길을 찾아 헤맬 수 있으며, 너희들이
그 길을 위하여 노력할 수 있는 것, 그
모두가 지금 너희들에게 있는 은혜라
내가 하지 않더냐?
8 너희들이 이를 버리고 심판대에 설 때
너희들은 아무것도 얻을 수 없으며,
오로지 너희들에게 철저하고 무서운
그 심판만이 남아 있다 함이니라.
9 번갯불보다 빨리 스쳐 가는 너희들의
행위, 생각 그 모두까지도 하나도 빠
짐없이 그 대가를 치르는 것이 심판대
에서 하늘의 심판을 받음이라 하지 않
더냐?
10 그러니 너희들이 나의 뜻에 따라 사는
자와 그와 같이 살지 않는 자의 차이
가 무엇인 줄 알겠느냐?
11 지금 나의 아들을 따르는 제자들이요,
새로운 성경을 읽고 깨우친 백성, 너
희들이 나의 뜻에 따라 살아가고자 하
는 그 백성들은 너희들이 나와 하나가
되는 것이요, 너희들은 하나가 되는
그와 같은 은혜요, 영광을 얻게 됨이
니라.
12 그러나 그 뜻을 저버리는 자, 너희는

결코 나와 하나가 될 수 없음이니, 그
와 같은 백성은 나에게 올 수 없음이
니라.
13 다만, 나와 하나가 되어 한 길을 가고
한뜻을 가지고 가는 백성, 그리고 내
뜻에 따라 살아가고자 최선의 노력을
다하는 백성만이 나의 나라에 올 수
있으며 나와 같이 있을 수 있음을 알
라 그리 전하라.
14 너희들이 영원한 평화를 누릴 수 있는
선택된 백성으로서 그 은혜를 받는 것
은 너희들이 나의 뜻대로 행하는 것이
요, 나와 하나가 되는 그 길밖에 없다
는 것을 알라.
15 그러나 지금 너희 종교 집단의 지도
자, 힘과 그 모두를 가지고 있는 자,
그리하여 인간의 힘이요, 인간의 능력
이요, 인간의 숫자요, 인간의 손으로
지은 그 건물 아래 존재하는 그것만이
위대한 줄 알며, 그보다 더한 것은 없
으며, 그보다 더 위대한 힘이 없는 것
처럼 너희들이 착각하고 있음이니라.
16 그리하여 너희들이 지금 내면으로는
나의 뜻을 따르며 진정으로 하늘의 뜻
을 역사하는 삶을 사는 것이 아니니라.
17 겉으로 외형적으로 나를 믿는 것처럼,
그리고 진실된 삶을 사는 것처럼 그와
같이 허황된 생활로써, 거짓된 생활로
써 완벽한 믿음의 길을 가지 못하는
것이 너희들의 속내의 마음이니라.
18 계산을 두고 얻을 것을 구하며, 얻을
것을 얻지 못했을 때, 너희들의 그 마
음이 얼마나 무섭게 돌변하는가?
19 그러니 너희들은 나의 뜻을 거역하는
것이요, 내가 역사하는 모두를 너희들
이 부인하는 삶을 사는 것이니라.
20 그러니 너희들이 지상에서 나를 아버
지라 부를 수 있을 때 모두를 이룰 수
있다는 것도, 너희들은 그저 듣는 둥
마는 둥 속으로는 이를 부인하는 어리
석은 백성들이 되어 있음이니, 너희들
이 하늘의 이치를 알 수 없으며 나의
뜻을 알 수 없음이니라.
21 다만, 저희들의 욕심을 채우는 데 나
의 아들과 나의 이름을 악용하는 것에
만 너희들이 빠져 있으며,
22 그것 외에는 아무것도 볼 줄 모르며
역사할 줄 모르는 가련한 백성들로 전
락되었기 때문에, 이들을 깨우치고 인
도하는 것이 너희들이 얼마나 힘들고
어려운 길인 줄 알겠느냐?
23 너희들 자신을 모두 녹이지 아니하면
그들을 하나도 구원할 수 없음이니라.

11,782 번째 하나님 말씀

2004년 6월 24일 18시 31분

1 사랑하는 나의 아들아!
2 "네, 아버님! 말씀하옵소서."
3 나의 아들 예수가 너희들에게 그리 전
했느니라.
4 '누구든지 나에게 올 때 자기 부모나
처자나 형제요, 자매나 자기 자신마저
도 미워하지 아니하면 내 제자가 될
수 없으며, 그리고 누구든지 자기 십
자가를 지고 나를 따라오지 않으면 나
의 제자가 될 수 없다.' 그리 가르쳤느
니라.
5 너희들은 지금 가르친 이 뜻의 의미를
모르며 그 깊이를 모르기에, 오늘의

종교 집단의 지도자들이요, 믿음의 길
을 가는 그 백성들이 이 대목을 제대
로 알고 깨우치지 못하는 그 죄로 인
하여 나의 사랑하는 백성들의 마음을
얼마나 황폐하게 만들었으며, 욕되게
만들었으며, 이기주의 백성으로 육성
시켰는지 알겠느냐?
6 너희들은 형제지간에 믿지 않으면 불
신이요, 그저 저 하나만 구원받으면
된다는 이기주의,
7 그리고 남은 모르며 오로지 저만 안다
는 그와 같은 마음 자세로 너희들이
그리 세상에 나의 백성들을 만들어 놓
았으며,
8 서로가 경쟁을 붙였으며, 그리고 저만
이 구원을 받는다는 그와 같은 길, 그
리고 저만이 구원을 받아야 된다는 그
와 같은 경쟁의 심리를 그리 불러일으
켰음이니라.
9 내가 나의 아들을 통하여 너희들에게
뭐라 전하였느냐?
10 나는 나의 아들을 통하여 새로운 성경
에 이리 전했느니라.
11 너희들은 이 세상의 모두를 다 평등하
게 보라.
12 그리 보는 것이 너희들이 하늘에 오르
는 길이라 하였음이니, 바로 모두를
평등하게 보라는 그 뜻임을 너희들은
여기서 알아야 될 것이니라.
13 그리하여 내가 새로운 성경에 기록한
이 뜻이 바로 너희들이 지금 자매요,
형제요, 그 모두를 몰라라 하는 것, 그
와 같은 의미를 너희들이 해석하지 못
한 것이니라.
14 모두를 다 평등하게 보지 아니하면 너
희들의 마음이 흔들리기 때문이니라.
15 모두를 평등하게 보라는 이 뜻 한마디
가 그 답이 다 있느니라.
16 이 뜻을 너희들이 왜곡되게 해석하였
으며 잘못 알았기에 이 속에 담겨 있
는 뜻을 모르며, 너희들이 그를 모르
기에 지금까지 험악한 세상이 되었느
니라.
17 이제 사랑하는 나의 아들을 따르는 제
자 너희들은 들으라.
18 너희들은 지금 나의 아들을 통하여 내
리는 새로운 나의 성령이요, 내 뜻이
우선이며,
19 그를 위주로 하여 너희들이 모든 깨우
침이요, 변화되는 역사의 삶을 살아야
된다는 걸 잊지 말라.
20 가족 관계를 미워하고 버리는 것, 왜
이유 없이 미워하며 너희들이 버려야
되는가?
21 부모, 형제, 자매, 처자식의 고리에 집
착하다 보면, 너희들이 참진리의 깨달
음이요, 그 어렵고 힘든 길을 제대로
오지 못하며, 너희들까지 무너지는 그
와 같은 형국을 이루기에,
22 너와 관계있는 사람이나 관계없는 사
람이나 너희들이 이 세상의 모든 백성
을 똑같이 볼 수 있는 그와 같이 대중
적으로 바라볼 수 있는 마음의 훈련이
필요함을 내가 너희들에게 깨우쳐 주
고 전한 뜻이니라.
23 이를 모르고 가르쳐 오늘의 이와 같은
형국이 되었느니라.
24 누구나 다 차별 없이 사랑할 수 있는
경지에 오르는 것은 모두를 대중적으
로 보는 그와 같은 노력이요, 그 마음

자세가 아니면 너희들이 볼 수가 없게
됨이니라.
25 그 뜻을 가르치기 위해 내가 너희들에
게 전했음이니라.
26 그러나 이 뜻을 알지 못하고 이 의미
를 몰라 해석을 잘못하고 너희들이 가
르치기에 이기주의요, 저만 위하는 믿
음으로 변화시키는 이 험악한 세상으
로 만든 것이 오늘의 무지한 종교 집
단 지도자들이 해 놓은 결과이니라.
27 자신까지 미워하라, 이는 자신을 미워
하도록 너희들이 생각하는 것이 아니
니라.
28 너희들 위주로써 모두를 생각하고 계
산하면 편애하게 되며, 바른 판단이
요, 바른 생각을 가질 수 없으며, 바른
마음 자세로 바른 행동을 역사할 수
없기에,
29 너희들 자신을 미워하는 마음처럼 자
신을 위주로 생각하지 말며 모두를 비
우라는 그 뜻이거늘,
30 이 뜻을 알지 못하여 오늘같이 험악한
세상이요, 종교 집단이 이 세상을 지
배하는 형국이 되었느니라.
31 어렵고 힘든 길을 가야 하는 것, 저 자
신을 버리고 가는 것이 얼마나 어렵고
힘든 길이기에
32 내가 너희들에게 자기 자신을 미워하
는 독한 마음으로써 가지 아니하면,
자신을 위주로 판단하지 않는 그 마음
을 가질 수 없다 함을 내가 전함이니
라.
33 자신의 십자가를 자신이 지고 가라 하
지 아니하였더냐?
34 이는 무엇이더냐?
35 너희들이 어떠한 죄요, 잘하고 잘못하
는 것, 남이 대신해 줄 수 없음이니라.
36 그리고 십자가는 자신밖에 제 것을 질
수 없으며, 남이 너희들의 십자가를
져 주며 대신 질 수 없는 것이기에,
37 스스로 너희들이 네 갈 길을 알아 깨
우쳐 바로 서는 백성이 되라 전하는
그 뜻임을 알라, 사랑하는 선택된 나
의 아들딸들아!

11,783 번째 하나님 말씀

2004년 6월 24일 18시 35분

1 사랑하는 나의 아들아!
2 "네, 아버님! 말씀하옵소서."
3 어떠한 누구도 너희들의 죄를 대신 사
해 주며 너희들의 십자가를 대신 져
줄 수는 결코 없음이니라.
4 모두는 너희 스스로 이룬 것만큼 그
대가를 받는 것이며, 그것이 하늘의
법도요, 순리라는 것을 알라.
5 '네 십자가를 네가 지고 오라.' 한 나
의 아들 예수의 그 뜻을 너희들이 어
찌 받아들이는가?
6 그 의미가 얼마나 무서운 것인 줄 알
겠느냐?
7 너희들은 그 의미를 그저 지나가는 말
로 가르치고 듣느니라.
8 그러나 네 것은 네가 책임져야 된다는
엄연한 사실을 너희들은 알아야 될 것
이니라.
9 그러니 나의 아들 예수의 보혈로써 나
의 아들 예수의 모두로써 너희 죄를
사해 주며 너희들의 죄를 속죄받은 자
요, 표백된 것처럼 착각하지 말라.

10 너희들은 나의 아들 예수의 이름을 부
르며 그와 같이 울고불고하나, 나의
아들은 너희들에게 뭐라 했느냐?
11 네 십자가를 네가 지고 오는 자, 너희
들이 나를 따를 수 있는 자라 하였음
이니, 바로 너희들의 책임은 너희가
다 지라는 것이지,
12 나의 아들 예수가 너희들의 짐을 덜어
주며 너희들의 죄를 사해 주며 구원해
주는 일은 절대 있을 수 없다는 명확
한 답을 내렸거늘,
13 너희들이 그와 같은 것을 알면서도 지
금 이와 같이 험악한 세상을 만들어
허황된 믿음으로써 말도 되지 아니하
며 이룰 수 없는 것을 가지고 물고 늘
어지며,
14 그것이 하늘의 뜻이요, 나의 뜻인 것
처럼 너희들이 그리 가르쳐 세상이 이
리 험악하게 되었음이니리.
15 너희들은 알라, 네 것은 네가 짊어지
고 온다는 것, 누구도 대신할 수 없으
며 네 일은 네가 책임지라 한 예수의
가르침을, 이것이 또한 하늘의 법도
요, 나의 뜻이라는 것을 명심하라.
16 모두는 너희들이 하늘에 오르는 방법
과 길, 그리고 방향을 잡아 주는 것,
그리고 너희들이 깨달을 수 있도록 길
을 인도하는 것으로써 모두가 내가 역
사한다 하지 아니하였더냐?
17 구약도 그와 같은 역사 이상은 할 수
없으며, 신약도 그 이상의 역사는 할
수 없으며, 나의 아들 예수도 그 이상
의 역사는 할 수 없다 함을 알라.
18 제3의 시대에 내가 새로운 성경이요,
160권을 기록하여 내리는 이것도 또
한 방향을 알려 주며 그 길을 안내하
며 방법을 가르치는 것, 그 외에는 어
떠한 것도 제시해 줄 수 없다는 것을
너희들은 명확히 알라.
19 너희들이 나에게 오르고 못 오르고 그
영광을 이루고 못 이루고 얻고 못 얻
는 것은 다 너희들에게 달렸으며 너희
자신에게 있다는 것을 명심하라.
20 육의 세상에서 자신의 삶을 어떻게 살
았느냐 하는 것에 달렸음을 너희들은
명심하라.
21 수없이 나 여호와가 전하는 이 내용을
소홀히 듣고 오는 자, 너희들은 영원
히 거듭날 수 있는 기회를 잃을 것이
며,
22 영원히 축복이요, 영광을 다 저버리
며, 너희들이 상상할 수 없는 그 고통
의 굴레를 너희 스스로 받고자 하는
것이며, 너희들이 선택한 지옥의 길이
라는 걸 명심하도록 그리하라.

부 록

【하나님께서 가르쳐 주신 운동】

천재지변이 일어날 때, 동물이나 미물들은 미리 알고 대피하지만, 인간은 알지 못하고 큰 화를 당합니다. 하나님께서 인간에게 가장 높은 지혜를 주시고 완벽하게 창조해 주셨기에 동물들보다 더 잘 알 수 있지만, 욕심으로 마음이 혼탁해져서 한 치 앞을 보지 못하는 것입니다.

마찬가지로, 인간은 누구나 스스로 필요한 운동을 해서 건강을 지킬 수 있도록 하나님께서 만들어 주셨습니다. 우리의 머리에서 우리 몸에 필요한 동작을 해 달라고 끊임없이 신호를 보내지만, 인간이 혼탁하게 살아서 그 신호를 알아채지 못합니다. 그러니 자연스럽게 자기 몸이 원하는 그 신호를 따라서 운동하는 것이 하나님께서 가르쳐 주신 운동 방법입니다. 바로, 우리의 영이 육을 이끄는 운동입니다.

▶ 하나님 운동법

1. 눈을 감고, 발을 어깨너비로 벌리고 바르게 선다.
2. 몸에 힘을 풀고, 허리를 숙이면서 손과 머리를 아래로 내린다.
3. 허리를 펴고 싶을 때, 천천히 펴면서 하고 싶은 동작을 하면 운동이 시작된다. (사람마다 다르다.)
4. 멈추지 말고, 어떤 동작이든지 자기 몸의 느낌대로 계속 이어서 한다.

▶ 참고 사항

① 눈을 감은 상태로 아무 생각 하지 않고, 자기 몸의 느낌대로 움직입니다.

② 마음을 비우고, 욕심을 버리고, 지난날의 잘못을 반성하면서 몇 차례 시도하다 보면, 자기도 모르게 하고 싶은 동작이 끊임없이 생깁니다.

③ 운동 장소는 방 안이든 운동장이든 관계없으며, 걷거나 달리고 싶을 때는 눈을 떠도 됩니다.

④ 매일 40분 이상, 주 4회 이상, 3개월 이상 하면 음식 조절에 들어갑니다.
- 음식으로 생긴 병은 음식으로 치료하게 되며, 어떤 음식을 먹어야 하는지 스스로 알게 됩니다.
(자기 몸에 필요한 음식만 먹고 싶어집니다.)

⑤ 사랑하는 사람과 함께 운동하면 서로 치료해 주기도 합니다.

⑥ 운동을 하다가 몸의 어느 한 부분을 계속 손으로 자극한다면 그쪽에 이상이 있는 것이니, 의사에게 상담을 받고 적절한 치료를 받으면 됩니다.

⑦ 다이어트 및 기타 건강관리에 효과적입니다.

⑧ 꾸준히 운동하여 영이 맑아지면, 자신의 과거와 미래를 스스로 보게 됩니다.

누구나 스스로 하실 수 있습니다.

간 행 사

《새로운 성경》은:

· 새로운 성경은, 하나님께서 선량하고 선한 자를 선택하여 십계명을 암송하도록 하시고, 십계명을 암송한 다음에 음성으로써 들려주시는 말씀을 듣고 그대로 카세트테이프에 녹음해서 받아쓴 책입니다.

· 90분짜리 녹음테이프 700여 개에 달하는 말씀으로, 1999년 8월부터 2004년 7월까지 총 160권(권당 288쪽)을 완성하였으며, 그 이후에도 현재까지 계속 말씀을 내려 주고 계십니다.

· 새로운 성경은 "하늘을 두루마리 삼고 바닷물을 먹물 삼아 쓰고 써도 다 못 쓴다"는, 끝없이 방대한 하나님의 말씀이 두루마리로 직접 내려오는 것입니다. 이러한 새로운 성경은 구약과 신약을 폐하려는 것이 아니라 "인봉된 성서의 비유의 뜻"을 상세히 설명하여 완성하고자 하나님께서 직접 내려 주신 말씀입니다.

《새로운 성경》의 구성:

· 제 목: 2013년, 160권 모음집을 발간하면서, 본 도서의 제목을 "하나님! 말씀하옵소서"에서 《새로운 성경》 으로 명해 주셨습니다.

· 단행본: 각 권당 288쪽(신국판) 책이 160권까지 시리즈로 출판됩니다.
(모음집은 단행본을 16권씩 묶어서, 총 10부로 구성됩니다.)

《새로운 성경》의 성경적 근거:

· 신약 성경 [요한복음] 16장 13절에 "진리의 성령이 오시면 그가 너희를 모든 진리 가운데로 인도하시리니 그가 자의로 말하지 않고, 오직 듣는 것만을 말하며" 하신 말씀처럼 하나님의 음성을 들은 것만 기록하였으며,

· "장래 일을 너희에게 알리시리라" 하신 말씀과 같이 개인, 나라, 인류의 "장래"일을 하나님께서 알려 주시는 것만 기록하여 책으로 만들었습니다.

《새로운 성경》의 기록 방법:

· 1999년 8월부터 하나님께서 저에게 들려주시는 음성을 기록하였습니다. 처음에는 제가 들은 말씀을 불러 주면 저의 아내가 기록하여, 2000년 1월 29일에 1권 초판이 세상에 나왔습니다. 2000년 4월부터는 주시는 말씀을 받아 녹음기에 기록하기 시작하였습니다.

· 녹음을 시작하면서 하나님의 말씀을 받는 데 가속도가 붙었고, 2001년 5월 3일에 1부(1~16권까지)를 인쇄하여 출판하였으며, 2004년 7월까지 총 160권 분량의 말씀을 받아 기록하였습니다.

하나님께서 저에게 주신 것은:

· 첫째, 만백성을 상대로 내려 주시는 "기도", 둘째, 수시로 내려 주시는 "묵상", 셋째, 개인의 과거, 현재, 미래를 알려 주시는 "개인 기도", 넷째, 개인의 건강을 위해서 내려 주시는 "음식 처방", 다섯째, 하나님께서 가르쳐 주신 "운동"등이 있습니다. 이 중에 첫 번째, "기도"를 책으로 편찬하였습니다. 사람의 생사, 개인의 미래에 관한 천기는 수록하지 말라 하셨습니다.

강론 안내:

· 하나님께서는 지금도 매일 저에게 새로운 하늘의 비밀의 말씀을 내려 주고 계십니다. 수시로 내려 주시는 말씀을 정리해서 제자를 육성하라는 말씀에 따라 매주 강론을 하고 있습니다. 누구나 무료로 들으실 수 있습니다. (book160.com)

《새로운 성경》을 읽는 분들에게 드리는 선물:

· 개인 기도: 개인의 과거, 현재, 미래에 관하여 말씀을 내려 주십니다.

· 음식 처방: 사람은 음식을 먹고살다가 건강을 잃으니, 음식과 운동으로 건강을 되찾는 방법을 알려 드립니다. 단, 하나님이 계심을 믿고, 십계명을 지키겠다고 진실로 서약하는 분들께 알려드립니다.

《새로운 성경》의 은혜와 기적:

· 새로운 성경 전160권은 16권씩 묶어서 총 10부의 모음집으로 구성됩니다. 모음집 한 부를 읽고 깨우치는 자에게 하나님께서 다음과 같은 기적이 있다고 하셨습니다.

· "첫째, 그가 죽어 하늘에 갔을 때 그의 죄를 묻지 아니하며, 구원을 받는 위대한 은혜가 있으며, 둘째, 그의 소원과 소망이 이루어지고, 셋째, 죽은 자(부모, 형제, 자식, 사랑하고 은혜 입은 분)의 이름으로 구입한 책을 읽고 누군가 한 사람이 깨우칠 때, 그 죽은 자가 지옥에서 천국으로 구원을 받게 되며, 넷째, 유산, 중절 수술 등으로 태어나지 못한 아이를 위하여 구입한 책을 보고 한 명이 깨우쳤을 때, 그 아이가 사람으로 다시 한 번 태어나는 은혜를 받는다."

· "새로운 성경"을 3회 이상 정성을 다해 정독하는 자, 성서의 비밀을 알게 되고, 세상의 이치를 알게 되며, 세상을 지배하고 통제할 수 있는 지혜를 다 얻게 된다고 하셨습니다. 이 책은 만백성이 정독하고 이웃에게 전하여, 평생 가슴에 묻은 슬픔과 고통의 짐을 벗고 미래를 위한 힘찬 삶을 살아가도록 하는 책입니다.

끝으로

· 하나님께서는 흰 눈이 세상을 덮듯이 새로운 성경을 온 세상에 전하라고 하셨습니다. 《새로운 성경》을 각국어로 번역해서 온 인류에게 구원의 길을 깨우쳐 주고, 그 수익으로 가난하고 어려운 백성을 구제하여, 만백성의 영과 육을 함께 구원하는 선지자의 임무를 수행하라고 저에게 명하셨습니다.

· 하늘에서 내려 주신 말씀의 보화를 만백성에게 나누어 주는 것이 선지자의 임무라고 하셨습니다. 새로운 성경을 통해서 얻는 재물을 사용할 곳도 하나님께서 일일이 명해 주십니다. 모든 재물은 저의 자의로 쓸 수 없고, 하나님께서 명하시는 대로만 쓰여집니다.

· 어떤 명분으로든 십일조나 각종 헌금을 거두어들이지 말라 하셨으며, 국내뿐 아니라 각국에 성전과 단독 서적을 운영하며, 한국의 많은 젊은이들을 전 세계에 지도자로 내보내라고 하셨습니다.

· 우리는 세계적으로 새로운 성경을 보급하며 어려운 이들을 돕는 역사를 해 나갈 것입니다. 지금까지 비록 몇 명 안 되는 제자들과 함께 이러한 일을 역사했지만, 앞으로도 계속 하나님께서 기뻐하시는 일들을 해 나갈 것입니다. 부족한 저희에게 여러분들의 지혜와 성원을 보내 주시기를 바랍니다. 많은 분들의 참여와 도움을 간절히 기다립니다. 감사합니다.

한국어로 내려온 《새로운 성경》 단행본을 출간하며
2016년 4월 10일

발행인 **김 용 철**

한국어로 내려온

새로운 **성 경** · 10부 · 제154권

지은이 하나님 말씀
대역자 김용철

초판인쇄 1쇄 2017년 2월 1일
2쇄 2017년 6월 21일

펴낸 곳 도서출판 하얀마음
등록번호 제 10-2107호 (2001년 2월 14일)
주소 서울시 노원구 덕릉로86길 5, 2층
전화번호 02) 313-1114
팩스 02) 393-5554
전자우편 book160@hanmail.net
편집위원 조나영 김미향 이석교
제작지원 김서영 이상빈

도서상담 1600-7527
ISBN 978-89-5875-254-7 (04230)
978-89-5875-100-7 (세 트)

값 10,000원
잘못된 책은 구입하신 곳에서 바꾸어 드립니다.

※이 책은 10부로 제작되며, 각 부 16권씩 총160권으로 구성됩니다.※

1부	2부	3부	4부	5부	6부	7부	8부	9부	**10부**
1권	17권	33권	49권	65권	81권	97권	113권	129권	145권
2권	18권	34권	50권	66권	82권	98권	114권	130권	146권
3권	19권	35권	51권	67권	83권	99권	115권	131권	147권
4권	20권	36권	52권	68권	84권	100권	116권	132권	148권
5권	21권	37권	53권	69권	85권	101권	117권	133권	149권
6권	22권	38권	54권	70권	86권	102권	118권	134권	150권
7권	23권	39권	55권	71권	87권	103권	119권	135권	151권
8권	24권	40권	56권	72권	88권	104권	120권	136권	152권
9권	25권	41권	57권	73권	89권	105권	121권	137권	153권
10권	26권	42권	58권	74권	90권	106권	122권	138권	154권
11권	27권	43권	59권	75권	91권	107권	123권	139권	155권
12권	28권	44권	60권	76권	92권	108권	124권	140권	156권
13권	29권	45권	61권	77권	93권	109권	125권	141권	157권
14권	30권	46권	62권	78권	94권	110권	126권	142권	158권
15권	31권	47권	63권	79권	95권	111권	127권	143권	159권
16권	32권	48권	64권	80권	96권	112권	128권	144권	160권